仰韶文化の研究
―黄河中流域の関中地区を中心に―

王　小　慶 著

雄山閣

口絵 1　仰韶文化半坡類型の彩文土器
右下　人面魚文の盆，上　人面魚文の拡大

口絵2　仰韶文化半坡類型の人面魚文彩文土器の盆

口絵3　仰韶文化半坡類型の魚文彩文土器の盆

口絵 4　仰韶文化半坡類型の変体魚文彩文土器の盆

口絵5　仰韶文化半坡類型のシカ文彩文土器の盆

口絵 6　仰韶文化史家類型の彩文土器
1　尖底器　2　細頚壺　3,4　葫蘆瓶

口絵7　仰韶文化史家類型の魚鳥文彩文土器

口絵8　仰韶文化泉護類型の彩文土器

口絵9　仰韶文化泉護類型の鳥文彩文土器鉢

目　　次

序章　中国における土器の登場と新石器時代文化の展開 …………5
- はじめに ……………………………………………………5
- 1　中国における土器の出現 ………………………………6
- 2　早期土器の製作技法 ……………………………………13
- 3　土器製作技法の発展 ……………………………………15
- 4　中国新石器時代文化の展開 ……………………………17
- まとめ ………………………………………………………38

第1章　仰韶文化研究史 …………………………………………41
- はじめに ……………………………………………………41
- 1　1960年代中頃以前の研究 ………………………………44
- 2　1970年代〜1980年代中頃の研究 ………………………55
- 3　1980年代中頃以後の研究 ………………………………62
- まとめ―研究現状と問題点 ………………………………65

第2章　仰韶文化集落構成が発生した文化基盤 ………67
　　　　　―中国新石器時代の集落構成の研究―
- はじめに ……………………………………………………67
- 1　原始農耕集落の出現 ……………………………………68
- 2　原始農耕集落の拡大と発展 ……………………………74
- 3　姜寨遺跡第1期集落跡の分析 …………………………81
- 4　原始農耕集落の変化 ……………………………………85
- 5　原始農耕集落の分化 ……………………………………91
- まとめ ………………………………………………………96

第3章　仰韶文化集落構成の研究 ………………………………97
- はじめに ……………………………………………………97

1　関中地区仰韶文化の住居跡の分類 ……………………… 97
　　2　関中地区仰韶文化の住居跡の分析 ……………………… 116
　　3　関中地区仰韶文化の集落構成の基礎単位 ……………… 124
　　4　関中地区仰韶文化の集落構成 …………………………… 129
　　まとめ ………………………………………………………… 133

第4章　仰韶文化の埋葬制度の研究 …………………………… 135
　　はじめに ……………………………………………………… 135
　　1　関中地区仰韶文化の墓葬の発見 ………………………… 135
　　2　半坡遺跡，姜寨遺跡第1期，北首嶺遺跡の
　　　　仰韶文化共同墓域の分析 ……………………………… 155
　　3　元君廟遺跡，横鎮遺跡，史家遺跡，姜寨遺跡第2期の
　　　　仰韶文化共同墓域の分析 ……………………………… 160
　　4　関中地区仰韶文化の埋葬制度に関する問題 …………… 171
　　まとめ ………………………………………………………… 174

第5章　仰韶文化の地域性と時期性 …………………………… 175
　　はじめに ……………………………………………………… 175
　　1　関中地区仰韶文化の成立 ………………………………… 175
　　2　関中地区仰韶文化の文化様相と編年 …………………… 184
　　3　関中地区仰韶文化の地域的な特徴と外来要素 ………… 198
　　4　関中地区仰韶文化の変容 ………………………………… 204
　　5　関中地区仰韶文化の生業 ………………………………… 209
　　まとめ ………………………………………………………… 214

終章　総括 ………………………………………………………… 221

引用文献 …………………………………………………………… 227
謝辞 ………………………………………………………………… 235

仰韶文化の研究

―黄河中流域の関中地区を中心に―

序章　中国における土器の登場と新石器時代文化の展開

はじめに

　今から約10,000年前，地球は氷河時代の幕を閉じようとしていた。自然環境は大きく変化し，世界のいくつかの地域で新しい文化の胎動が始まった。中国大陸では，長い狩猟・漁撈・採集経済が終焉をむかえ，農耕や家畜の馴化が始まった。そして移動的な生活から定居的な生活へと移行した。さらに，磨製石器の使用，土器の製作などの画期的な技術革新を果たした。中国大陸で暮した人々にとって，これらの経済的・技術的変革は，100万年を遙かに超える旧石器時代にはみられなかった大事件であり，かくて人類は，新しい歴史の局面をむかえたのであった。

　土器の発明と使用は人類史上最大の技術革新の1つであり，旧石器時代の技術，知識の要素を基礎として生じたものである。土器は粘土を焼成した水に溶けない容器である。粘土は微小な粒子の集合体であるが，この粘土粒子もまた，さらに微細な鉱物の結晶が集合したものである。粘土の主成分である粘土鉱物は硅素 (Si)，アルミニウム (Al)，酸素 (O) の原子に水酸基 (OH) が結合した珪酸アルミニウムである。粘土粒子のまわりには水分子が吸着しており，それらが鎖状に連結している。この連結が外からの力で切れたりつながったりすることによって粘土の可塑性が生ずると考えられている。粘土は500℃〜600℃に熱すると粘土鉱物の結晶中の酸素イオンが水分子となって追い出され，内部の原子の配列が変化して別の鉱物になる。これは粘土が乾燥して固まる可逆的な変化とはちがって，もはや元の粘土に戻ることのない変化である。

　人間はこのような粘土の特性を認識した上で，土器を製作した。V.G.チャイルドはこれを「人間が化学変化を自覚して利用した最初のものである」と評した (V.G.チャイルド著, ねず・まさし訳　1951)。土器は耐火性，耐水性，可塑性という3つの特性を合わせもっている。特に直接火にかけることができるという点で，人類が最初に手にすることのできた煮沸用具であった。土器の使用

により，調理方法や食材のバリエーションが広がり，その波及効果は生活様式から体質や寿命に至る様々な面に及んだといえる。また粘土の入手と加工が容易なことから，多様な形や大きさの容器を大量に作り出すことが可能となった。そして，社会の発展とともに多様化する容器への要求は，原始・古代を通じて主として土器によって満たされることになった。

土器の登場は人類進歩の過程でこのような重要な位置を占めたわけであり，しかも，その後長い時期にわたる製作技法の発展が，絶えず人類の生活を改善してきた。この関係こそ土器の起源と製作技法の発展という問題が世界各地で重要課題とされる所以である。

1　中国における土器の出現

中国での土器の出現をめぐる問題については，長い研究の歴史があり，研究者の注目を集め続けてきた。その手がかりもわずかながらみつかってはいたが，資料は断片的なものにどとまっていた。しかし，1980年代末から，この方面の研究にも大きな突破口が開かれたのである。すなわち，南庄頭（Nanzhuangtou）遺跡，彭頭山（Pengtoushan）遺跡，玉蟾岩（Yuzhanyan）遺跡の発見と発掘，および仙人洞（Xianrendong）遺跡の下層，吊桶環遺跡（Diaotonghuan），甑皮岩（Zenpiyan）遺跡の早期を代表とするいくつかの文化内容に関する新たな知見がそれである（第1図）。これらの文化遺物の年代は約10,000年B.P.前後から8,000年B.P.の間に位置づけられる。これらの発見は中国大陸における農耕文化の出現の探求に重要な手がかりを与え，最古段階の土器の特徴と製作術法の研究は新たな局面をむかえたのであった。

（1）南庄頭遺跡

南庄頭村は河北（Hebei）省徐水（Xushui）県城の北12kmにあり，この位置は太行山脈東麓の先端，華北平原西部の縁辺にあたる。遺跡は南庄頭村の東2kmの莘河と鶏爪河の間にあり，面積は約20,000m²である。1986年から1987年に発掘され，発掘面積は約60m²である。土器，石器，骨角器および大量の動物と植物の遺存体が発見された。C14年代測定法によって絶対年代は10,815±140年B.P.～9,690±50年B.P.の間に測定されている（保定地区文物管理所等，1992　金家広　徐浩生　1992）。

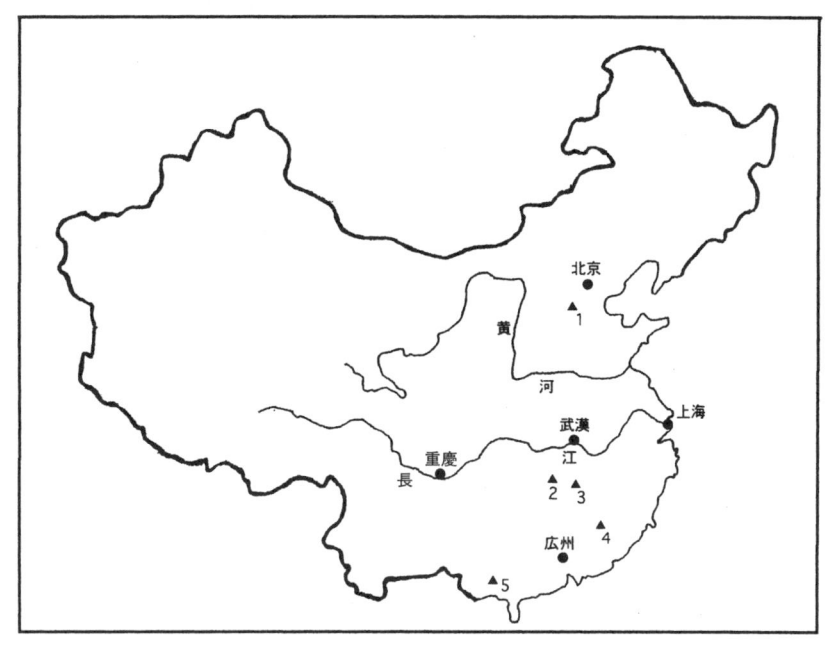

序章　中国における土器の登場と新石器時代文化の展開　7

第1図　中国大陸における早期土器の主要な出土地点
1 南荘頭遺跡，2 彭頭山遺跡，3 玉蟾岩遺跡，4 仙人洞遺跡と吊桶環遺跡，5 甑皮岩遺跡

　南庄頭遺跡では15点の土器片が発見されたにとどまり，その土器の形を復元できなかった（第2図）。胎土質はいずれも砂を混ぜた深灰色のものと紅褐色のものであり，混和材は砂粒とともに，雲母やドブガイの粉末などが含まれている。深

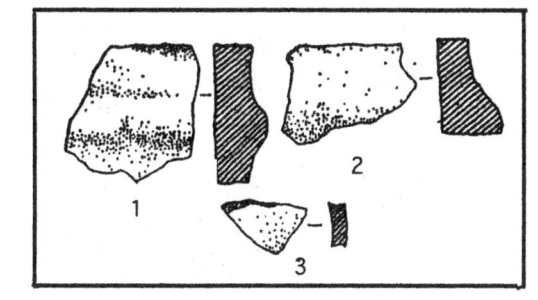

第2図　南荘頭遺跡の土器（保定地区文物管理所等1992の図五の1～3より作成）

灰色のものは器壁が厚く，焼成温度が低く，胎土が脆い。混和材は砂粒が主で，内外の色はほぼ一致する。器形は厚い口唇をもつ口縁部が内湾した罐類と考え

られている。紅褐色のものは器壁が薄く，焼成温度が前者より少し高い。混和材は雲母やドブガイの粉末および砂粒が含まれている。器形は丸い口唇をもった口縁部が真直に立ち上がった罐類と鉢類である。南庄頭の土器の表面は多くが無文であり，少数のものには貼付文が施されている。

(2) 彭頭山遺跡

彭頭山遺跡は湖南（Hunan）省澧（Li）県城の西北12kmにあり，この位置は武陵山脈と洞庭湖の中間地帯にあたり，河湖沖積平原に属する。遺跡の東に湖が広がり，西北に山地がのびている。周囲の地勢は広々として平坦である。遺跡の面積は20,000㎡である。1988年に発掘され，発掘面積は400㎡に近く，住居跡2棟，灰坑15基，墓18基が発掘されていて，大量の土器，石器および動物と植物の遺存体などが発見された。この遺跡の中で最も注目されるのは稲作関連の資料が発見されたことである。C14年代測定法によって測定した絶対年代は9,100±200年B.P.～7,815±100年B.P.の間にある（湖南省文物研究所等1990）。

彭頭山遺跡は大量の土器片が発見されていて，その中で復元できる土器は100点以上である（第3図）。彭頭山の土器の胎土質は夾砂土器（粗製土器）と泥質土器（精製土器）の区別がはっきりせず，たとえ砂粒があっても，意識的に混ぜられたものではない。支座以外の土器は胎土の中に大量の籾殻と別の有機物を混

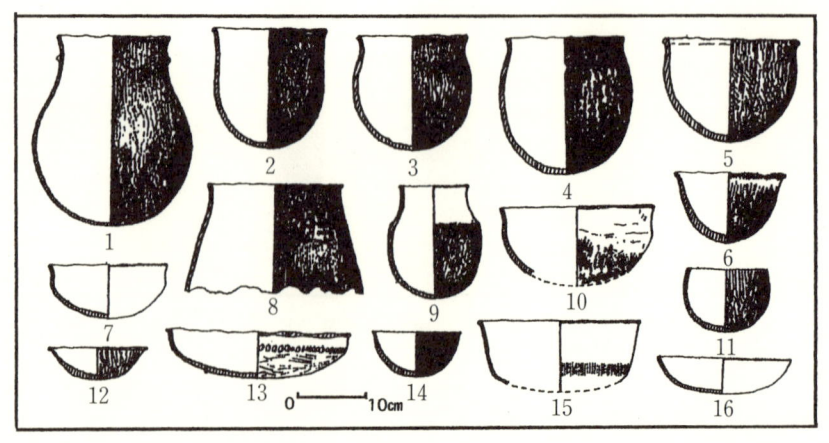

第3図　彭頭山遺跡の土器（湖南省文物研究所等　1990の図一五より作成）

和材としたために，胎土が黒色か深灰色を呈している。しかし，内外の器表はすべて紅色であり，紅色のスリップをかけたと観察される。このスリップはきめが細かく，厚さが1mm程度である。その一部は既に剝落していた。大部分の土器の表面に縄文が施されていて，施した方法は主に拍印縄文と回転縄文の2種類である。拍印縄文は縄を巻き付けた叩き板を用いて押圧したものであり，数量が多い。文様がはっきりとして細長いすじ状を呈している。回転縄文は少なく，主に土器の口縁部に近い胴部か口唇部の表面に施され，回転圧痕が乱れて波状を呈している。縄文以外の文様は刺突文，印文（土器の外面に三角形などを刻んだ施文具を押し付けたもの），篦描き文および透孔文がある。口縁部には波状縁もみられる。器種には深罐，双耳罐，双耳高領罐，小口双耳罐，盤，鉢，釜，支座および盆，三脚罐などがある。これらの土器の特徴は，器種が単純で，器形が不整形で，器種の差異がはっきりしないことである。さらに，最も基本的な特徴は丸底，口縁部が真直に立ち上がる点，器壁と底部が厚手である点，そして，口唇に回転縄文が施される点である。

（3） 仙人洞遺跡下層

仙人洞洞穴遺跡は江西（Jiangxi）省万年（Wannian）県城東北15kmの小河山の麓にあって，石灰岩の洞穴遺跡であり，洞口が東南に向いている。遺物を包含する厚い堆積層が洞口に集中していて，面積は約100m²である。1962年3～5月と1965年4月の2回発掘され，発掘面積は69m²ほどであった。新石器文化層は2m近く堆積して，上，下2つの大きな層に分かれている。当遺跡を代表するこの2段階の文化内容は，内在的な文化的関連をもつと同時に，比較的大きな差異をもっている。仙人洞遺跡下層で焼土堆積遺構21基，灰坑2基および土器，石器，骨角器と大量の動物遺存体が発見された。下層の獣骨を測定したC14年代は未補正で8,825±240年B.P.を示した（江西省文物管理委員会 1963, 江西省博物館 1976）。その後，中国社会科学院考古研究所はこの地域の特殊性（石灰岩地区）によって測定誤差が出ている可能性があると指摘し，結論として，仙人洞遺跡下層の絶対年代は約9,000年B.P.以上と判定した（中国社会科学院考古研究所炭十四実験室等 1982）。

仙人洞遺跡下層の土器の特徴は明確である（第4図）。これらはすべて夾砂紅色土器で，焼成温度は低く，色調は均一でない。器壁の厚さは0.7～0.8cmの間

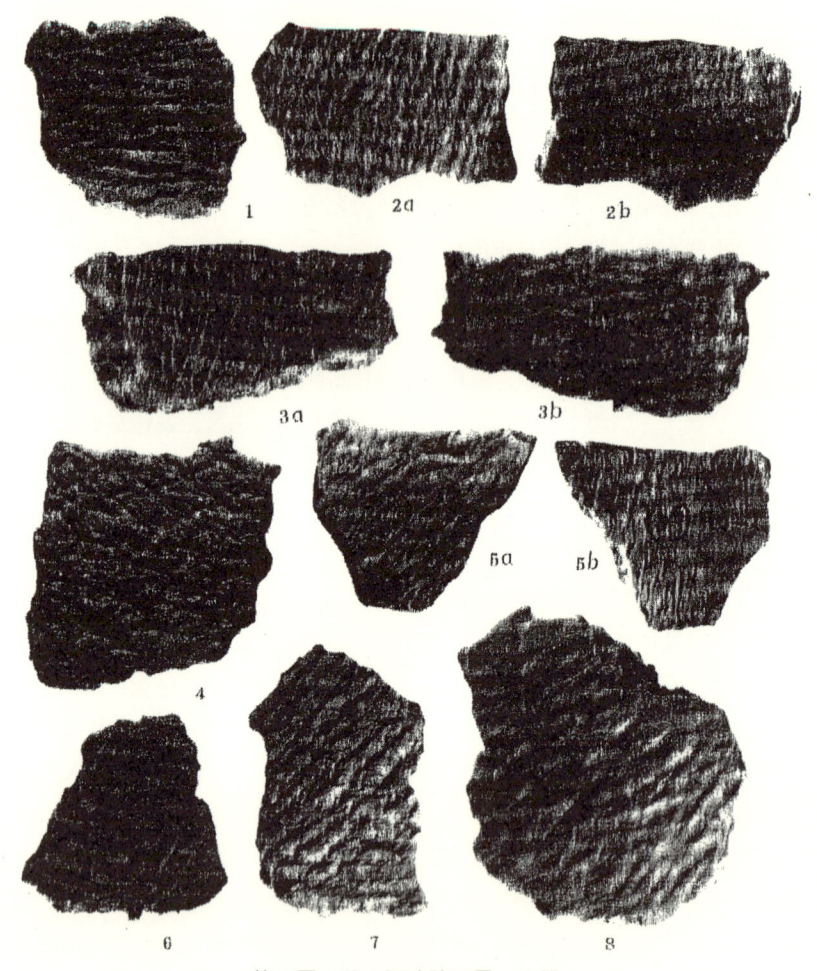

第4図　仙人洞遺跡下層の土器
a 外面　b 内面（江西省文物管理委員会　1963の図版Ⅳ作成）

にあり，最も厚いものは1.5cmに達する。内壁は平らでなく凹凸がみられる。混和材は主として石英粒である。この以外の胎土をもつものはみられない。多くの土器が粗いまたは細密な縄文で飾られていて，その中で粗い縄文が約90％を占めている。非常に特徴的な点は土器の内面にも一般に縄文がスタンプされていることである。これは土器を成形する際に縄を巻き付けた叩き板を使用した

ためであると推定される。縄文の施文方法は主に拍打法である。縄文の上に大小の格子文を再刻したものや，口縁の外面に1～2列の円窩文をスタンプしたものなどもある。また，少数ながら，縄文や円窩文上に朱を塗った例もある。器種構成は単純で，基本的な形態は口縁部がまっすぐに立ち上がるか，やや斜めに広がり，胴部が直線的な丸底罐形器の1種類である。

（4） 甑皮岩洞穴遺跡

　甑皮岩洞穴遺跡は広西（Guangxi）壮族自治区桂林（Guilin）市の南約9kmにある独山の西南麓に所在する。洞口は西南に向かい，現在の地表面から5mの高さのところに位置する。1973年6月から9月にかけて発掘され，発掘面積は約60m²であった。厚さ0.8m近く堆積した新石器文化層が発掘されたが，なお基底部に至っていない。第2層のカルシウム層をはさんで，早，晩両期に分かれている。早期文化遺物の年代はC14年代測定法によって測定誤差を除いて9,000年B.P.以上と判定された。また熱ルミネセンス法によると甑皮岩遺跡の早期文化遺物の絶対年代は10,370±870年B.P.，9,550±1,100年B.P.，9,240±620年B.P.を示した。早期の文化層の中で，焼土，灰坑，墓18基と土器，石器，骨角器および大量の動物遺存体が発見された。その外，洞内奥の窪みの中で，当時の人々が貯蔵していたひとまとまりの石材が発見された。その中に少量の石器の未成品と廃品が含まれており，ここで道具の製作が行われたことが明らかとなった（広西文物工作隊等　1976）。

　甑皮岩遺跡の早期文化遺物のうち，土器の主体は粗砂・細砂混じりの紅色土器と灰色土器である。焼成温度は低く，約680℃である。器壁の厚さは均一ではなく，最も厚いものは2.6cm，一般的な厚さは0.5～0.7cmである。土器の表面には多くの場合縄文が施され，他に箆描き文，席文（乾燥する前の土器が筵の上に置かれた際についたもの），籠目文がある。甑皮岩早期文化遺物には，器形が復元できるものはないが，土器片を観察した結果，最も多い器種は罐で，次に釜，鉢，甕などが用いられていることが明らかとなった。その大部分は長胴で壁が比較的直線的で，丸底のものである。口縁部が主として広口で，外に口縁が真っ直ぐに立ち上がったもの，内湾したものがある。

　華南地区で，仙人洞遺跡下層と甑皮岩遺跡早期と共通した特徴をもち，かつ絶対年代がほぼ同年代の文化遺物が非常に多く発見されている。その中で，重

要な遺跡が広西壮族自治区柳州 (Liuzhou) 市鯉魚嘴 (Liyuzui) 遺跡第3層, 来賓 (Iaibin) 県芭拉洞 (Baladong) 遺跡, 南寧 (Nannin) 市豹子頭 (Baozitou) 遺跡, 隆林 (Longlin) 県老磨槽洞 (Laomecaodona) 遺跡, 霊山 (Lingshan) 県滑岩洞 (Huayandong) 遺跡, 桂林市大塘城 (Datangcheng) 遺跡, 廟前冲 (Miaoqianchong) 遺跡, 広東 (Guangdong) 省懐集 (Huaiji) 県大砂岩 (Dashayan) 遺跡, 青塘 (Qingtang) 県朱屋岩 (Zhuwuyan) 遺跡, 吊珠岩 (Diaozhuyan) 遺跡, 黄門 (Huangmen) 1号洞, 2号洞, 3号洞遺跡, 潮安 (Chaoan) 県石尾山 (Shiweishan) 遺跡などがある (焦天龍 1994)。これらの大多数は内陸地区に集中している。海岸地帯にある遺跡は潮安石尾山の1つのみである。大多数は洞穴遺跡であるが, 貝塚, 段丘上の遺跡もある。土器の登場はこれらの遺跡から出土する文化遺物の重要な特徴である。各遺跡でいずれも土器が出土しているが, 全て土器片であり, 数量も多くない。これらの土器の共通点は, 全て砂粒が混入されており, 粗製で焼成温度が低いことがあげられる。色調は均一ではなく, 紅色と赤褐色が主体であり, 灰色, 褐色, 黒色などのものもみられる。主要な文様として縄文がみられる。他に, 篦描き文, 籠目文もある。

　さらに, 1990年代以降の発掘調査によって, 10,000 B.P.を超す新石器時代最早期の遺跡が中国大陸の各地で次々と発見されている。1993〜1995年, 中米共同調査隊によって, 仙人洞遺跡の再調査とその付近の吊桶環遺跡などの6つの洞穴遺跡の発掘調査が行われた。これらの遺跡の最下層の年代はC14年代測定法により, 約16,000年B.P.〜15,000年B.P.と測定されている。これらの層からは骨角製銛や細石刃とともに野生稲のプラントオパールが検出されており, 当時の人々が狩猟, 漁労を行ったほか, 野生稲を採集し始めた可能性があると推測される。その上層の文化層の年代は約13,000年B.P.〜11,000年B.P.であり, この時期には最初の土器が作られた。さらに上層の堆積層の年代は約11,000年B.P.〜10,000年B.P.であり, 文化内容は60年代に調査された仙人洞遺跡下層のものと同じである (劉詩中 1996, 厳文明 1996)。1993年と1995年, 湖南省道 (Dao) 県玉蟾岩遺跡の10,000年B.P.の堆積層からは土器片4点が検出された (袁家栄 1996)。1995年から1998年にかけて, 河北省陽原 (Yangyuan) 県于家溝 (Yujiagou) 遺跡において約10,000年B.P.の土器片が発見された (泥河湾聯合考古隊 1998)。これらの発掘調査によって, 中国大陸における

序章　中国における土器の登場と新石器時代文化の展開　13

土器の起源は10,000年B.P.に遡ることが明確となった。

2　早期土器の製作技法

　上に述べた資料は中国大陸における最古の土器群にあたる。その年代はいずれも10,000年B.P.前後で，13,000年B.P.の資料もあり，世界最古の土器の年代に近付いている。これらの土器の製作技法を解明することは東アジア大陸における土器の起源・系譜の研究にとって極めて重要である。しかし，最古段階の年代が測定されている90年代の発掘調査の資料については詳細な研究成果が未発表であるために，その製作技法を明確に理解することができない状況にある。したがって，以下，仙人洞遺跡下層・甑皮岩遺跡晩期層などのいくつかの華南地区の新石器時代早期の遺跡と彭頭山遺跡の資料などを中心として，中国南方地区の早期土器の製作技法について分析を試みる。

　土器の製作は粘土の採取とそれを練り上げて素地を準備する段階から，成形，器面の調整，施文，乾燥などを経て焼成に至るまでの多数の工程があり，各工程に対応してさまざまな技術が駆使される。これら技術には新石器時代の全体に共通する基本的な技術と時代・時期や地域によって独自に発達した固有な技術がある。

　粘土は普通それぞれの地域のものが用いられた。早期土器を製作する場合には，焼成技術や成形方法などが簡単かつ粗雑であるとともに，それほど粘土を厳選する必要がないことから，素材の粘土は製作地からさほど遠くない所のもので賄われたと考えられる。仙人洞遺跡下層，甑皮岩遺跡晩期層および彭頭山遺跡から出土の土器については，土器の素材である粘土が遺跡の付近で入手されたことが推定される。

　採取した粘土はよく練り合わされ素地の調整が行われる。すなわち，粘土の中にいろいろな混和材，たとえば，植物の繊維や砂粒，雲母，貝殻粉末などがしばしば混入される。これは粘土のつなぎをよくしたり，粘性を調節したり，耐めたりする目的で行われたものである。仙人洞下層と甑皮岩晩期の土器片を観察すると，胎土の中に大きさの不定な砂粒が認められるが，特に混ぜられたものはないようである。粘土の耐火性を高めるためにも，当時の人々は意識的に砂粒の比較的多い粘土を土器の素材として採用したと思われる。彭頭山遺跡

の時期になると，砂粒の比較的多い粘土を土器の素材として使用し続けるとともに，籾殻や植物繊維を混和材として，胎土の中に混入するものが大量に出土している。

これらの遺跡における土器の成形方法は，直接成形法，粘土板貼り付け技法と手づくねの3種類がある。小型のもの（口径，高さが10cm前後のもの）は主に手づくねで成形している。彭頭山遺跡では粘土板貼り付け技法と手づくねの2つ方法を併用した例もある。直接成形法は型に丸めた粘土を入れ，叩いたり，押圧したりする成形方法である。この方法による土器は甑皮岩遺跡晩期に知られている。これらの土器片の断面を観察すると，叩いたり，押圧時によってできた隙間のない不規則なすじが多くのものに認められる。いくつの粘土板の層が重なったこと，あるいは粘土紐または粘土帯の接合痕などを観察することはできない。粘土板張り付け技法は型を中心として，これにいくつかの粘土板を重ねて張り付ける土器の成形方法である。この方法による土器の特徴は非常に明確で，土器片の断面に粘土板の層の重なりがみられることである。このような資料は仙人洞遺跡下層や彭頭山遺跡などで大量に発見された。粘土板貼り付け技法は当時広範囲にわたって行われたと考えられる。以上の2つの方法はすべて型を中心としての土器の成形方法で，この2つの方法に対して「模製法」という呼称が提唱されている。また，この方法で使用された型はこれまで発見されていないが，民族学の研究成果と土器片の内壁の観察結果をもとに復元することができる。滑らかな河原石を型として，その上に粘土板を重ねて貼り付け，徐々に型を動かして成形するという工程をたどる可能性が強いと考えられている（俞偉超　1988）。手づくね法は小型の器物を成形する時に使用される。これらの土器の内壁に手づくねによる指の圧痕が観察されている。彭頭山遺跡で手づくねと粘土板貼り付けの例がみられる。その主要部分は手づくねで成形し，口縁部には粘土板を貼り付けている。その接合痕が土器片に明瞭に認められる。

成形された土器はその内外面にさらに調整が施される。これは土器の機能をより確かなものにするために行われる工程で，基本的な方法として，撫で，削り，磨き，塗りの4つがある。華南地区の新石器時代文化早期と彭頭山遺跡出土土器の内外壁には，成形段階の痕跡を消したり，器壁を固めたりするために，上述した4つの手法が盛んに認められる。彭頭山遺跡では，土器の内外壁にす

べて紅色のスリップをかけたことが指摘されている。これは器面を磨いた時に滲み出てきた泥水が焼成の際に酸化されて生じたものとも考えられる。この時期の器面の文様は，装飾というより，むしろ土器に調整が施された段階で残された痕であるといえる。これらの器面の縄文，篦描き文，刺突文などの文様は，器壁の中の気泡を除き，粘土接合部の間の接合力を高め，器壁を固めるために用いられた道具によって残されたものである。

これらの土器を焼成した跡は発見されていない。器面の色調が均一ではないこと，焼成温度が低いことなどから，特別な施設を設けない露天での簡単な焼成法と想定されている。

3　土器製作技法の発展

中国大陸おける新石器時代遺跡において，土器製作技法が発展する過程を理解する上で，最も重要な遺跡は河姆渡（Hemudu）遺跡である。河姆渡遺跡は浙江（Zhejiang）省余姚（Yuyao）県にあり，1973～74年，1977～78年の2回にわたって発掘調査が行われた。調査面積は合わせて約2,360㎡である。層位的に捉えられた4つの文化層があり，これを早期（3・4層），晩期（1・2層）と区別し，継続して発展する一連の新石器時代文化，すなわち，河姆渡文化と呼んでいる。河姆渡文化の主要な分布範囲は浙江省寧紹平原の東部地区であることが知られている。その早期の絶対年代はC14年代測定法によって，第4層が6,950±130年B.P.～6,570±120年B.P.の間にあり，第3層が6,265±110年B.P.～5,950±120年B.P.の間にある。晩期は5,800年B.P.前後である（浙江省文管会ほか　1978，河姆渡遺跡考古隊　1980年）。

河姆渡遺跡から出土する遺物群で，とりわけ特徴が鮮明なのは土器類であり，河姆渡文化の内容を明確に示している。胎土質の面では，4つの文化層で各層数量が異なる夾砂の土器の他に，植物の茎や葉などの有機物を混和材とするため，胎土中に大量の炭化物粒を含む低火度還元焔焼成された夾炭黒色土器が存在する。その土器はたいへん粗笨でもろい。硬度も低く，焼成温度は通常800℃～850℃と測定され，また吸水性もたいへん強い。これらの土器は土器製作技術発展史上では比較的原始的な段階にある。その他，夾砂紅色土器と夾砂灰色土器も比較的多くみられる。この夾砂土器の焼成温度は高く，950℃～1000℃にも

達する。器表面は無文で磨きが施される。加えて早期では沈刻や篦描きによる飾り文様が盛行し、晩期には透孔文と赤色スリップが施され始め、縄文は終始主要な文様の1つとなっている。土器の器形は、早期では比較的単純で、主に釜、罐、鉢、盤、支座があり、晩期では多様になり、鼎、盉(注口土器)、鬶(三脚を有し、注口がつく土器)などが現れる(第5図)。

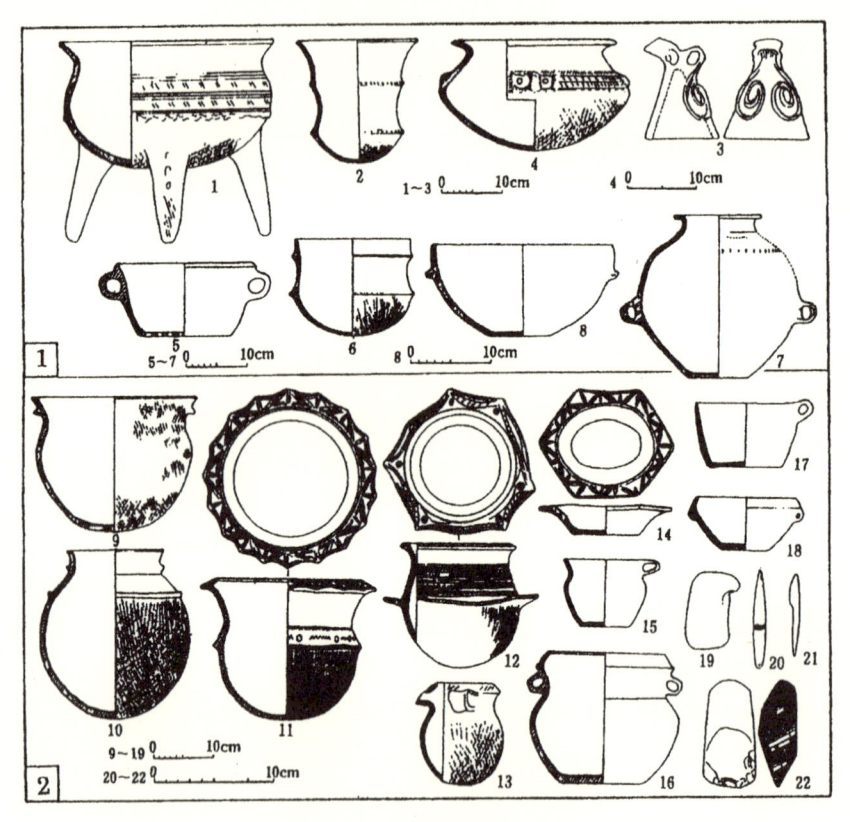

第5図 河姆渡文化の土器
1早期, 2晩期 (中国科学院考古研究所 1984の図四七より作成)

河姆渡遺跡の4つの文化層は、一連の文化的系統を代表するとともに、土器の製作技法の発展過程を示している。土器製作技法としては比較的原始的な段階にある夾炭黒色土器は第4層から最も多く出土していた。この夾炭黒色土器

は彭頭山遺跡の出土遺物とほぼ同じであるが，もうすでに改良が行われている。胎土を検討すると，河姆渡文化の夾炭黒色土器の中に混和材として用いられた植物の茎や葉の有機物は，混入前に焼いて粉末にしたものであることが明らかとなった。このように，彭頭山文化のものより，土器の表面が滑らかで，硬度も少し高くなっている。この夾炭黒色土器は第4層から第1層にかけて漸次減少していく。他方，意識的に砂粒が混ぜられた夾砂土器は遂次増加し，第1・2層に至ると，夾砂紅色土器・灰色土器が圧倒的に優勢となる。それにつれて，土器の焼成技術が徐々に高度になり，焼成温度や硬度なども高くなる。

　河姆渡遺跡第4層の下部（4・B層）に，粘土板張り付けによって成形された土器が依然として存在している。仙人洞遺跡下層および彭頭山遺跡の出土遺物と同じように，土器片の断面にいくつかの層が重なったものもある。その中で，拍印縄文がつけられた表面の奥の層の表面にも拍印失縄文がつけられる。河姆渡遺跡の4・B層で，紐作り（巻上げあるいは輪積み）の成形の技法が始めて出現している。4・A層から，粘土板貼り付けが消失に向かい，それに代わって紐作りが大量に製作されるようになった。同時に，鼎，盉，鬹などの複雑な器形が始めて出現する。その外，ある研究者は，河姆渡遺跡出土資料をもとに，別の地区の新石器時代早期文化，たとえば，老官台（Laoguantai）文化，北辛（Beixin）文化，平谷上宅（Pinggushangzai）下層文化，城背溪（Chengbeizi）文化，大溪（Daxi）文化早期などを参考とし，粘土板貼り付けという土器の成形方法は7,000年B.P.〜6,000年B.P.以前に中国大陸で普遍的に使用されており，その後，徐々に紐作りに変わったと主張している。この仮説は今後の新たな考古学資料と研究によって検証されていくことになろう。

4　中国新石器時代文化の展開

　以上述べたように，10,000 B.P.前後に中国大陸において土器が登場し，それに伴って磨製石器などの新たな石器群も出現し，中国新石器時代が開始されることとなった。中国新石器時代文化の文化内容は，年代と地域によっていろいろな姿をみせるが，巨視的には，「黄河流域の粟栽培文化系統」，「長江中・下流域と華南地区の稲栽培文化系統」と「北方地区（青蔵地区，内蒙古地区の東北部，東北地区の中部，北部）の狩猟・採集文化系統」の3つの文化基盤から成り

立っていると言える。表1に示したように，各文化系統において，新石器時代早期から晩期に至るまで基本的に同時平行的な発展を遂げていたとみることができる。年代的に区分すると，その発展段階に応じて早期(約10,000年B.P.～7,000年B.P.)，中期(約7,000年B.P.～5,000年B.P.)，晩期(約5,000年B.P.～4,000年B.P.)の3時期に分けることができる。

南庄頭遺跡，于家溝遺跡，仙人洞遺跡，吊桶環遺跡，玉蟾岩遺跡などの発掘調査により，中国新石器時代の早期は10,000年B.P.前後まで遡ることが明らかにされている。これらの遺跡で発見された土器，石皿，磨石，また花粉分析によって検出された栽培植物遺存体は，当時すでに原始農耕が発生したことを示している。さらに，玉蟾岩遺跡の10,000年B.P.前後の文化層から検出された稲の籾殻は，電子顕微鏡の観察によって，野生稲から栽培稲への進化の過程にある古栽培稲であることが判明した(袁家栄 1996)。その他，湖南省澧県夢溪八十璫(Mengxibashidang)遺跡からも同じ種類の稲の遺存体が数多く検出されている(張文緒 裴安平 1997)。しかし，これらの遺跡の正式な報告書がまだ刊行されていないため，この時期の文化内容などについては十分な理解がなされていない状況にある。

新石器時代早期後半の文化は，長江流域，黄河流域などに広く分布しており，年代はすべて8,000年B.P.から7,000年B.P.の間に推定されている（第6図）。この時期の顕著な特徴は相当に高水準の穀物栽培が開始されたことであり，粟，稲などの栽培植物遺存体が確認されている。その他，ブタの飼育が行われていたと考えられる。中国新石器時代にみられる粟栽培文化と稲栽培文化の2つの農耕文化の形態は，この時期にすでに形成，確立されていた可能性が高いといえる。

黄河中流域の関中地区，下流域の豫東・冀南地区，山東・蘇北地区においては，新石器時代早期後半に，それぞれ老官台文化，磁山(Cishan)・裴李崗(Peiligang)文化，北辛文化などの極めて類似性の高い文化が並存していたといえる。これらの文化では，磨製石器の割合が高く，石斧，石錛(長さ10cm前後の小型単刃石斧)，石鏟，鋸状の歯をもつ石鎌，石包丁，石皿，磨棒，石杵などの穀物栽培に関する農具が多数検出されている。さらに，磁山遺跡における88基の貯蔵穴には，大量の粟が腐朽して灰化したものが堆積しており，これらは新鮮

序章　中国における土器の登場と新石器時代文化の展開　19

年代(B.P.)	時期	アワ栽培文化系統			イネ栽培文化系統					狩猟・採集文化系統		
		黄河上流域	黄河中流域	黄河下流域	燕遼地区	長江中流域	長江下流域	閩台地区	嶺南地区	東北地区	蒙新地区	青蔵地区
10000	早期		南庄頭遺跡			仙人洞下層遺跡 玉蟾岩遺跡 吊桶環遺跡			甑皮岩下層遺跡			
9000			于家溝遺跡									
8000			老官台文化 裴李崗・磁山文化	後李文化	興隆窪文化	彭頭山文化			甑皮岩上層遺跡			
7000			仰韶文化	北辛文化		大渓文化	河姆渡文化					
6000	中期	馬家窰文化		大汶口文化	紅山文化	屈家嶺文化	馬家浜文化 北陰陽営文化		金蘭寺下層文化	新楽下層文化	細石刃文化	細石刃文化
5000			廟底溝二期文化 中山文化	典型龍山文化	小河沿文化	石家河文化	良渚文化	曇石山文化		新開流文化	富河文化	卡若文化
4000	晩期	斉家文化	原龍山文化	岳石文化					石峡文化	小珠山文化		

第1表　中国新石器時代文化の譜系

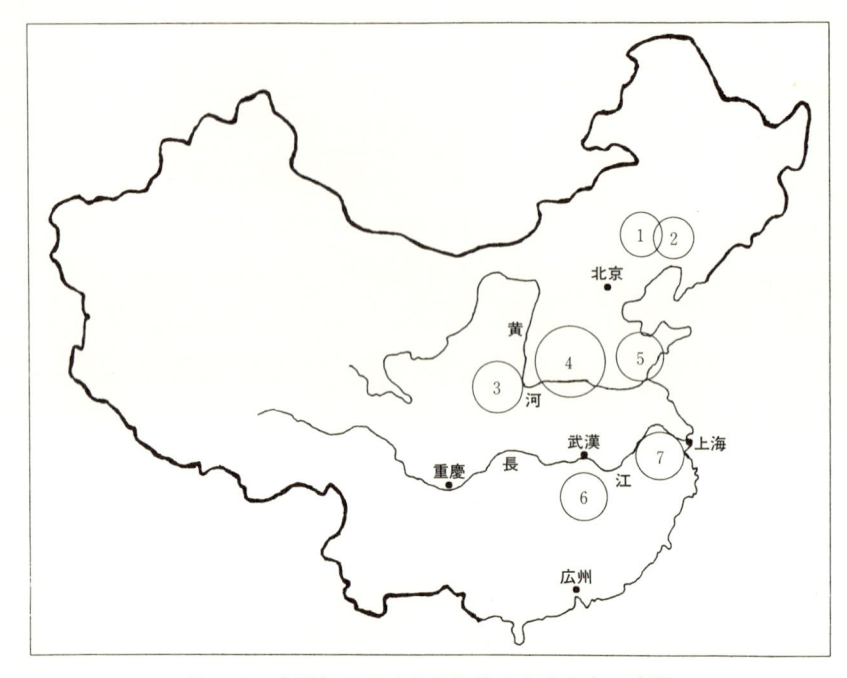

第6図　中国新石器時代早期後半文化分布の略図
1 興隆窪文化，2 査海文化，3 老官台文化，4 磁山・裴季崗文化，5 北辛文化
6 彭頭山文化，7 河姆渡文化

な粟に換算すると，約5万kgに相当すると指摘されている。このような大量の食物の備蓄などによって，この時期の新石器文化に示されている原始農耕の生産水準はすでに発生期の段階をはるかに超えており，相当に発達した水準になっていたことがうかがえる（王小慶　1990年）。土器の面からみると，これらの文化の間にいくつかの共通性が認められる。三脚器（鉢，罐，鼎），圏足器（台付鉢，碗），丸底器（鉢，碗），小口の壺などは，この時期の代表的な器種として各地域の遺跡でよくみられる（第7図）。彩文土器は黄河流域において，この時期から登場する。さらに，黄河下流域の山東半島では，後李（Houli）文化が北辛文化の前身として確認されている。その他，黄河流域北側の海河，遼河流域において新石器時代早期後半の農耕文化が認められる。燕遼地区に分布する興隆窪（Xinlongwa）文化と遼西地区に分布する査海（Chahai）文化には細石器と大型打製石器が共伴し，磨製石器もみられる。土器の器種は少なく，筒形罐，鉢と

序章　中国における土器の登場と新石器時代文化の展開　21

圏足碗を主とする。土器の器形、文様などでは、興隆窪文化と磁山・裴李崗文化の結びつき関わりが強いことが認められる。

　長江中流域の両湖地区では新石器時代早期後半の文化として彭頭山文化がある。彭頭山文化のＣ14年代は、その早期が9,000年Ｂ．Ｐ．まで遡り、晩期の年代は大体7,800年Ｂ．Ｐ．前後に測定されている。彭頭山文化に関して、最も注目されるのは、籾殻を混和材として、土器の胎土に混入したものが大量に発見されたことである。その他に、炭化した米も多量に検出されている。それらの資料の分析の結果、彭頭山文化期に先行する新石器時代初頭の仙人頭期、玉蟾岩期より、稲栽培がすでに確立していたことが明らかになっていた。

　長江下流域の河姆渡文化は、年代的に磁山・裴李崗文化などより若干相対年代が新しくなっているが、高水準の稲栽培を行っていたことが知られている。河姆渡遺跡の第

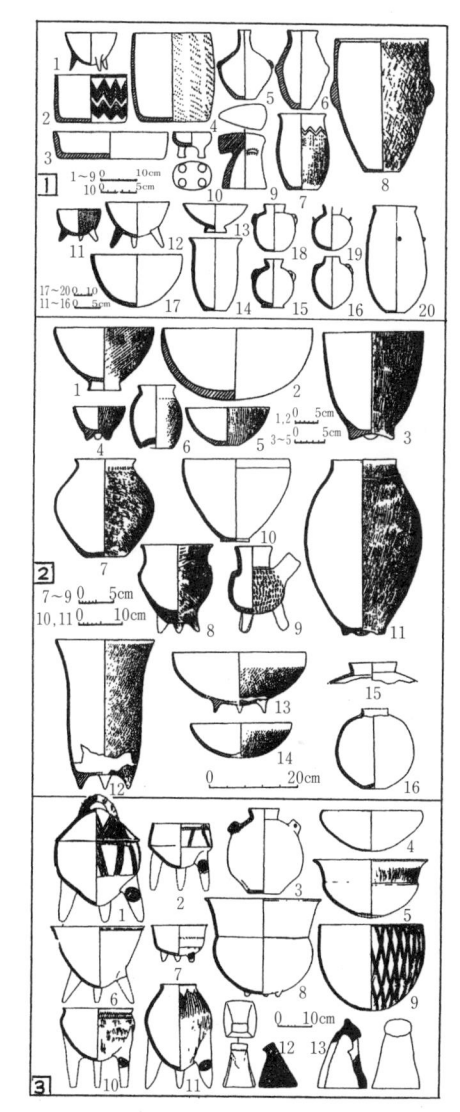

第７図　黄河流域新石器時代早期後半文化の土器
１磁山・裴李崗文化、２老官台文化、３北辛文化
（中国社会科学院考古研究所　1984の図九、図一一、図三〇より作成）

4層から大量の籾が検出されており,これは約10万kgの新鮮な稲に相当する。河姆渡文化の各遺跡で,骨耜,石包丁などの農耕具が一般的にみられるほか,河姆渡遺跡から稲穂刻文を有する土器の盆が検出されている。このような資料から,河姆渡文化は水稲を栽培する高水準の農耕文化であると考えられる。さらに,文化内容と年代的な関係などの検討から,河姆渡文化に源をもつ水稲栽培文化は,やがて長江沿いに中流域から上流域へと波及し,長江流域及び華南の水稲栽培文化系統を形成すると考えられる。

中国の新石器時代早期の終わりから中期にかけて,黄河や長江の流域では大理氷河期(最終の氷河期,ウルム氷河期に相当する)以降の最も温暖な時期を迎えた。古環境学の研究によると,約7,000年B.P.～5,500年B.P.頃は,中国大陸における10,000年B.P.から現在までの間において最も暖かい時期にあたり,現在より年平均気温が2～3℃高く,年平均降水量が10～20mm多かったと推定される。恵まれた自然環境は原始農業の発展に好条件を与えた。中国の新

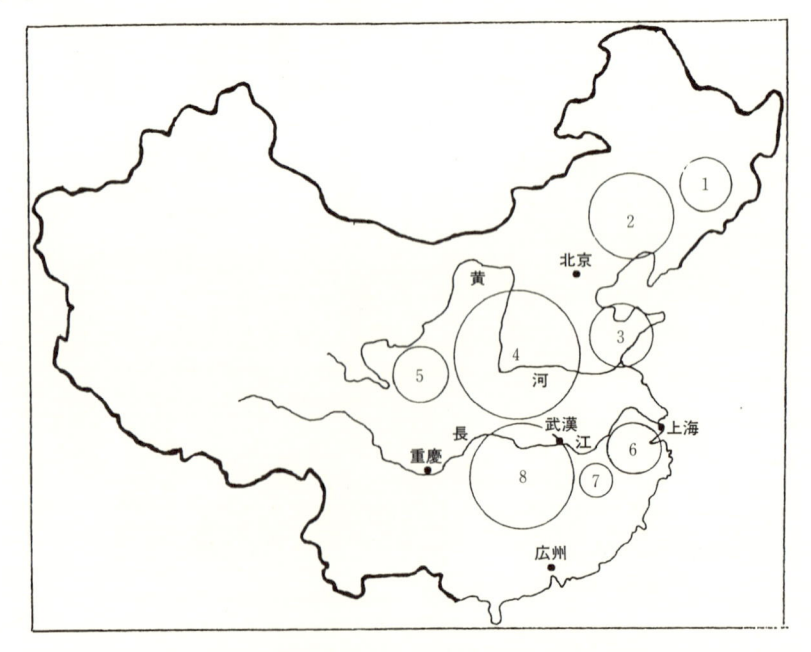

第8図 中国新石器時代早期後半文化分布の略図
1 新楽下層文化, 2 紅山文化, 3 大汶口文化, 4 仰韶文化, 5 馬家窯文化
6 馬家浜文化, 7 北陰陽営文化, 8 大渓文化

石器時代農耕文化は黄河流域においても，長江流域においてもこの時期に飛躍的に発展した（第8図）。早期に比べて，遺跡数が急激に増加するとともに，大型集落跡も数多く検出されており，人口数は著しく増加したと推測される。

中国の新石器時代中期文化における重要な特徴として，彩文土器が盛行したことがあげられる。彩文土器の出土量あるいは器形，文様などは，各文化で異なるが，この時期には，必ず一定量の彩文土器が含まれている。

黄河上流域の新石器時代中期の文化は馬家窯(Majiayao)文化である。古い方から，石嶺下（Shilingxia）類型→馬家窯類型→半山（Banshan）類型→馬厂（Machang）類型に編年されている。馬家窯文化で最も重要な特徴は彩文土器である（第9図）。馬家窯文化の彩文土器の出土量は多く，土器全体の20％～50％を占め，副葬品の場合は全体の80％前後に達している。これらの彩文土器の造形は非常に美しく，彩文文様も絢爛多彩であり，これは当時の土器製作技術が高水準に達していたことを反映している。馬家窯文化の各類型の年代とその分

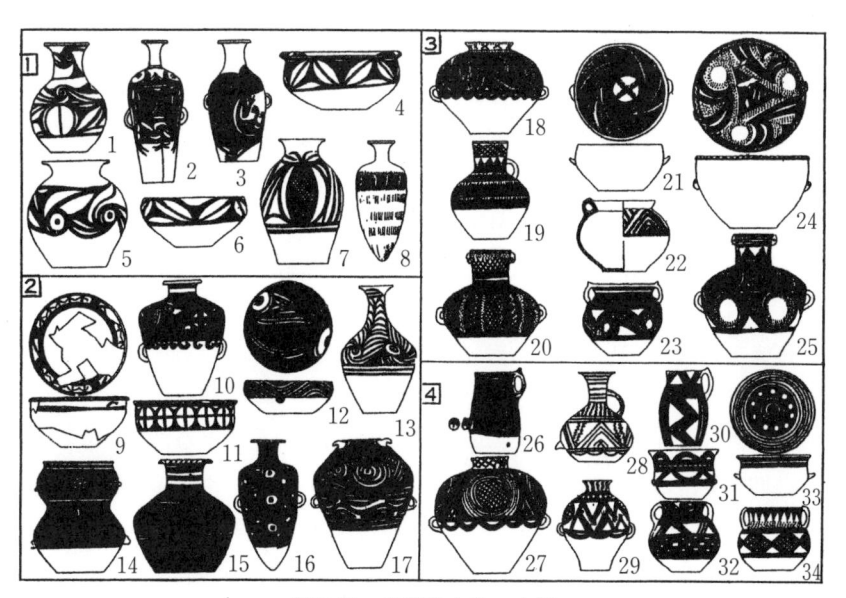

第9図　馬家窯文化の土器
1 石嶺下類型，2 馬家窯類型，3 半山類型，4 馬厂類型（中国社会科学院考古研究所1984の図三五より作成）

布範囲などにより，馬家窯文化は最初に甘粛（Gansu）省東部地区，西部地区で登場した後，徐々に東から西に拡張し，晩期の馬廠類型期に，青海（Qinghai）省の西部までに進出していたと考えられる。そして，馬家窯文化晩期の馬廠類型は，新石器時代晩期に属するとみられる。

　黄河中流域で，新石器時代中期を代表する文化は仰韶（Yangshao）文化である。仰韶文化の基本的な性格は，粟を主とする原始農耕を行い，家畜を飼育し，土器を製作し，定住集落と集中埋葬地が存在し，土葬が行われ，葬制はその時期と場所とによって変化している点である。土器（第10図）は，ろくろの使用によって成形され，夾砂紅色土器と泥質紅色土器を主としている。一般的な器種としては，泥質紅色土器で広口，浅い体部を有する平底または丸底の盆と鉢，細砂質または泥質の小口尖底瓶，砂質紅褐色土器では広口，深い体部，小さな底部の罐と甕などがある。仰韶文化には平底の土器が多く，三脚や圏足の土器はほとんどない。ただしごく限られた地域，または特定の時期に限って，鼎や豆（高杯）がみられる。しかし，袋足の土器（袋状で中空の三脚をもつ土器）はない。器面の文様は，粗縄文あるいは細縄文が主体で，弦文（横方向に刻まれた沈線，平行沈線のものが多い）もよくみられる。また彩文土器が普遍的にみられ，彩文はふつう泥質紅色土器の盆・鉢・罐の類の外面上方に施され，文様帯を構成している。土器の内面，土器全体に塗彩されたものは少ない。石器（第11図）は，打製のものがある程度の数量を占めている。磨製石器のうち，一般的にみられるものとしては，斧，錛，鑿，鏟，また両側に抉りをつけたり，孔をうがつかした石庖丁などがある。土製の庖丁もみつかっている。石鎌は出土していない。また石器の穿孔技術は，周辺地区の同時代の原始農耕文化に比べると，仰韶文化では発達していない。その他，土製のやすりも仰韶文化の特徴的な文化遺物である。分布地域と年代によって，仰韶文化はいくつかの類型に分けられる。仰韶文化の中心地域のである関中地区では，半坡（Banpo）類型→史家（Shijia）類型→泉護（Quanhu）類型→半坡晩期類型に編年されている。

　黄河下流域における新石器時代中期文化は大汶口（Dawenkou）文化である。いくつかの代表的な遺跡の発掘調査の成果により，大汶口文化は早期，中期，晩期の3時期に分けられている。発掘調査された大汶口文化の遺跡はほとんどが墓域で，土器やブタの下顎骨などの副葬品が多く，一部の墓は木槨を伴って

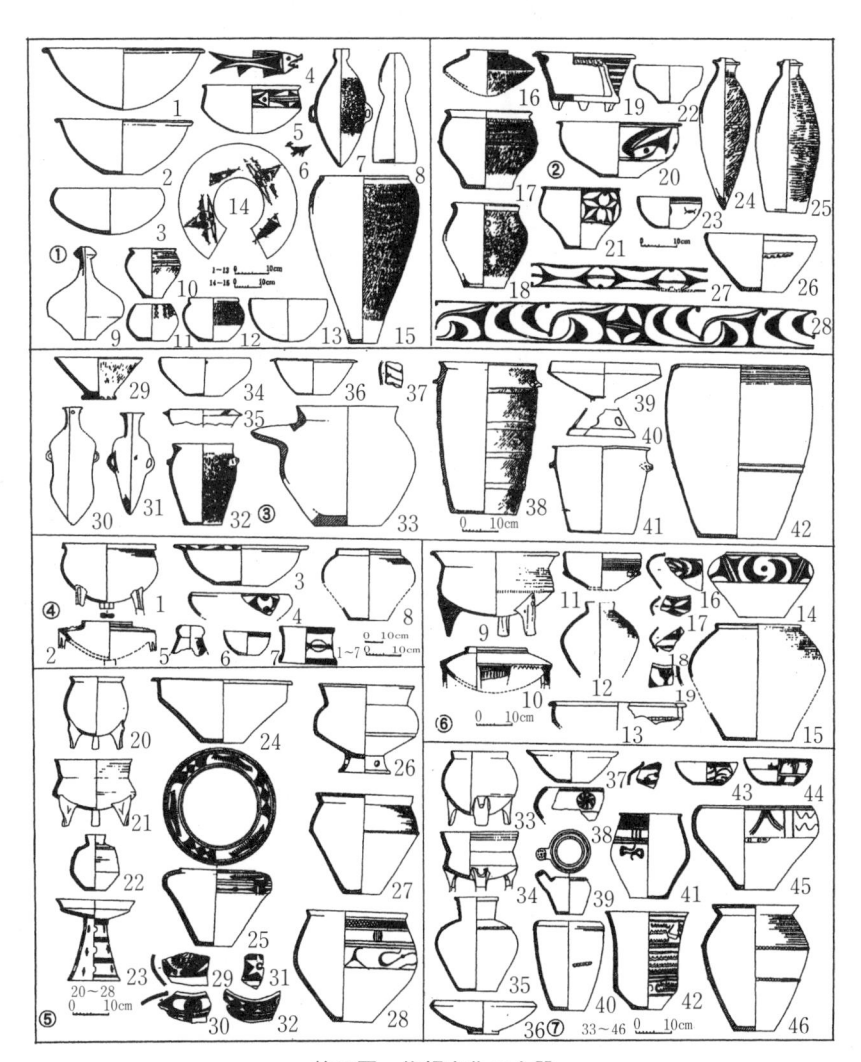

第10図　仰韶文化の土器
①〜③　関中地区仰韶文化の土器　④〜⑦　河南地区仰韶文化の土器
（中国社会科学院考古研究所　1984の図一二より作成）

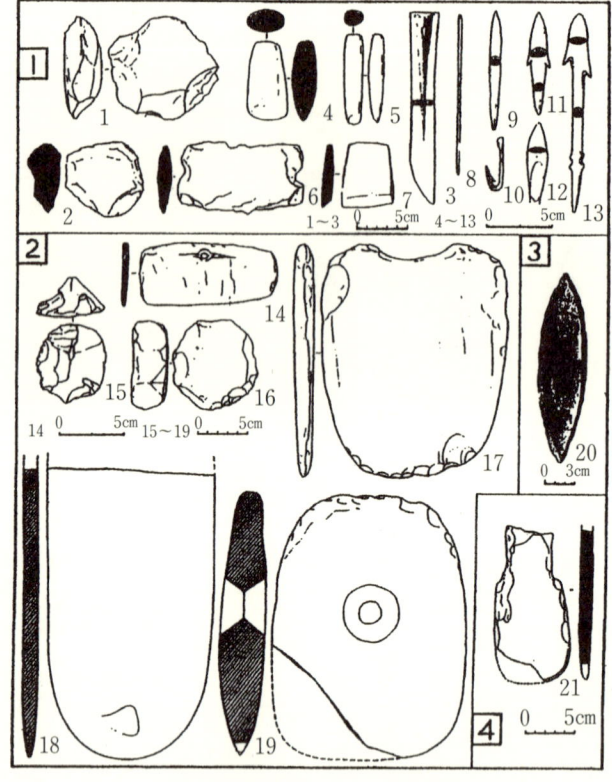

いる点がその特徴である。住居跡の検出例が少なく、この文化の集落構成の様相はまだ明確になっていない。大汶口文化の土器は紅色のものと灰色のものを主としており、彩文土器も豊富に出土している。代表的な器形としては高い足をもつ鼎、透孔のある豆（高杯）、壺、鬹などがある（第12図）。また、大汶口文化の墓はブタの下顎骨、頭骨及びブタ型の土製品などがしばしば副葬されており、大汶口文化におけるブタの飼育の盛行を示している。

　紅山（Hongshan）文化は燕遼地区に分布する新石器時代中期文化である。横方向の「之」字状線文が描かれた罐類は紅山文化における最も特徴的な土器である。彩文土器もみられ、器形や彩文の文様などから、仰韶文化からの影響を受けていたことがうかがえる（第13図）。

　長江中流域の新石器時代中期文化は大渓文化によって代表される。大渓文化の土器には稲の籾殻が胎土の混合材として使用されるとともに、住居跡から出土した焼土塊の中にも稲の籾殻や茎、葉などが含まれていることから、大渓文化において稲が栽培されていたことがうかがえる。大渓文化の土器は紅色のも

第11図　仰韶文化の生産用具
（中国社会科学院考古研究所　1984の図一七より作成）

のを主体として，釜，鼎，高台付き盤，壺，杯，瓶などが代表的な器種である（第14図）。各種の印文と彩文は大渓文化の最も特徴的な文様である。その他，大渓文化の葬法には多様な屈葬がみられ，中国の他の新石器時代文化には全くみられない特徴をもっている。

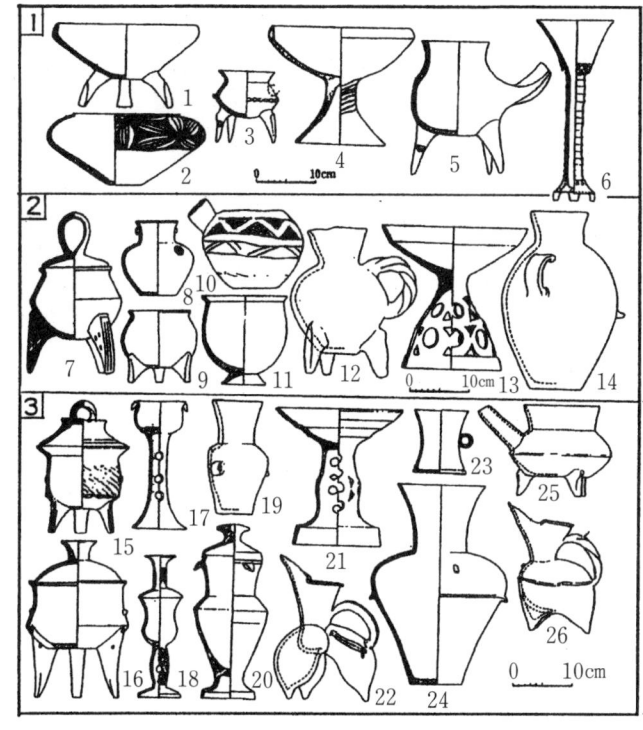

長江下流域の新石器時代中期

第12図 大汶口文化の土器
1 早期，2 中期，3 晩期（中国社会科学院考古研究所 1984の図二八より作成）

文化には南京地区に分布する北陰陽営（Beiyinyangying）文化と太湖・杭州湾地区に分布する馬家浜（Majiabang）文化がある。北陰陽営文化の重要な特徴は，非常に入念に研磨された石器が数多く出土することである。7孔をもつ大型石刀と石鋤は北陰陽営文化の代表的な石器として，中国新石器時代遺跡で初めて出土していた（第15図・7）。北陰陽営文化の土器は平底のものと，三脚，圏足の土器が極めて多く，また，丸底の盆・鉢・罐なども少数出土する。彩文土器は北陰陽営文化の重要な特徴である（第15図）。馬家浜文化は河姆渡文化から発展した文化であり，馬家浜類型と崧沢（Songze）類型に編年される。馬家浜類型の土器には，紅色の夾砂土器と泥質の土器が主体であるが，彩文土器もよくみられる。崧沢類型は紅色の土器のほか，黒色，灰色の土器も出土しており，彩文

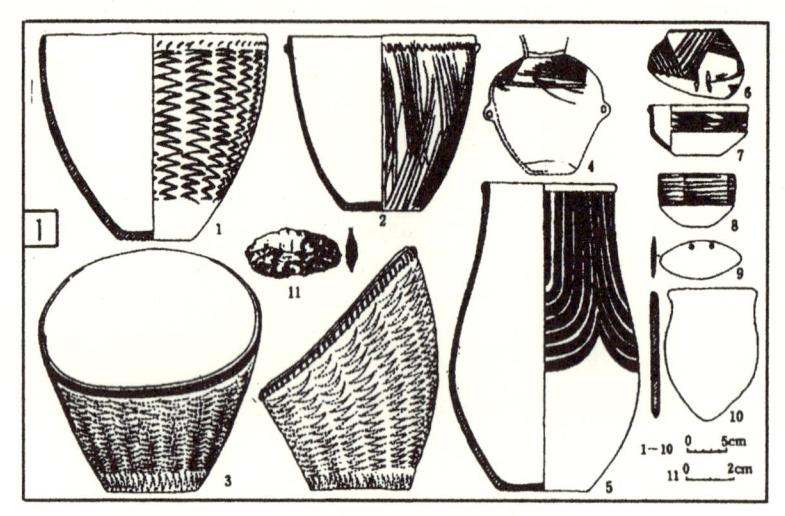

第13図　紅山文化の遺物
（中国社会科学院考古研究所　1984の図五三より作成）

土器は減少する（第16図）。

　新石器時代晩期に入ると，黄河流域から長江流域にかけて共通性の極めて強い文化内容をもった一連の新石器時代文化が出現する。この時代も龍山(Longshan)時代と呼ばれている（第17図）。この時代の文化に共通した特徴としては，灰色，黒色の土器が主体を占め，土器の器面に藍文(龍目状の文様)，方格文，貼付文などがよくみられ，回転台によって土器が成形されることが普遍的になり，三脚，圏足の土器が主要な器種となる点があげられる。さらに，磨製石器が増え，卜骨が盛行し，少量の銅，青銅などの金属器が登場する。そして，土塁で集落を取り囲んだ城郭遺跡が出現する点も極めて重要である。

　黄河上流域の龍山時代の文化は，馬家窯文化晩期の馬廠類型から継続的に発展した斉家(Qijia)文化である。銅器製作の登場は斉家文化の特筆すべき文化要素である。斉家文化のいくつかの遺跡から銅製のナイフ，鑿，錐，斧，装身具，鏡などが出土しており，その中で銅鏡は現在，知られている最古のものである。他の龍山時代文化と異なり，斉家文化の土器には灰色のものが少量みられるが，橙黄色と紅褐色のものを主とする。代表的な器種としては碗，双大耳罐，双高

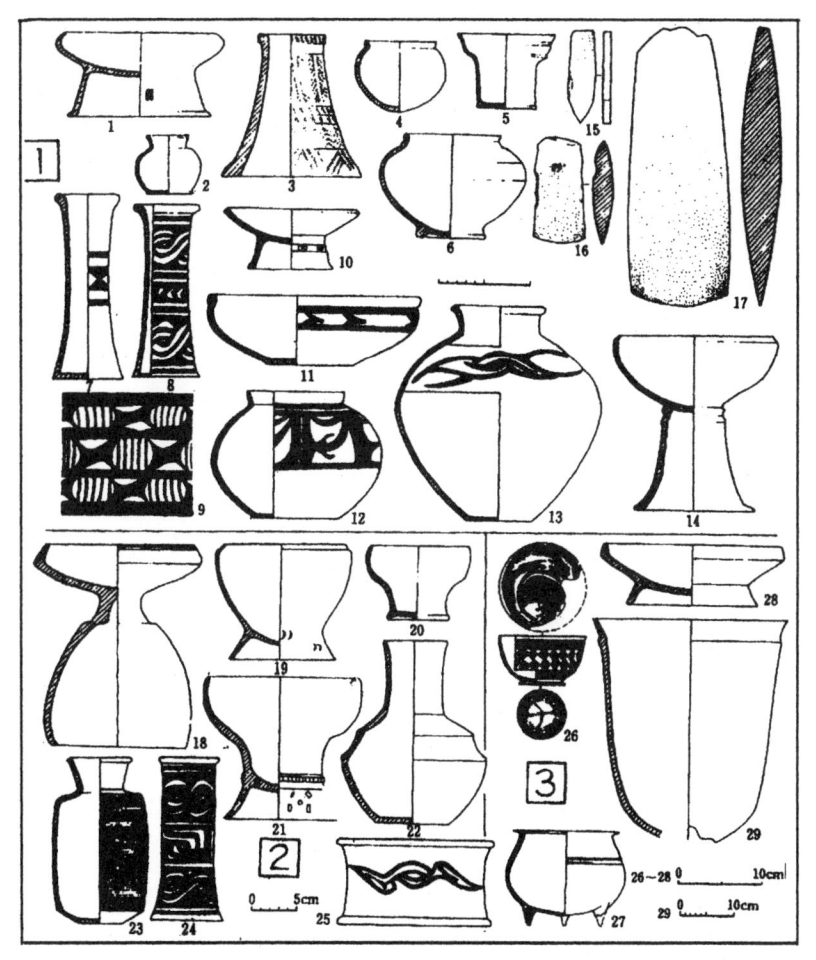

序章　中国における土器の登場と新石器時代文化の展開　29

第14図　大渓文化の遺物
（中国社会科学院考古研究所　1984の図四一より作成）

頸罐，広口罐などがある（第18図）。

　黄河中流域における，龍山時代早期の文化は，廟底溝（Miaodigou）二期文化である。廟底溝二期文化の土器には，鼎，鬲（袋状の三脚を有する土器，第19図・8），斝（器身に3本の脚を取り付けた土器，第19図・4）などの器種がみられ，こ

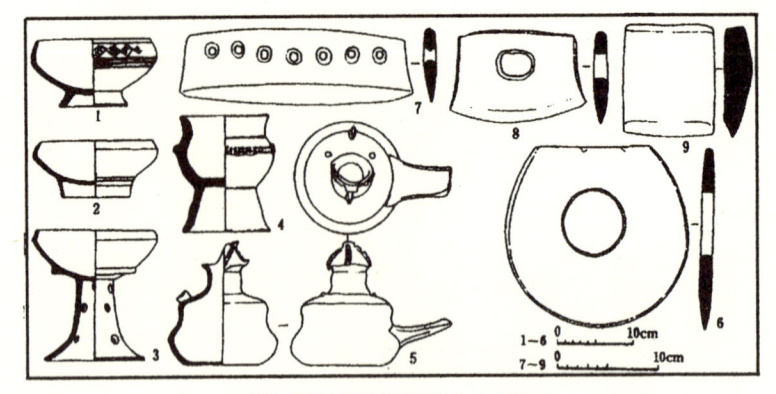

第15図　北陰陽営文化の遺物
（中国社会科学院考古研究所　1984の図四六より作成）

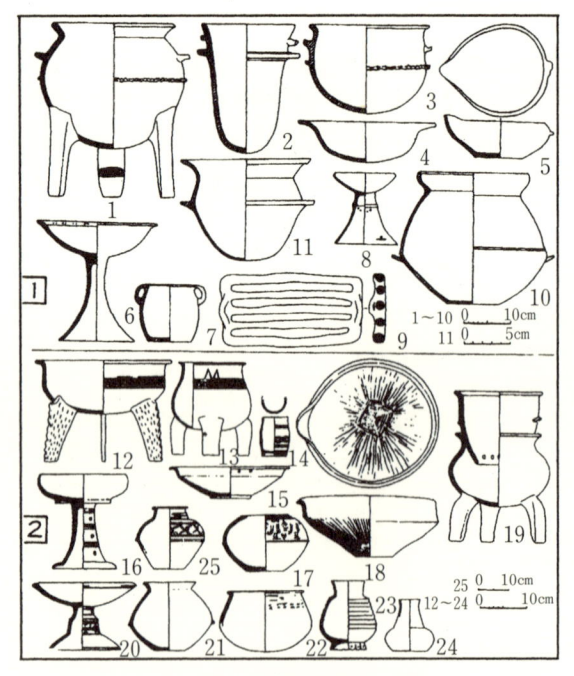

第16図　馬家浜文化の土器
1 馬家浜類型　2 崧沢類型（中国社会科学院考古研究所 1984の図四八より作成）

れは龍山文化の指標となる器種である（第19図）。農耕具としては半月形の石包丁，石鎌，貝殻製の鎌などが出土し，これらも龍山文化の特色を示す遺物である。廟底溝二期文化の後続文化としては，河南省全域および冀南，西北に分布する中原龍山文化，渭（Wei）河流域に分布する客省庄（Keshengzhuang）文化，汾

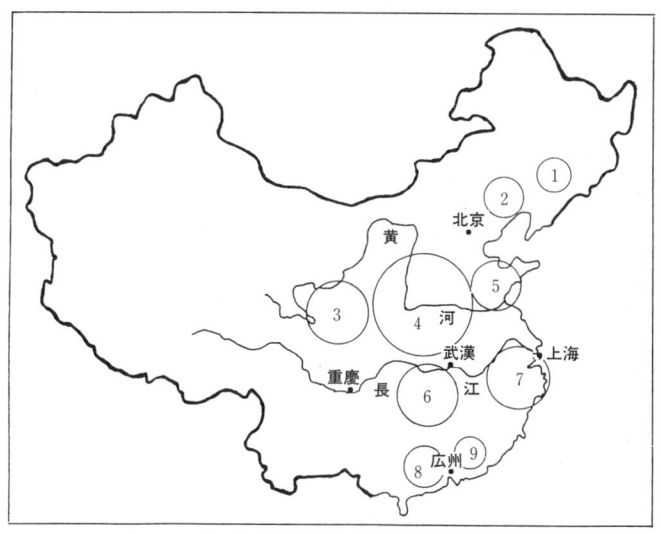

序章　中国における土器の登場と新石器時代文化の展開　31

第17図　中国新石器時代早期文化分布の略図
1 富河文化，2 小珠山文化，3 斉家文化，4 後原龍山文化，5 典型龍山文化，6 石家河文化，7 良渚文化，8 石峡文化，9 昙石山文化

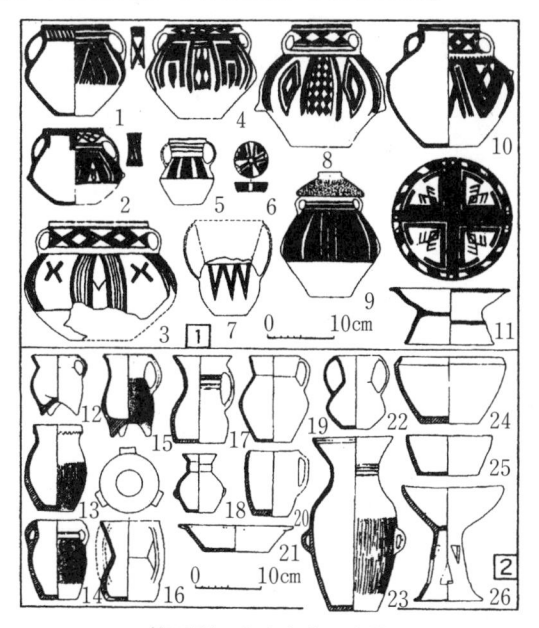

第18図　斉家文化の土器
（中国社会科学院考古研究所1984の図三八より作成）

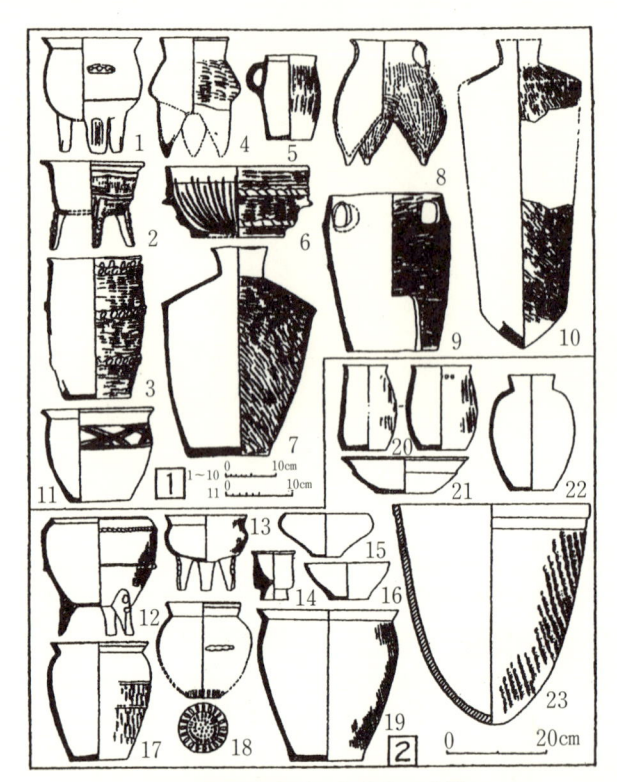

第19図　廟底溝二期文化の土器
（中国社会科学院考古研究所　1984の図二〇より作成）

(Fen)河流域に分布する陶寺(Taoshi)文化などがある。これらの黄河中流域の龍山文化は分布地域によって，文化内容にかなりの相違がある。しかし，土器の器種，文様などは共通性が強い（第20図）。黄河下流域の龍山時代の文化は「典型龍山文化」と呼ばれる。典型龍山文化の土器（第21図）で，最も特徴的なものは，胎土が鶏卵の殻のように極めて薄い卵殻黒色土器である。ほかに，貝殻製の道具も出土する。

　長江中流域と下流域では，新石器時代晩期にそれぞれに屈家嶺(Qujialing)文化→石家河（Shijiahe）文化と良渚（Lianchu）文化が登場する。屈家嶺文化は大渓文化から継続的に発展した文化で，長江中流域における稲栽培を主要な生業活動とする彩文土器文化といえる。年代的な面からみると，屈家嶺文化は黄河流域の早期龍山文化である廟底溝二期文化に並行するものであるが，龍山時代文化との共通要素はほとんど認められない（第22図）。石家河文化と良渚文化は長江中流域と下流域に栄えた文化で，稲栽培を生業の中核とする農耕生産を行っていた。灰色土器，黒色土器を主とする土器のうち，鬲，甼などの器種において黄河流域の龍山文化と共通の特徴を有し，年代的にも同時代に並行する文

序章　中国における土器の登場と新石器時代文化の展開　33

第20図A　中原龍山文化の土器（中国社会科学院考古研究所　1984の図二三より作成）

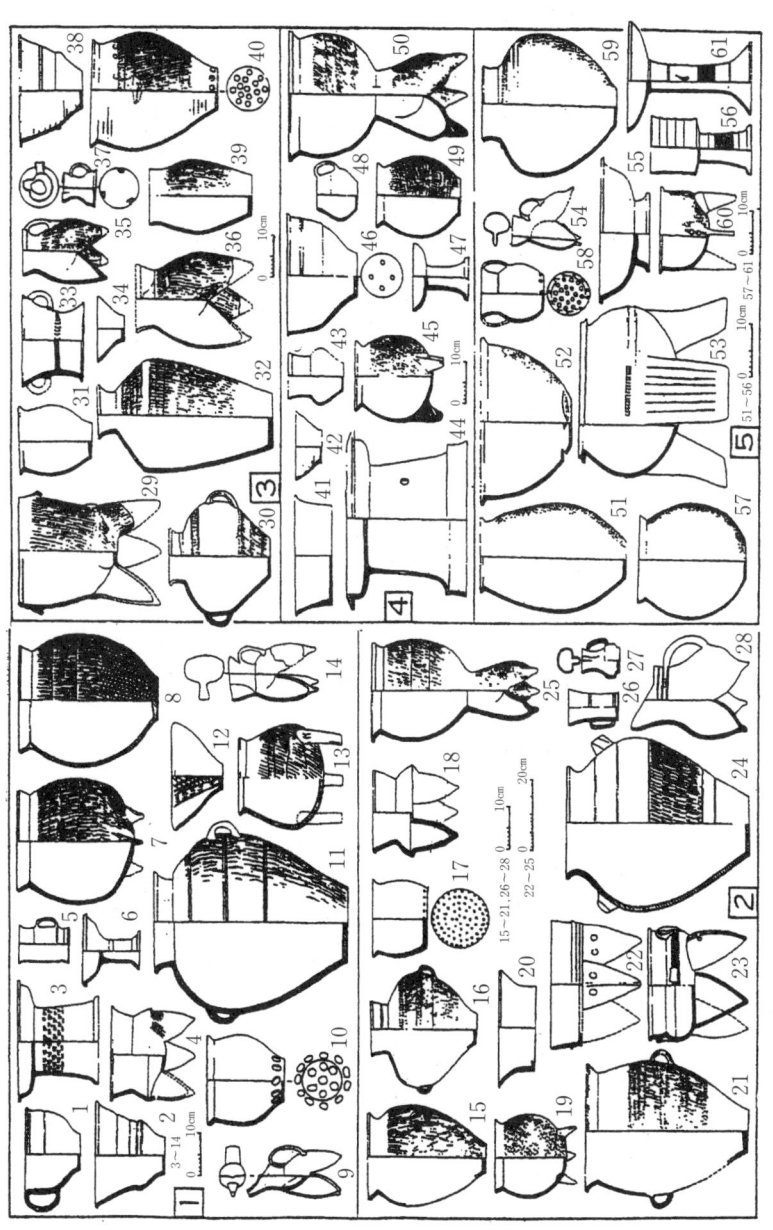

34

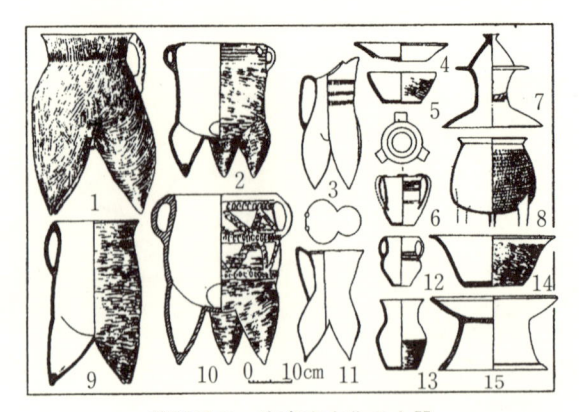

第20図B　客省庄文化の土器
（中国社会科学院考古研究所　1984の図二六より作成）

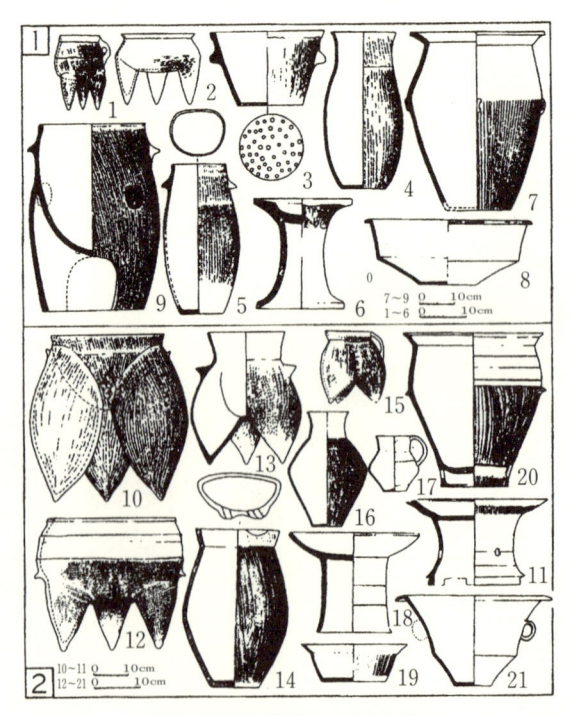

第20図C　陶寺文化の土器
（中国社会科学院考古研究所　1984の図二七より作成）

化である（第23図，第24図）。地域的な特徴としては，良渚文化では，玉器に明確に現れている。良渚文化の玉器は種類が多く，製作技術が特に高水準に達していた。この玉器製作技術は夏・商時代の黄河流域の青銅文化に受け継がれ，良渚文化にみられる璧，琮，環，鉞などの玉器は夏・商時代の玉器の基本となる器種である。

粤桂地区では新石器時代晩期の文化と

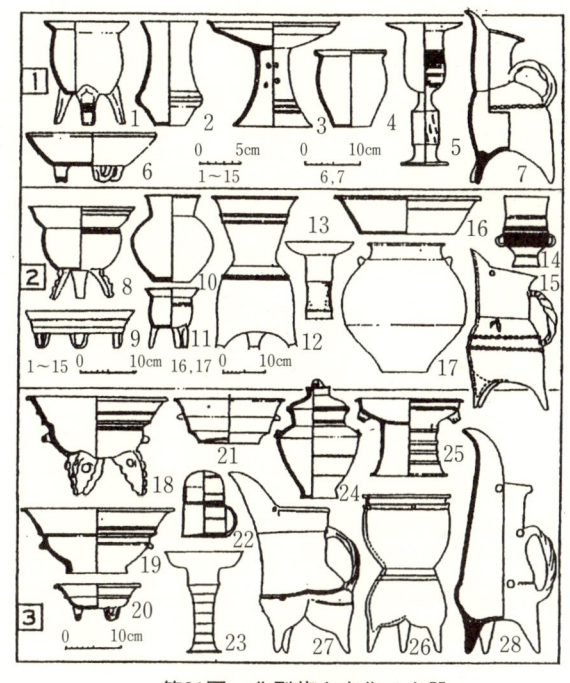

第21図　典型龍山文化の土器
（中国社会科学院考古研究所　1984の図三一より作成）

しては石峡（Shixia）文化がある。石峡文化には良渚文化と同様な璧，琮，環，鉞などの玉器がみられる。そして，斝，壺，鼎などの土器の器形，文様などには良渚文化からの強い影響が認められる（第25図）。閩台地区の曇石山（Tanshishan）文化は閩江下流域の貝塚遺跡を代表する新石器時代晩期文化である。土器の器種，文様などの面で，龍山時代における共通した要素が認められる。その他，曇石山文化の各型式の石斧，貝殻製のナイフなども鮮明な地域的な特徴をもっている（第26図）。

中国における新石器時代文化，黄河流域，長江流域のみを中心に展開したものではない。北方地区では，新石器時代晩期以前に，細石器文化が展開していた。東北地区の黒龍江流域では，細石器と土器を有する新楽（Xinle）下層文化と新開流（Xinkailiu）文化が知られている。新石器時代晩期には，小珠山

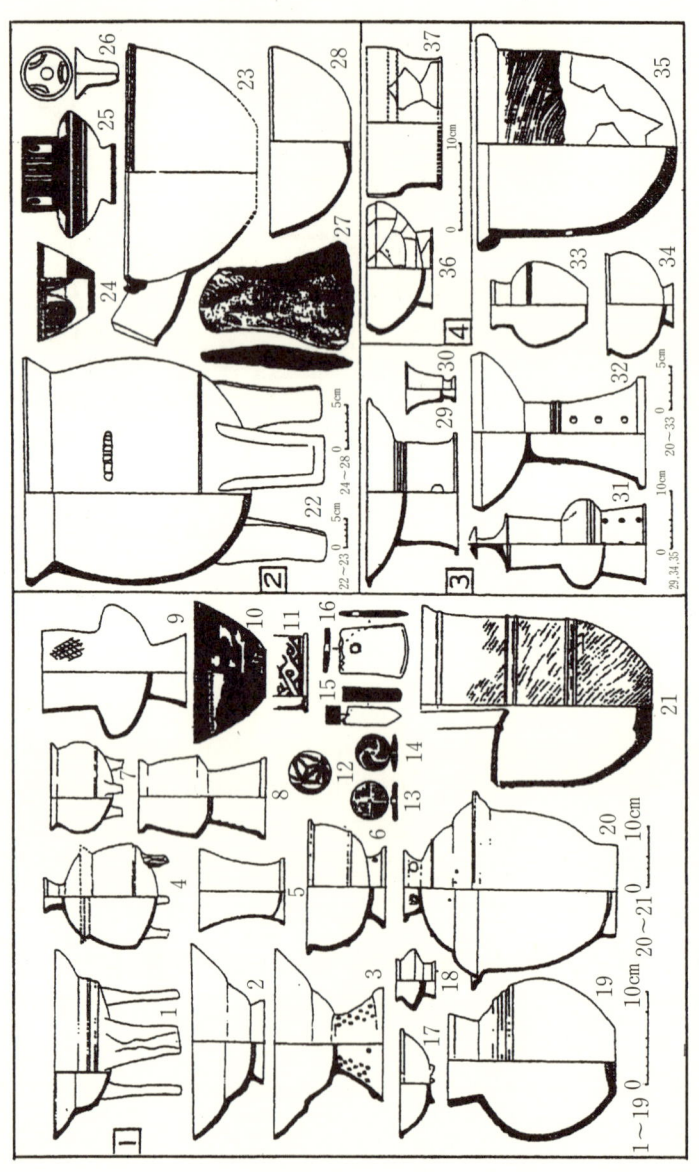

第22図　屈家嶺文化の遺物（中国社会科学院考古研究所　1984の図四三より作成）

(Xiaozhushan)文化，富河(Fuhe)文化，卡若(Kanuo)文化などがそれぞれ登場する。これらの文化の基盤では狩猟・採集の活動が盛んであるが，農耕生産も行われた可能性がある。

以上述べたように，中国新石器時代文化の3つの文化系統において，新石器時代早期から晩期に至るまで，同時平行的な発展を遂げたとみることができる。この3つの文化系統の間には，相当に密接な交流があったことは明らかである。例えば，新石器時代早期には，収穫用具として有孔石包丁が粟栽培文化の地域において出現，発展するが，長江流域の河姆渡文化にも波及している。また，黄河流域のブタの飼育と

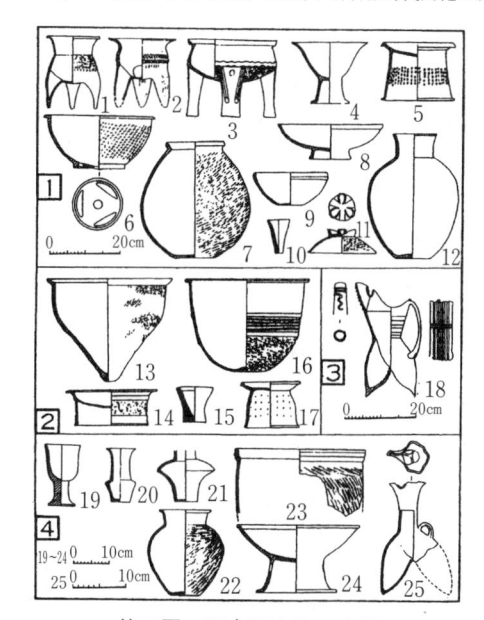

第23図　石家河文化の土器
（中国社会科学院考古研究所1984の図四四より作成）

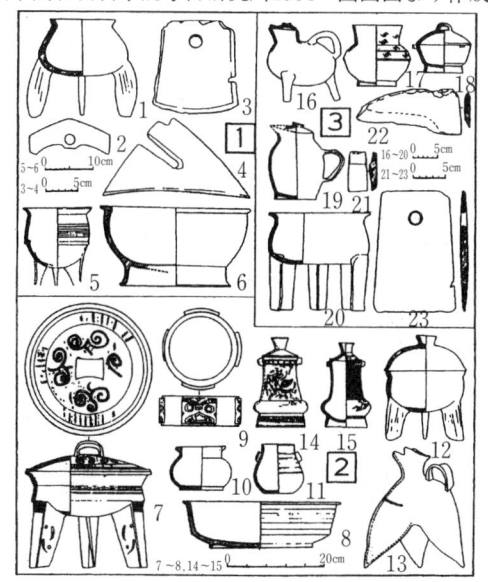

第24図　良渚文化の遺物
（中国社会科学院考古研究所1984の図四九より作成）

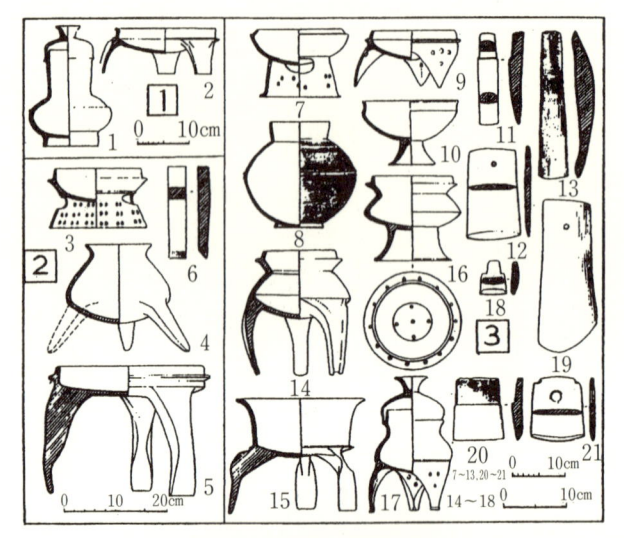

第25図　石峡文化の遺物
（中国社会科学院考古研究所　1984の図五一より作成）

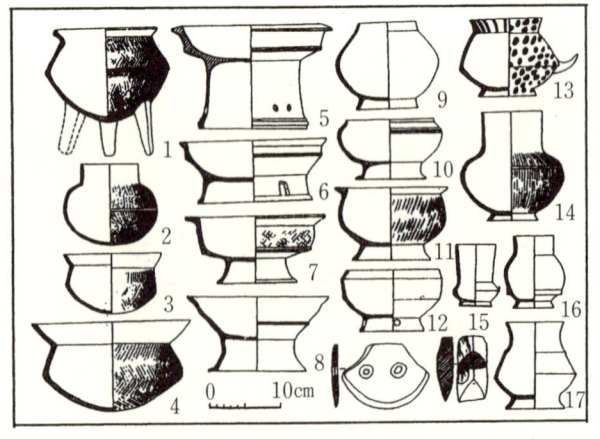

第26図　曇石山文化の遺物
（中国社会科学院考古研究所　1984の図五〇より作成）

長江流域文化のブタの飼育が無関係に発生，発展したとは考えにくい。新石器時代中期の彩文土器の広がりは当時の文化交流が極めて盛んであったことを物語っている。新石器時代晩期になると，龍山時代の共通した文化要素が各文化系統に認められ，この時代の文化の統一性がうかがえるとともに，人間の移動，地域間の文化交流などが非常に頻繁に行われたことが明確にあらわれている。

まとめ

現在までの資料によって，10,000年B.P.前後に中国大陸において土器の登場したことが明らかにされて

いる。これらの早期土器が現在のところなお最古の土器であるかどうか明確ではないにしても，原始的な特徴をもっており，最古の土器から遠くないものと考えられる。土器の登場，土器製作技術の発展，共伴する磨製石器などを標徴としており，中国大陸における新石器時代の文化が出現する。さらに，黄河流域，長江中・下流域と華南地区，北方地区においてそれぞれ粟栽培を基軸とする文化系統，稲栽培の文化系統，狩猟・採集の文化系統が成長する。この3つの文化系統が発展，拡大するにつれ，中国新石器時代文化の統一性が徐々に進展していく。さらに，これを基盤にして，4,000年B.P.前後には，青銅器，城郭，文字などを標示とする中華文明が開花することとなる。

第1章　仰韶文化研究史

はじめに

　仰韶文化は，1921年にスウェーデン人J.G.アンダーソン（Johan Gunnar Andersson）博士によって河南（Henan）省渑池（Mianchi）県仰韶村で最初に発見された，彩文土器と磨製石器を伴う新石器時代文化である。現在までに報告されている仰韶文化の遺跡は，すでに1,000カ所を超えており，その分布範囲はほぼ確定している。仰韶文化の遺跡は，主として陝西（Shanxi）省の関中地区，河南省の大部分の地域，山西（Shanxi）省南部，河北省南部に分布し，遠くは甘粛・青海の省境地帯，オルドス地区，河北省北部，湖北（Hubei）省西北部にお

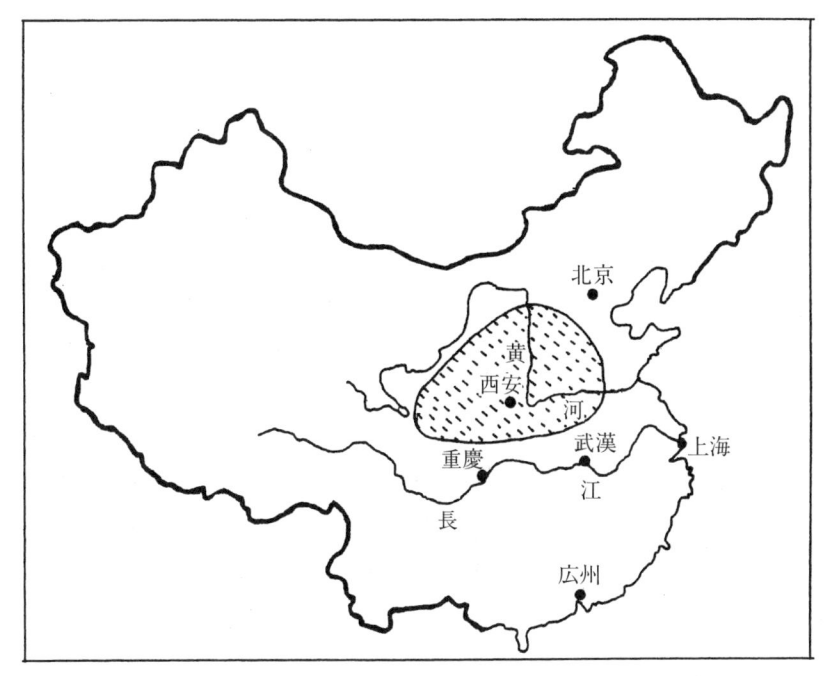

第27図　仰韶文化分布の略図（▨▨▨▨　仰韶文化の分布地域）

いても発見されている（第27図）。仰韶文化の基本的な性格は，粟栽培を主とする原始農耕を行い，家畜を飼育し，土器を製作し，定住集落と集中埋葬地を営む点である。葬制では土葬が行われ，時期と場所とによって変化がみられる。土器は，ろくろを使用して成形し，紅色の夾砂土器と紅色の泥質土器が主となっている。一般的な器種としては，泥質紅色土器では広口の浅い体を有する平底または丸底の盆と鉢，細砂質または泥質の小口尖底の瓶，砂質紅褐色土器では広口で深い体部の小底罐と甕などがある。仰韶文化には平底の土器が多く，三脚や圏足の土器はほとんどない。ただし極く限られた地域，またはある特定の時期に限って，鼎や豆もみられる。しかし，袋足の土器はない。器表の文様は，粗縄文あるいは細縄文が中心で，弦文も盛んに用いられる。また彩文土器が発達し，その装飾は通常泥質紅色土器の盆・鉢・罐の外面上方に施される。土器の内面に，全体に塗彩する例は少ない（第10図）。石器は，打製石器がある程度の数量を占めている。磨製石器のうち，一般的にみられるものとしては，斧，錛，鑿，鏟，両側抉り入りか，穿孔された石庖丁などがある。土製庖丁も出土している。また石器の穿孔技術は，周辺地区の同時代の原始農耕文化の石器製作技術と比較すると，仰韶文化では発達していない。このほか，土製やすりは仰韶文化の著しく特徴的な文化遺物である（第11図）。

　関中地区は中国の中部に位置し，渭河の中・下流域に所在する。その範囲は東経106°45′～110°13′，北緯34°～35°12′にあって，その面積は約2,100㎢である。関中地区は黄土高原の東南辺縁にあって，秦嶺(Qinling)を南端，北山(Beishan)を北端，潼関(Tongguan)を東限，隴山(Longshan)を西限とする盆地である。この地区は仰韶文化が最も発達した地域であり，50年代の西安(Xian)市半坡(Banpo)遺跡の発掘調査を始めとして，仰韶文化の発掘調査と研究が進んでおり，すでに数多くの目覚ましい成果がえられている。これまでに，仰韶文化に属する遺跡が約600カ所知られ，本格的な発掘調査が行われた遺跡は20カ所におよぶ。その中で，重要な遺跡としては，西安市半坡，宝鶏(Baoji)市北首嶺(Beishouling)，福臨堡(Fulingbao)，彬(Bin)県下孟村(Xiamengcun)，渭南(Weinan)市史家(Shijia)，臨潼(Lintong)県姜寨(Jiangzhai)，華(Hua)県元君廟(Yuanjunmiao)，泉護村(Quanhucun)，華陰(Huayin)県横鎮(Hengzhen)など（第28図）があげられる。これらの遺跡では，遺構の保存状態が良好で，住居

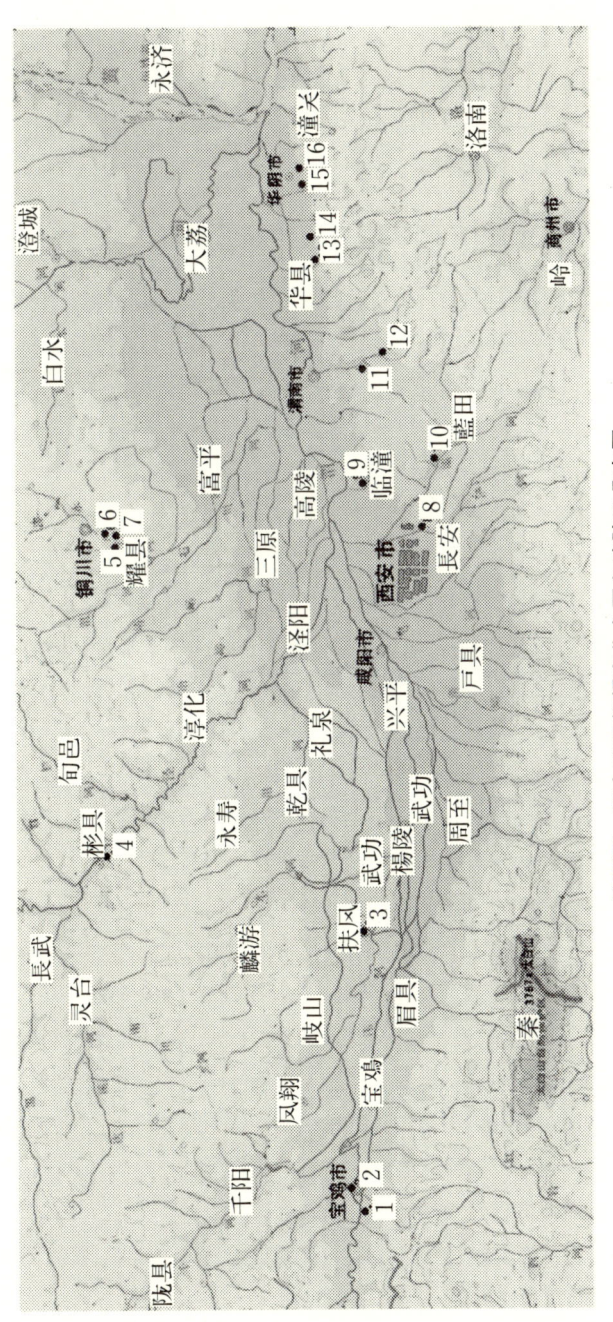

第28図　関中地区仰韶文化主要な遺跡の分布図

1 福臨堡遺跡，2 北首嶺遺跡，3 案板遺跡，4 下孟村遺跡，5 呂家崖遺跡，6 李家溝遺跡，7 瓦窰溝遺跡，8 半坡遺跡，9 姜寨遺跡，10 池湖遺跡，11 史家遺跡，12 北劉遺跡，13 元君廟遺跡，14 泉護村遺跡，15 橫鎮遺跡，16 西關堡遺跡

跡,窯跡,貯蔵穴,墓あるいは大面積の墓域が調査されている。特に注目されるのは,姜寨遺跡の仰韶文化半坡類型に属する集落跡が全掘されたことである。これは中国新石器時代の発掘調査の中で唯一のものである。これらの発掘調査を通じて,この地域の仰韶文化の基本的な性格が明らかにされることとなった。

1 1960年代中頃以前の研究

　仰韶文化の名称は,1921年10月にアンダーソンが調査した仰韶遺跡に由来する。仰韶遺跡は中国における最初の科学的な発掘調査が行われた遺跡の1つとして,中国考古学史上,非常に重要な意味をもった新石器時代遺跡である。仰韶遺跡は河南省澠池県にあり,黄河の南岸の黄土台地に位置する。遺跡は長さ600m,幅480mの広がりを有し,文化層の厚さは平均3mほどである。アンダーソンによる仰韶遺跡の調査では,直径1.9～2.8mほどの貯蔵穴,井戸,墓などの遺構が発掘され,多数の石器,骨器,土器が発見された。石器には石斧,石鏃,石庖丁,紡錘車,環などがあり,骨器には,鏃,針,錐などが含まれている。土器には,精製された彩色のある泥質土器と無彩色の夾砂土器が存在する。粗製土器の器種には,皿,鉢,杯,壺,甕,鼎などがある。彩文土器の器種には,碗,鉢,皿,壺があり,それらの土器の器面にスリップをかけ,その上に黒色あるいは赤色,白色で文様を描いている (J.G.Andersson 1923)。これらの彩文土器が仰韶遺跡の名称を世界に広め,その結果,黄河流域の彩文土器文化の代名詞として,仰韶文化の名称が用いられるようになった。

　アンダーソンは,仰韶遺跡を仰韶文化の標式遺跡として報告したが,1951,1962年の中国科学院考古研究所による再調査で,仰韶遺跡では,仰韶文化廟底溝類型,廟底溝二期文化,河南龍山文化,東周文化の4層の文化層が堆積していることが明らかとなっている(考古研究所河南調査団 1951)。そして,仰韶遺跡の主な年代は,仰韶文化の時代ではなく,むしろ廟底溝二期文化にあると言われている。アンダーソンの調査では,地層堆積を一定の厚さによって文化層に分けているので,アンダーソンが報告した遺物の中には,今からみると,仰韶文化にそぐわない遺物も含まれている。このことから,アンダーソンは仰韶文化の彩文土器の起源および黄河流域先史文化の編年などについて,いくつかの間違った見解を提示していたことになる (J.A.Andersson 1925, 1933)。しか

し，アンダーソンの仰韶文化に関する研究業績は，中国近代考古学の第一歩として高く評価されるべきものである。

　アンダーソンの調査研究の後，中国考古学者の新石器時代文化研究が開始された。1926年に，李済 (Liji) 氏は山西省夏 (Xia) 県西陰村 (Xiyincun) において単純な仰韶文化の遺跡を調査した (李済　1927)。西陰村遺跡の発掘を通じて，仰韶文化に関する認識は著しく進展した。1930年，李済と梁思永 (Liansiyong)，董作賓 (Dongzuobin) 氏は山東 (Shandong) 省章丘 (Zhangqiu) 県龍山鎮 (Longshanzhen) の城子崖 (Chengziei) 遺跡で発掘調査を行った。城子崖遺跡は上層と下層の 2 層に大別され，下層から胎土が鶏卵の殻のように極めて薄い黒色土器，あるいはやや厚手で光沢のある黒色土器，粗縄文の施された灰色土器や黄色土器などとともに多量の石器，骨角器，卜骨が出土している（李済・梁思永・董作賓 1934)。この城子崖遺跡が，中国考古学史上，特に重要な点は，黒色土器を出土する下層の新石器時代文化の存在が明らかにされたことである。この黒色土器文化がその地名をとって，龍山文化と呼ばれるに至った。龍山文化の発見にともなって，彩文土器の仰韶文化と黒色土器の龍山文化とは，どちらが古い文化で，どちらが新しい文化であるかが，その後の主要な課題となった。この問題に解答を与えたのが，河南省安陽 (Anyang) 市後崗 (Hougang) 遺跡の発掘である。1931年末，梁思永氏は後崗遺跡の調査において，明確に区別できる上層，中層，下層の 3 つの文化層が確認された。上層が殷墟文化に，中層が龍山文化に，下層が仰韶文化に属する。この調査によって，仰韶文化が古く，龍山文化が新しいという解答が初めて提示された (梁思永　1933a, 1933b)。さらに，この彩文土器を有する仰韶文化と，黒色土器を有する龍山文化との文化区分は，黄河流域新石器時代文化の基本的な枠組として，近年まで不動のものとなった。この 2 つの大きな枠組が黄河流域新石器時代文化研究の出発点になったともいえる。しかし，この時期には資料が十分でなく，仰韶文化に関する研究はごく限られたものとなった。

　1930年代末から40年代にかけて，中国の考古学は戦争のために停滞の状態にあった。1950年代から，大規模な基本建設の計画に応じて，まず最初に黄河中流域において考古学の一般調査が進められた。その結果，多くの重要遺跡が発見された。1950年代に特に重点が置かれた考古学調査は陝西省西安市半坡と河

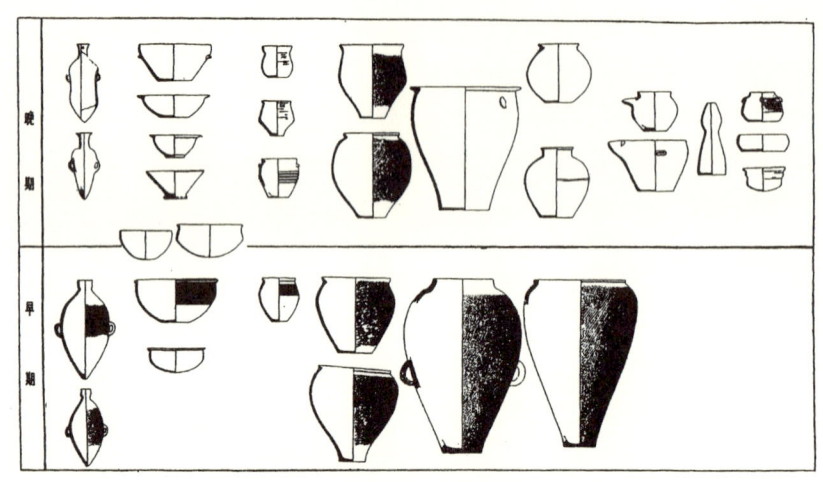

南省陝(Shan)県廟底溝の2つの重要な遺跡における大規模な発掘であった。
　半坡遺跡は西安市の東約6kmの渭河の右岸にあって，滻(Chan)河に臨む標高400mほどの台地の辺縁に近い斜面に位置している。半坡遺跡は1953年に発見さ

第29図　半坡遺跡の仰韶文化土器
(中国科学院考古研究所　1963の図一一一より作成)

れ，1954〜1957年にかけて，5回にわたり中国科学院考古研究所が発掘を行った(中国科学院考古研究所　1963)。半坡遺跡の主要部分の遺構は，幅6〜8m，深さ5〜6mの周溝に囲まれた総面積約50,000㎡の集落跡と，その北側の共同墓域，東側の共同窯跡群からなっている。遺構としては，住居跡，墓のほかに，柱穴，炉跡，灰坑，窯跡などが発見されている。半坡遺跡における文化層の堆積は前期と後期の2時期に分けられている。半坡遺跡出土遺物の多くは土器で，灰褐色の夾砂土器で縄文を施した物が多く，また，彩文が施された紅色の泥質土器はこの文化の特徴的遺物でもある。土器の器種は，鉢，碗，盆，瓶，罐，甕，甑，鼎，蓋などを基本としている。これらの土器は，文化層の堆積によって前期と後期に分けられている(第29図)。半坡遺跡の彩文土器の量は多くない。大部分は紅色土器に黒色塗彩したもので，動物の姿を描いたものが多い。最も基本となるモチーフは魚文と変形魚文で，人面魚文，写実的な魚文，図案化し

た魚文，魚文から変化した対頂三角文などの意匠が表現される。この他に鹿文もみられる。動物形文様のほか，直線・斜線・三角形の幾何形文や網文がある（第30図）。土器以外の遺物には石器と骨角器がある。石器は磨製石器が多いが，打製石器もみられる。器種として，斧，有孔石斧，鋳，鑿，鏟，石刀，石皿，磨石，石杵，石棒などがある。角器には，鏃，釣針，錐，針，刀，鋩，装身具などがある（第11図・1）。

廟底溝遺跡は河南省陝県の南にあって，黄河の支流である青龍澗（Qinlongjian）河の南岸台地上に位置し，

第30図　半坡遺跡出土の土器の彩文
（飯島　1991の第23図より作成）

3枚の文化層が確認されている。上層が春秋戦国時代の文化層，中層が龍山文化系の廟底溝二期文化層，下層が仰韶文化の層である。この下層の仰韶文化層からは，住居跡，灰坑，墓などの遺構と，土器，骨角器，動物の骨などの遺物が出土されている（中国科学院考古研究所　1959）。土器には，泥質紅色の胎土をもつ土器，灰色土器，夾砂紅褐色土器などがある。主要な文様としては，彩文，縄文，弦文などがある。器種には，半坡遺跡に共通するものを多数みることができ，器形上の差異は明瞭である。彩文土器は半坡遺跡に比べると出土量が多く，やはり黒彩土器が主体となるが，少数の紅彩を併用した土器もある。彩文土器の文様は半坡遺跡の土器とはまったく異なったデザインをもっており，ふつう，弧線・弧形三角・圓点で構成された文様帯がみられる（第31図）。また，

第31図　廟底溝遺跡の土器（中国社会科学院考古研究所　1984の図一二・2より作成）

蛙文や鳥文が描かれている。廟底溝遺跡出土の石器には，斧，鑿，鋳，鏟，刀などがある（第11図・2）。特に石鏟は半坡遺跡の石鏟に比べ精巧に作られ，耕作具として発展を遂げたことが認められる。石包丁には，半坡遺跡出土資料の多くが両端坡りの型式であるが，廟底溝遺跡では有孔の石包丁が多数を占め，収穫具の進歩の跡が窺える。

　半坡遺跡と廟底溝遺跡の発掘を通じて，仰韶文化の基本的性格が明らかにされたといえる。さらに，これらの2つの遺跡の発掘によって，仰韶文化における半坡類型と廟底溝類型の区分が確立し，同時に廟底溝二期文化の存在が明らかにされることとなった。半坡類型と廟底溝類型という2つ類型は，その後の仰韶文化研究の基礎を据えるものとなった。また，廟底溝二期文化の発見は，黄河中流域における仰韶文化の終末と，それに続いて新石器時代文化がどのように展開したのかという問題に基本的な解答を与えるものとなった。

これ以後，仰韶文化の研究は主として次の2つの方向から進められていた。1つは典型的な遺跡の発掘を基礎として，仰韶文化の地域色や編年に関する研究を進め，同時に仰韶文化と周囲の他の新石器時代文化との関係を検討していくというものであった。もう1つは，仰韶文化における生業の問題や，社会生活の復元に研究の重点を置き，仰韶文化の社会構造，その発展段階などの問題について検討していこうというものである。

　第1の研究方向に関しては，半坡類型と廟底溝類型との区分が明確にされた後，まず最初の論争が両類型の先後関係をめぐって展開された。半坡類型が早いとする主張(石興邦　1959)と，半坡類型が後出であるとする主張(安志敏　1959)が対立した。そして，後者の考え方を支持する研究者の中には，仰韶文化をさらに5つの類型に分けることを提唱する者もあった(楊建芳　1962)。1961年，下孟村遺跡の発掘は，半坡類型が廟底溝類型に先行することを示す層位的な証拠を初めて提供した(陝西省考古研究所漢水隊　1962)。その後，いくつかの遺跡において，同じ層位関係が明らかにされ，後者の意見はしだいに修正されるようになった。当時比較的広く受け入れられていた意見は，半坡類型が廟底溝類型より古く，後者が前者を継承して発展したものであり，両者が1つの系統にあるという考え方である。

　しかし，60年代前半から，注目すべき別の見解が出された。それは，半坡類型と廟底溝類型は，決して一系統の文化ではなく，仰韶文化の中で並行して発展した2つの系統としてとらえ，それぞれの系統の中に，早期から晩期への連続した発展経過があるという考え方である(石興邦　1962，蘇秉琦　1965)。1965年，蘇秉琦(Subingqi)氏は仰韶文化の類型，その時期区分，年代，地域色および周辺地区の新石器時代文化との関係などについて全面的に論じている。彼は，仰韶文化の地域性の検討をさらに進めるべきであると主張して，当時の資料によって，関中地区など5つの地域を捉え，それぞれが固有の発展の経過をもっていると考えた。さらに，半坡類型と廟底溝類型との特質を概括して，半坡遺跡の早期と晩期との間の変化がかなり著しく大きいこと，半坡遺跡の晩期文化内容は半坡類型に属しないことを指摘している(蘇秉琦　1965)。蘇氏の論文はこの時期において，仰韶文化の地域区分や編年に関する研究を総括したものと言える。

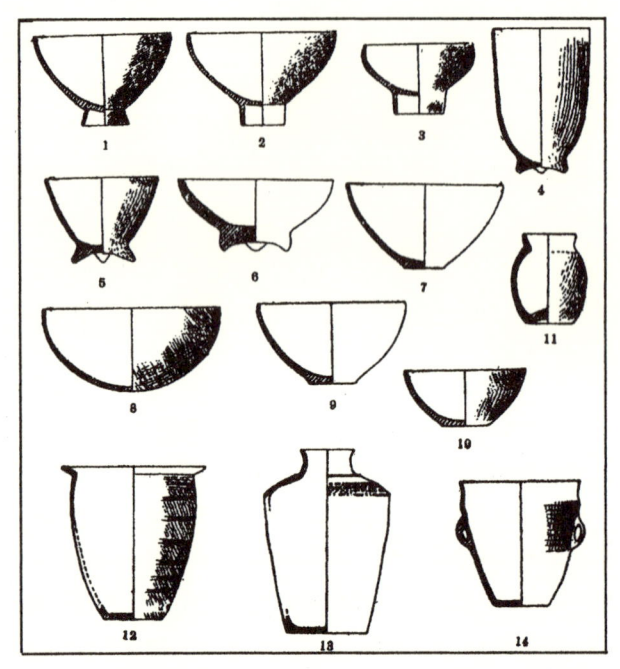

第32図　李家村遺跡の土器（魏京武　1980の図一より作成）

仰韶文化に先行する新石器時代文化の存在については，この時点で，関中地区でその一端がみいだされていた。陝西省華県老官台，華県元君廟，宝鶏市北首嶺，西郷（Xixiang）県李家村（Lijiacun）などの遺跡の踏査と発掘は，いずれも関連する手がかりを提供するものであった（蘇乗埼1965）。しかし当時は，そのうちの李家村の発掘について簡報が公表されていたにすぎない（陝西省考古研究所漢水隊1960，陝西分院考古研究所　1962）。李家村遺跡は陝西省南部の漢水流域にあって，1960年と1961年の２回にわたつて発掘が行われた。その最も大きな収穫は，圏足の鉢と三脚器とによって代表される仰韶文化より古い一群の遺物を発見したことである（第32図）。この李家村の文化は，仰韶文化の前身を探るための新たな有力な手がかりであると指摘された（夏鼐　1964）。資料が不足していたこともあって，関中地区やその周辺地域における仰韶文化半坡類型以前の新石器時代文化に対する理解と研究は制限されていた。仰韶文化の起源問題に関しては，なお基本的な解決はなされていなかったのである。

仰韶文化の社会や歴史を復元しようとする研究は，半坡遺跡の発掘調査から始まった。半坡遺跡の発掘調査での重要な成果は，中国において初めて新石器時代の集落跡が大規模に掘り出されたことである。半坡遺跡に関する総合的な

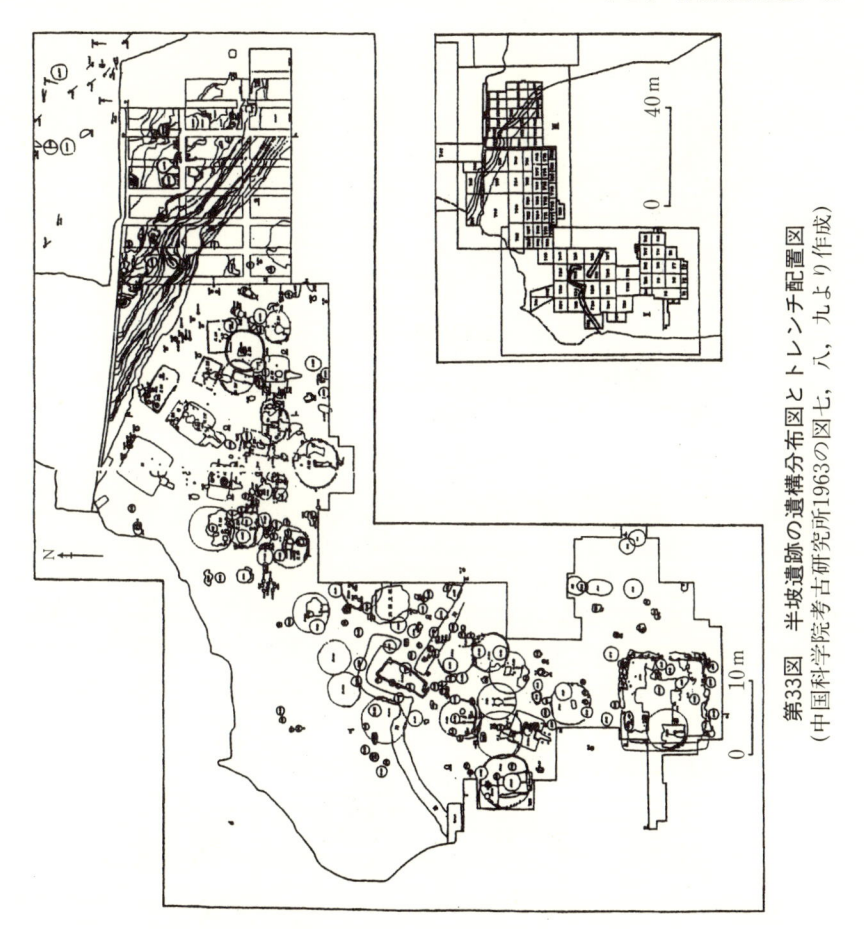

第33図　半坡遺跡の遺構分布図とトレンチ配置図
(中国科学院考古研究所1963の図七、八、九より作成)

研究は，例えば，動物遺存体の分析，人骨の研究，花粉分析などは，中国新石器時代文化や社会の歴史を復元しようという研究の中で，先導的な役割を果たしてきた。半坡遺跡は住居域，墓域，共同窯地の3つの部分に分かれている(第33図)。発掘された住居域は46棟の住居跡が組構成されており，その中心にはほぼ方形を呈する大型住居跡1棟があって，その北側で中，小型の住居跡45棟が発掘されている。これらの住居跡が建てられた時期には若干前後があり，また

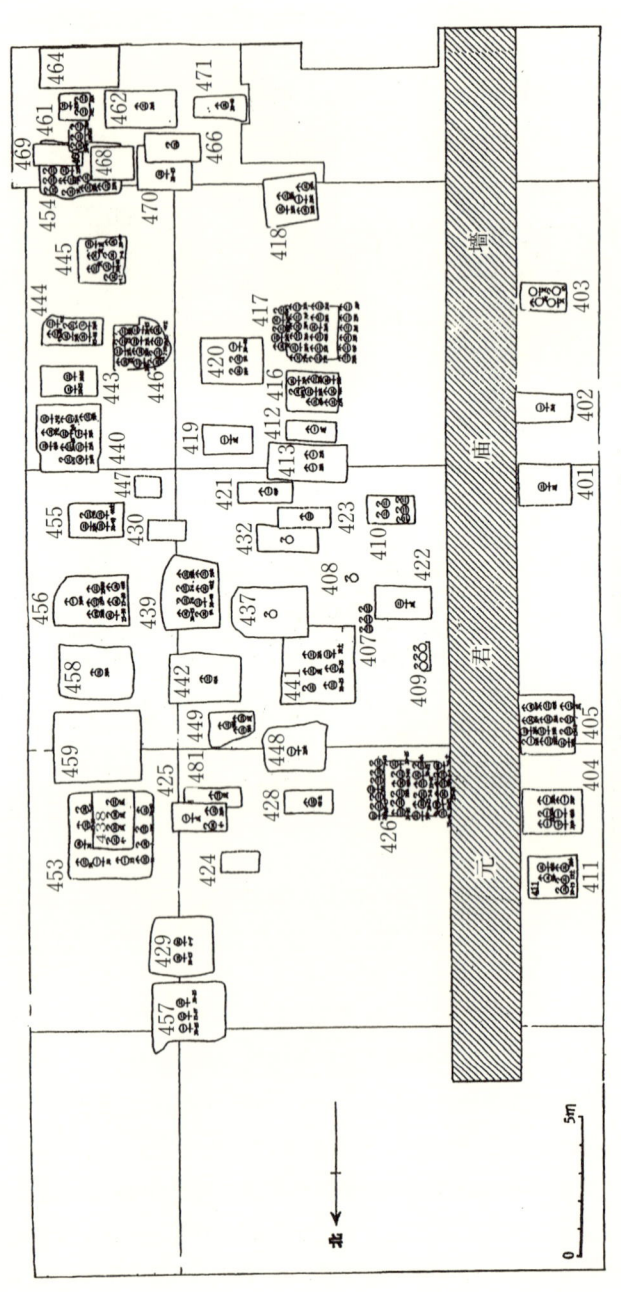

第34図 元君廟遺跡の仰韶文化共同墓域
数字は墓の番号、♂ 男性、♀ 女性、δ 性別不明
(北京大学歴史系考古学教研室 1983の図二より作成)

その配置は必ずしも規則的とはいえないが、ほぼ南向きであり、住居群全体は出入口を中心の大型住居跡に向けた不規則的な半月形の構成をとる。住居跡の近くからは200基以上の貯蔵穴が発見されている。また2カ所で簡単な構造の長方形を呈する建築遺構が発見されており、これは家畜を飼うための囲いであったと考えられている。この他、70例を越える幼児の甕棺葬がみつかっている。この住居域を取り囲むように、幅、深さそれぞれ5～6mの防御的な性格をもつ溝が掘られている。この周溝の北側に墓域があり、ここで170基を超す成人墓が発見された。また、周溝の東側には窯域があり、全部で6基の窯跡がみつかっている。半坡遺跡の発掘調査担当者は民族学の資料を参考にして、当時の生活状態、生産形態、精神文化の様子、社会構造などの問題について基本的な検討を行っている（中国科学院考古研究所 1963）。

半坡遺跡の発掘調査の後、元君廟遺跡（黄河水庫考古工作隊華陰分隊 1959a、同 1959b）と横鎮遺跡（黄河水庫考古工作隊陝西分隊 1960）で保存状態が非常に良好な仰韶文化の墓域が発見された。元君廟の墓域では57基の墓坑が発見されており、墓域内の墓坑の配列には規則性が認められる。頭位方向は西を向き、45基が6列に分かれて南北方向に連なっている（第34図）。この墓域には合葬墓が多く、全体の3分の2を占め、少ないもので2体、多いもので25体、通常に4体以上が合葬されている。大多数は二次合葬であるが、一次葬と二次葬の遺体を合葬した例も少数みられ、中には一次葬の遺体を多体合葬した例もある。合葬墓の被葬者には性別や年齢による限定は認められない。合葬墓のほかにも1体のみの仰臥伸展葬や二次葬が行われている。横鎮遺跡の墓域では24基の墓坑が発見されており、そのうちの15基がそれぞれ3基の大型の集体埋葬坑内に5基、7基、3基と組をなして存在している（第35図）。第1号大坑は長さ10.4m、幅が2.8mあり、内部に縦・横各1.8mの小坑5基が組をなしている。各小坑内の人骨数はまちまちで、最も多いものが12体、少ないもので4体あり、総計44体になる。その大多数が二次葬であるが、人骨が仰臥伸展葬の埋葬姿勢に準じて並べられ、頭は東に向けられている。各小坑内には、それぞれ1組の副葬土器がある。第2号大坑は、長さ11m、幅2.4mで、内部に縦・横各0.8mの7基の小坑が組をなしている。人骨は2層あるいは3層に重ねて埋葬されており、合わせて42体が数えられる。人骨の配列状態は第1号大坑に比べると乱れてい

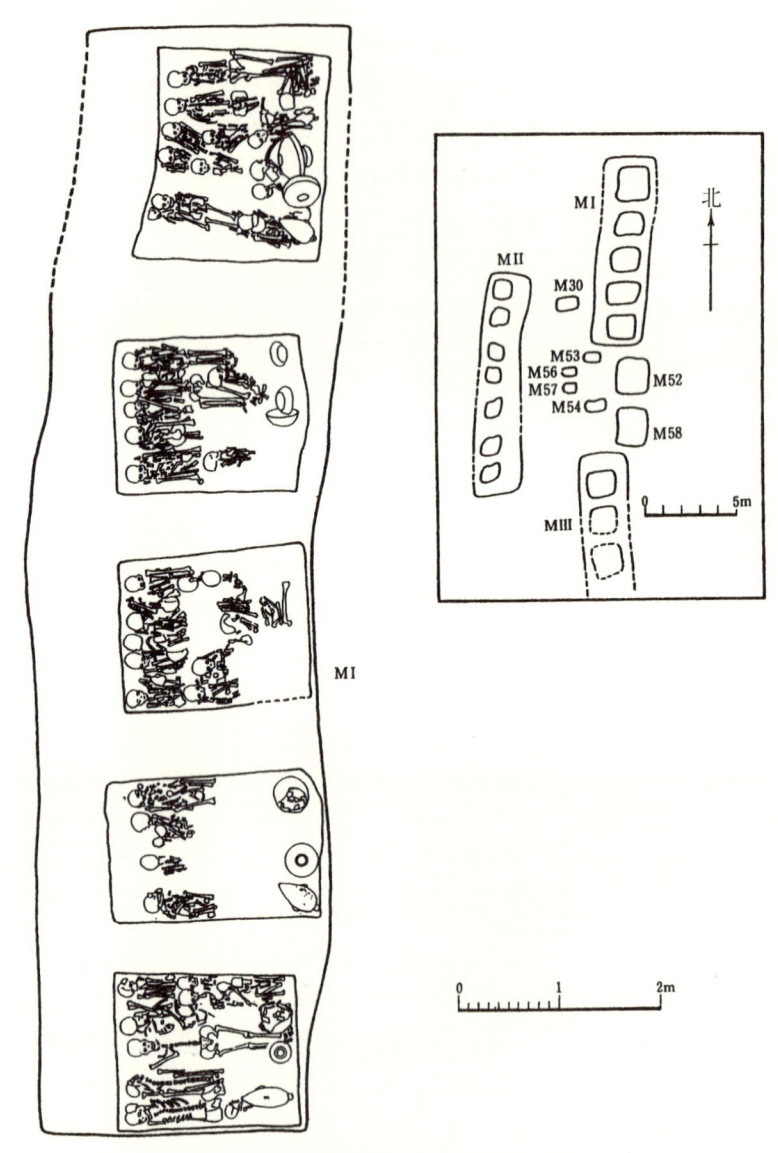

第35図　横鎮遺跡の仰韶文化共同墓域
左　第一号大坑平面図　右　墓壙配置図（中国社会科学院考古研究所　1984 の図一九より作成）

る。第3号大坑は破壊されており，内部の小坑が3基残っていた。これらの大坑のほかに，8基の多体二次合葬墓があり，その埋葬の状況は第1号大坑とほぼ同じである。人骨鑑定の結果，以上の各坑内に埋葬された人骨には，男性，女性，老人，そして年少者が含まれていることが明らかになっている。

　半坡，元君廟，横鎮などの遺跡の大規模な発掘で得られた成果に基づいて，仰韶文化の葬俗や，異なる葬制に反映された精神文化の問題，元君廟や横鎮の墓域に反映された当時の社会構造，さらに仰韶文化の性格とそれの位置した歴史上の発展段階などに関しては，民族学の資料の助けを借りながら，さまざまの議論が展開されていた（中国科学院考古研究所　1963，張忠培　1962，夏之乾　1965）。この時点で，仰韶文化とその社会の歴史を復元しようという研究は，ある程度の成果を上げてはいるが，華県元君廟と華陰横鎮の資料の体系的な整理がまだ進行中であって，発掘成果についての簡報が公表されたにとどまっている。そのためこの時点では，仰韶文化の文化内容と埋葬制度，集落構造などについて理解するには大きな制約を受けざるを得なかった。さらに，一部の研究論文において，考古資料の取扱いに慎重さを欠いている場合もみうけられ，ときには，実体のない漠然とした議論が行われていることもあった。

2　1970年代〜1980年代中頃の研究

　磁山，裴李崗，北首嶺，大地湾（Dadiwan），北劉（Beiliu），白家（Baijia）などの遺跡の発見と科学的な発掘調査は，1970年代中国新石器時代考古学において重要な仕事の1つとなった。その重要性は単に仰韶文化の起源の探求に重要な手がかりを与えたばかりでなく，黄河流域における早期新石器時代文化の究明，農耕文化の出現などの問題に関する研究に突破口を開くものとなった。

　磁山遺跡は河北省武安（Wuan）県西南20kmにあたり，太行（Taihang）山脈と華北平原の境界地帯に位置している。遺跡の面積が80,000m²で，1976年から1977年にかけて発掘され，発掘面積は1,000m²余りである。その出土資料はそれまでに全く知られていなかった文化内容のため，学界の注目を集めた（邯鄲文物管理所ほか　1977年，1981年）。磁山遺跡の文化内容は，その遺物の諸特徴からみても（第36図），あるいはC14によって測定された絶対年代からみても，仰韶文化より古いものであることは明らかで，これによって磁山遺跡は華北地区で最初に

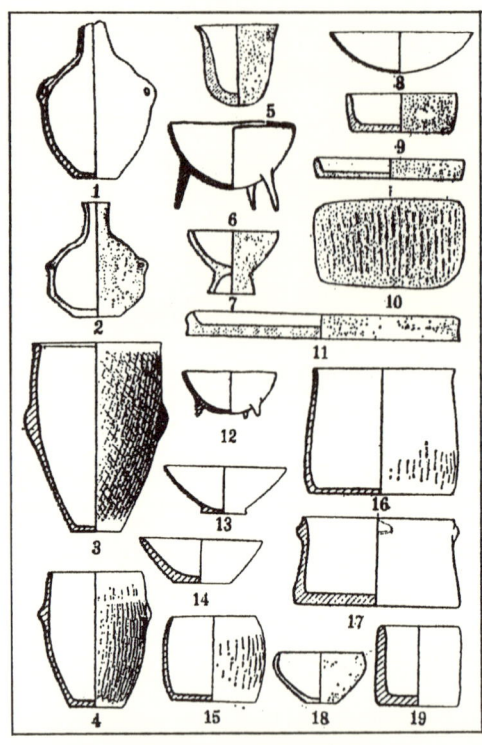

第36図　磁山遺跡の土器
（石興邦　1986の図九より作成）

認定された新石器時代早期の遺跡となった。磁山の発掘に次いで，1977年から1979年にかけて，河南省新鄭（Xinzheng）県にある新石器時代早期の裴李崗遺跡が発掘された（開封地区文物管理委員会ほか　1978，開封地区文物管理委員会ほか　1979，中国社会科学院考古研究所河南一隊　1984）。裴李崗遺跡は華北平原の西部境域に位置している。面積が20,000㎡である。この遺跡の文化層は厚くなく，主要な調査成果は共同墓域が1カ所発見されたことである。墓域からは114基の墓と，極めて特徴的な一群の遺物が出土した（第37図）。裴李崗遺跡の文化内容は磁山遺跡のそれと類似点が非常に多く，両者の絶対年代がC14年代測定法によって8,000年B.P.～7,000年B.P.の間にあって，ほぼ一致する。当時すでに，これらの文化の特質とその新石器時代文化の発展史における位置づけ，あるいは仰韶文化などの原始農耕文化との関係をめぐる様々な問題について議論が始められている。ある研究者は磁山遺跡と裴李崗遺跡がともに黄河下流域の巨大な扇状沖積平野の中心に所在し，年代も接近しており，文化の様相も基本的に同じであるとして，こられを同一類型の文化と考え，「磁山文化」（厳文明　1979）あるいは「裴李崗文化」（李有謀　1978），または「磁山・裴李崗文化」（夏鼐　1979）などの呼称を提唱している。他方，磁山，裴李崗両文化の様相には比較的大きな差異があり，分布地域も必ずしも同じではないとみ

て,「磁山文化」と「裴李崗文化」を区別して別個の呼称を与えるのが妥当であるという考え方が強まっている（安志敏 1979）。磁山の文化内容，裴李崗の文化内容と，その後の仰韶文化との間には，明確な系統関係が存在する。同一地域に分布する仰韶文化早期の後崗類型には，磁山や裴李崗文化の若干の要素を受け継いでいることが明らかにされている。

1977年の北首嶺遺跡における再度の発掘調査は，関中地区仰韶文化の起源に関する研究を一歩前進させることになった（中国社会科学院考古研究所宝鶏工作隊　1979）。北首嶺遺跡は大体3つの主要な文化層に分けられる。上層は仰韶文化晩期の文化層，中層は仰韶文化半坡類型の文化層である。そしてさらに下の文化層の発掘が，関中地区における半坡類型以前の新石器時代文化に関する知見を深めることになったのである（中国社会科学院考古研究所　1983）。北首嶺下層の土器には，土器の外面全体に細縄文を施した三脚器がみられる点が最も特徴的である。ほかに，少量の彩文土器も発見されている。一般に彩文土器は鉢の口縁部に沿って赤色顔料をひとめぐり塗彩したものであるが，一部には，鉢の内面に簡単な彩文を施した例もみられる（第38図）。北首嶺遺跡の再調査に次いで，陝西省華県，渭南の調査報告が公表

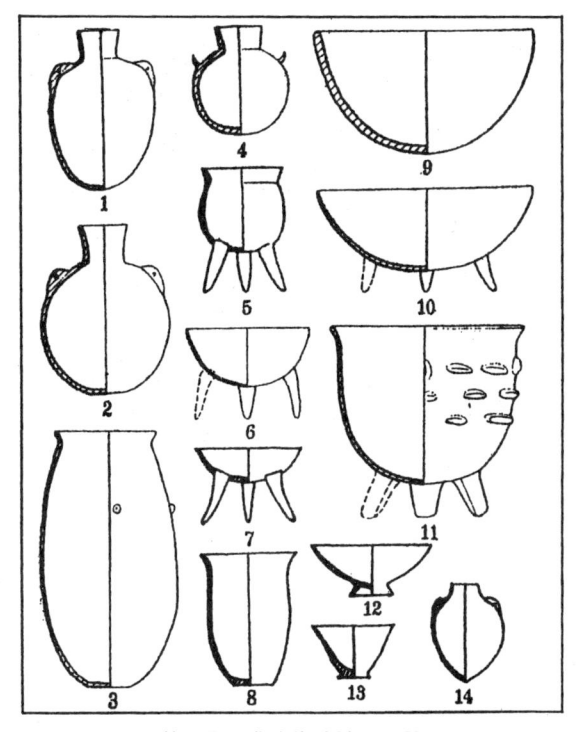

第37図　裴李崗遺跡の土器
（石興邦　1986の図八より作成）

され、老官台遺跡や元君廟遺跡などの関係資料が紹介された(北京大学考古教研室華県報告編写組 1980)。これに続いて甘粛省秦安(Qinan)県大地湾遺跡(甘粛省博物館文物工作隊 1981,同 1982,同 1983),陝西省渭南市北劉遺跡(西安半坡博物館

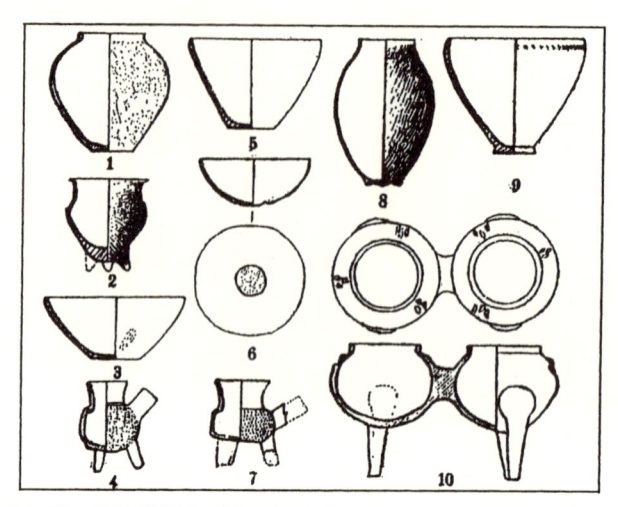

第38図 北首嶺遺跡下層の土器 (石興邦 1986の図四より作成)

ほか 1982,同1986),臨潼県白家遺跡(西安半坡博物館 1983a,同1983b)などの注目すべき発掘資料も発表されている。これらの遺跡の文化内容の相互の間には,多く共通した特徴がみられ,1つの考古学文化として認識される。C14年代測定法によって,絶対年代は7,800年B.P.~7,000年B.P.の間に相当することを示している。これらの諸遺跡の文化内容は,その分布地域,層位,年代いずれからみても,あるいは型式学的な観察からしても,関中地区に中心をおき,仰韶文化に先行した,独自の諸特徴を備えた新石器時代早期文化であることは明らかである。そして北首嶺下層と同中層の文化を比較してみると,この早期の文化と仰韶文化半坡類型との間には系統関係のあることが知られるのである。これらの早期文化について,厳文明(Yanwenming)氏は,これに「老官台文化」の呼称を与え,この文化を黄河下流域の磁山・裴李崗文化と同一時期に東西に並存した2系統の文化であると指摘された(厳文明 1979)。また,出土土器の胎土・文様・器形の観察から,この類の文化を仰韶文化に属すると考える研究者もあり,これを仰韶文化の「北首嶺類型」(安志敏 1979)あるいは「北首嶺下層類型」(梁星彭 1979)と名付けている。ほかに「李家村文化」という呼称を提案している研究者もある(魏京武 1980)。

第1章 仰韶文化研究史 59

　仰韶文化の地域区分や編年に関する研究としては，関中地区で，1972年から1979年にかけて，姜寨遺跡の発掘調査とその遺跡の編年研究を通じて，基礎的な整理がなされたのであった（西安半坡博物館　臨潼県文化館　1973，同　1975，同　1980）。姜寨遺跡は，渭河の支流・臨（Lin）河の東台地上に位置し，面積が55,000㎡に及んでいる。西安半坡博物館は8年間に11回の発掘調査を行い，17,000㎡余りの広さが発掘された。文化層は第1期から第5期に分けられている。第1期から第4期の4期は仰韶文化に属する。そのうち，第1期と第2期の文化内容が特に豊富である。第1期から第4期までの土器の中には，鉢，罐，盆，瓶などの主要器種が明確な器形上の系統関係を示している。これらの4期の文化内容は，連続した系統関係をもっていることが明らかにされたのである。姜寨遺跡第1期が半坡類型に，3期が廟底溝類型の時期に，4期が半坡晩期類型に属する。2期は1期と3期の両者の中間に介在して過渡的な性質を帯びたものである。1976年，西安半坡博物館は陝西省渭南市史家村において保存状態が比較的良好な仰韶文化の墓域を発見し，全面的な発掘調査を行った。ここで，姜寨遺跡第2期の文化特徴とほぼ同じ単一相の仰韶文化墓域が掘り出された（西安半坡博物館　渭南県文化館　1978）。姜寨遺跡，史家遺跡および北首嶺遺跡などの発掘は，関中地区仰韶文化の相互関係および相対年代を初めて層位的に明らかにし，この地区の仰韶文化の編年と類型の区分などの研究に対してさらに掘り下げた研究のための基礎を据えるものとなった。鞏啓明氏はこれらの資料に基づいて，関中地区仰韶文化は半坡類型・史家類型・廟底溝類型・半坡晩期類型に区分されることを指摘されている（鞏啓明　1983）。

　C14年代測定法の導入と応用は，中国考古学発展史上の極めて重要な画期をもたらした。中国考古学界は1950年代末にこの種の技術を導入し，70年代の初めからデータの発表を開始した。これは仰韶文化の編年についての新しい枠を成立させた。80年代中頃までに，関中地区仰韶文化の絶対年代については，すでに一連のC14による年代測定値が出されていた。これらのデータによって，半坡類型の時期が6,800年B.P.～6,240年B.P.の間に，史家類型の時期が6,140年B.P.～6,000年B.P.の間に，廟底溝類型の時期が5,820年B.P.～5,285年B.P.の間に，半坡晩期類型の時期が5,000年B.P.ごろに相当することが明確になった（鞏啓明　1980，魏京武　1985）。

姜寨遺跡の発掘調査では，特に仰韶文化半坡類型に属する集落跡全体が掘り出され，注目された。これは中国新石器時代考古学の発掘調査の中で唯一の事例である。姜寨集落遺跡(第39図)の居住区の中心部は，かなり大きな面積の1つの広場を構成しており，広場周囲の地面はやや高く，そこに5組の住居跡大群がみられる。住居跡大群は，東，西，南の3面に各1群と，北面に2群があり，各群はそれぞれ1つの大型住居跡を中心として，その周囲に10数基から20数基の，中，小型の住居跡が集合したものとなっている。これをすべて合わせると，120基以上の住居跡が検出されており，どの住居跡の出入口も中心の広場を向いている。一部の住居跡の近くには，貯蔵穴群と幼児の甕棺墓群が伴っている。住居区には，やはり集落を防御するために，幅，深さ各2mほどの2本の周溝が掘られて，その東側部分に外部との通路を残している。周溝の外側東北部と東南部には3カ所の墓域があり，合わせて170基以上の成人墓が発見されている。その他，各所に分散した数基の窯跡がみつかっている。1981年，姜寨遺跡の発掘調査の担当者は，この集落跡の構成，住居跡の分類，住居跡のグループ分け，墓域の分布などの問題に関して初歩的な分析を行った。これらの分析に基づいて，当時の社会構成の復元を試みている (鞏啓明　厳文明　1981)。

　60年代に発掘調査が行われた元君廟遺跡(北京大学歴史系考古学教研室　1983)，橫鎮遺跡(中国社会科学院考古研究所陝西工作隊　1984)の仰韶文化墓域報告書の公表および姜寨，史家遺跡などの発掘調査の成果によって，仰韶文化の葬俗や，異なる葬制に反映された精神文化の問題，共同墓域に反映された当時の社会構造，さらに仰韶文化の性格とその歴史上の発展段階における位置などの問題について，民族学資料の助けを借りながら，多数の研究者によって様々な議論が展開されている。仰韶文化の墓域は，多くが居住区の近くで発見され，一般にこれらは氏族(共同の血縁関係をもつことによって，いくつかの家族をなしている共同体)の共同墓域であると考えられている。死者は一定の規範にしたがって，自分の属する氏族墓域に埋葬されたことは，氏族制度の基本を体現することにほかならない。同じ1つの墓域の中に，しばしば多種の異なる葬法が認められるが，そのうちの1種が基本となる葬法であり，少数のその他の葬法が特殊な死者に対する処理法であったと考えられている。女性，とりわけ幼女に対する厚葬の風習に関しては，これを婦女が享有した高い社会地位の象徴と考えること

第1章 仰韶文化研究史 61

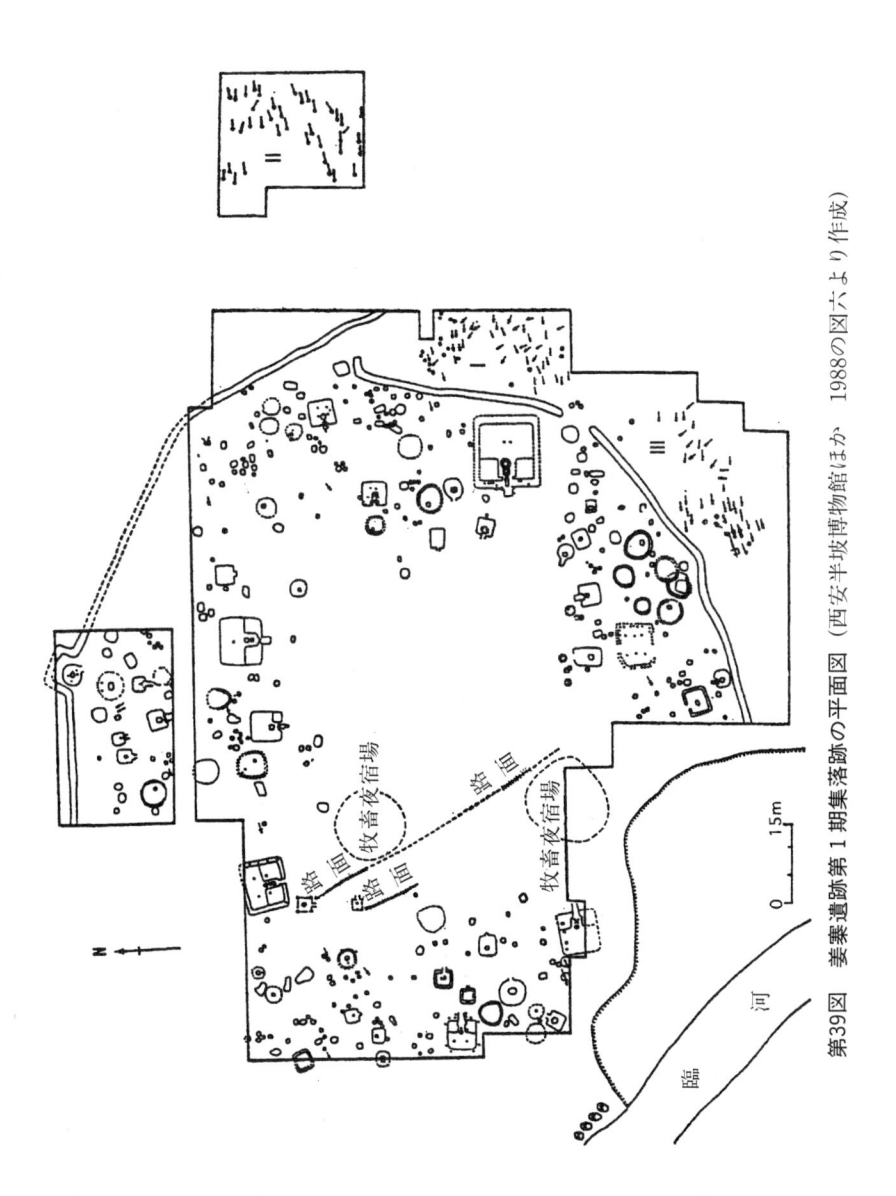

第39図 姜寨遺跡第1期集落跡の平面図（西安半坡博物館ほか 1988の図六より作成）

ができる(中国科学院考古研究所　1984)。関中地区仰韶文化における多数の多体二次合葬墓を主要な葬法とする墓域については，多くの研究者がこれをテーマに議論を行っている。この二次葬の慣行に対して，一般に外国における民族学的事例を借用して説明が行われている。すなわち，ある人々は血や肉が俗世界に属するものと信じており，必ずこの血肉が腐朽するのを待ってから最終的な正式の埋葬を行う。死者はこのとき初めて霊魂世界に入るのである(鞏啓明 1980)。しかし別の解釈もおこなわれる。それによると，横鎮遺跡などの二次葬は，主として氏族あるいは家族を合葬する必要から生じた行為であるとされる(邵望平　1976)。さらに，各遺跡の墓域の中で墓の組群の区分，とくに横鎮遺跡のような大坑と小坑の関係などから，当時の人類集団の規模，構成，相互関係などについて，様々な議論が展開されている(張忠培　1980,　同　1981,　金則恭 1984, 馬洪路　1985,　張忠培　1985,　伊竺　1985)。これらの研究は，仰韶文化の社会や歴史を復元する問題についての理解を向上させるものであるが，なお理論的な面，方法論上の問題もあって，その端緒についたばかりの段階といえる。これらの研究は，モルガンの『古代社会』およびそれに立脚したエンゲルスの『家族，私有財産及び国家の起源』で展開された図式に則って考古学資料を理論に当てはめる方法論的な枠組に従っている。同様なことは民族学の資料を援用する場合にも顕著であり，あくまでも仮説としてうちだされた社会の発展過程を考古学資料でもって具体的に検討を試みようとするものである。そのような研究は，例えば，母系制親族組織をもつ集落の建物の利用形態から，同様の構成をとる先史時代の社会を母系制社会であると把握するといった循環論法に陥ることになりがちである。

3　1980年代中頃以後の研究

1980年代中頃以後，仰韶文化の起源を究明するための発掘調査が引き続き進められている。その中で，比較的重要な発見は白家遺跡の再調査である(中国社会科学院考古研究所　1994)。これらの発掘調査と同時に，磁山・裴李崗文化，老官台文化を代表する早期新石器時代文化の文化特質，相互関係，仰韶文化および他の原始農耕文化との関係，黄河流域農耕文化の起源などをめぐる諸問題についての研究も継続して行われている。石興邦氏(Shixing bang)はその分布地

域,生業形態,物質文化の特徴(土器の器形,文様,石器,骨角器などの生産用具の様式,住居跡の様式,建築技術など)によって,これらの文化の内容は,共通した特徴をもっており,仰韶文化に先行する新石器時代早期後半のものとして,「前仰韶文化」の呼称を提唱している。この前仰韶文化は,関中地区を中心とする老官台文化と,河南省中部から河北省南部までの磁山・裴李崗文化との2つの系統に分けられている。前仰韶文化にうかがえる当時の農業生産の水準は,すでに農耕生産の初期的な段階を超えており,したがって,これを黄河流域における農耕文化の最も早い段階と考えることはできない。しかしここを出発点としてさらに古くさかのぼって追究することによって,農耕あるいは土器製作の起源を探しだせる可能性が指摘される(石興邦 1986)。その他,呉加安氏(Wujiaán)や方燕明氏(Fangyanming)は,物質文化の文化特徴の変遷によって,老官台文化と仰韶文化半坡類型との,磁山・裴李崗文化と仰韶文化後崗類型との間の継承関係について具体的に論じている(呉加安 1993,方燕明 1994)。これらの研究によって,仰韶文化の当地起源,すなわち,仰韶文化が他の地域においてではなく,その同じ地域の中で発生したことが基本的に明らかになってきた。

　1988年,姜寨遺跡の正式の発掘調査報告書『姜寨-新石器時代遺址』が姜寨遺跡に関する総合的な研究成果として刊行された(西安半坡博物館ほか 1988)。期待に違わず,この報告書は仰韶文化の多方面にわたって新しい知見をもたらした。とりわけ半坡類型に属する墓域を含む集落跡のほぼ全容が明かされたことは意義深い。姜寨遺跡の発掘調査の担当者は,住居跡の構造,機能,分布,附属施設との関係などの分析を通じて,民族学の事例を参考にしながら,姜寨集落跡に対して総合的な研究を行っている。姜寨にみられるような集落構成は,いくつかの血縁的共同組織をその根幹とする単位集団(氏族)からなる部族の住居地であると考えられている。その中で,小型住居跡と中型住居跡の居住者は1世代の核家族と2,3世代の拡大家族によって構成されており,大型の住居跡は,そのまわりの,中,小型の住居跡に住む家族で構成される集団が共同の行事を行った場所と考えられている。集落の中央の広場は,各氏族が公共行事あるいは儀礼・祭祀を行った場所であると考えられている。このようにして,集落にそれぞれ居住する各集団は中央広場での共同行事を通じて,統合体とし

ての紐帯を維持し、規則を確認するのである。このような集落構成は「凝集・封閉式」の集落構成と呼ばれている。これは、氏族制度に特有の集団の結びつきの求心性を明確に表現したものである（鞏啓明　王小慶　1994）。

　1989年に出版された厳文明氏の『仰韶文化研究』は、仰韶文化の地域区分や編年を再検討し、また集落や墓域の分析から当時の精神文化の様子、社会構造に論及しており、仰韶文化の研究における進むべき方向を明確にしたものといえる(厳文明 1989a)。この研究は、仰韶文化の地域区分や編年について、いくつかの典型的な遺跡の分析を行い、物質文化や精神文化の差異によつて、仰韶文化を8つの地域系統に区分している。各地域がそれぞれ固有の発展の過程をもっているが、ほぼ同じような出現、発展、分化、変異の4つの発展段階をたどったと考えている。さらに、彼は「仰韶文化時代」の概念を提出している。関中地区仰韶文化に対して、時期の変遷によって、半坡類型、泉護類型、半坡晩期類型に分けられていると指摘している。仰韶文化の社会や歴史を復元しようという研究については、集落構造と埋葬制度の2つの方向から進めている。仰韶文化の集落構造については、住居跡の機能、配置関係、附属施設の性格、分布、各地域での集落跡の分布などの分析を通じて、仰韶文化の集落が前期(1・2期)に「凝集・封閉式」のものといえ、その構成が整然して、経済形態が基本的に自給自足的であり、晩期(3・4期)になると、集落構成が分化して、外部との経済的な、文化的な交流が強くなると考えられている。仰韶文化の埋葬制度については、いくつかの共同墓域の分析に基づいて、当時の社会構成がいくつかのレベルの単位集団に区別することができると考えている。

　仰韶文化を支えた社会の研究について、80年代中頃から、母系社会から父系社会への社会発展論を前提にした集落論があまりにも多く見受けられる。このような傾向は必ずしも歓迎できることとはいえない。これに対して、仰韶文化の社会構成、社会発展段階などについての最近の研究の中で、注目される考え方がいくつかうち出されている。汪寧生(Wangningsheng)、童恩正(Tongenzheng)氏などは、文化人類学、民族学の理論によって、これまでに中国新石器時代考古学における母系社会から父系社会への過程を前提にした社会発展論に対して疑問を投げかけている（汪寧生　1987, 童恩正　1988）。これは仰韶文化の集落構造、埋葬制度などの研究に対して、強い影響を与えている。

関中地区仰韶文化の編年および類型区分について、1993年、筆者も、史家類型を中心に分析を進め、関中地区仰韶文化が半坡類型、史家類型、泉護類型、半坡晩期類型に分けられると指摘した(王小慶 1993)。そのほか、一部の研究者は、60年代に行われた蘇秉埼氏の仰韶文化の地域区分をさらに深めるべきであるとする主張にしたがって、関中地区、伊洛地区、豫東・冀南地区それぞれにおいて、仰韶文化が独自の文化的特徴をもっており、決して1つの考古学文化を展開しているのではなく、それぞれの地域に半坡文化、廟底溝文化、後崗一期文化と区別すべきであると指摘している(趙兵福 1992、張忠培ほか 1992)。

これまでに、関中地区仰韶文化の発掘調査は仰韶文化前期のものが多く、後期のものは少なかった。80年代末からは宝鶏市福臨堡遺跡(宝鶏市考古工作隊陝西省考古研究所 1993)、扶風(Fufeng)県案板(Anban)遺跡(西北大学歴史系考古専業八一級実習隊 1985、西北大学歴史系考古専業 1987、王世和ほか1987、西北大学歴史系考古専業実習隊 1988、西北大学文博学院考古専業 1992)の発掘調査が行われ、仰韶文化後期の重要な調査例となった。これらの発掘調査によって、関中地区仰韶文化晩期の文化内容および仰韶文化から龍山文化への変遷の過程の解明が大きく進展した。

まとめ－研究現状と問題点

1921年の仰韶遺跡の発掘調査以来、80年間にわたって、いくつか典型的な遺跡の資料を基礎として、仰韶文化の文化類型の区分や編年に関する多くの研究が蓄積され、一定の成果がえられている。仰韶文化の広がりの中心地域としての関中地区、河南地区では、仰韶文化の時期変遷はほぼ解明されたといえる。特に関中地区において、半坡、姜寨、北首嶺などの集落遺跡の大規模な発掘で得られた数々の成果に基づいて、仰韶文化における生業形態、集落構成、さらに社会生活、社会構造の復元という研究が進められている。

現時点では、関中地区の仰韶文化は同地域の老官台文化から発展してきたものであり、仰韶文化は関中地区に登場してから、約2,000年を経ており、半坡類型、史家類型、泉護類型、半坡晩期類型の4時期の変遷をたどることが考えられる。この4時期を通じて、土器の器種、形態、文様などの面から、関中地区仰韶文化の主要な文化内容は継続的に発展したものであることも指摘される。

さらに，各類型において，時期の細分が行われる。これらの研究により，関中地区仰韶文化の時期変遷は，基本的な解答を与えられたのである。その一方，文化変遷のプロセスの中で，様々な文化要素がどのように変化するのか，周辺地区の同時代文化との交流はどのように行われたのか，地域的な文化交流は文化の変遷にどのような影響を与えたのかといった問題の研究はまだ不十分であるといえる。

　これまでの仰韶文化の集落構成，埋葬制度に関する研究は，仰韶文化の社会や歴史を復元しようとする研究を深めていくものである。しかし，理論と方法論の制約によって，特定の問題に対しての認識が不十分であったといえる。各型式住居跡の機能に対しての研究，各住居跡の分析段階から集落研究までどのようなつながりがあるのか，共同墓域からどのように当時の社会構成が捉えられるのかといった問題について深く掘り下げることが必要であったといえる。特に，仰韶文化晚期の集落構成，埋葬制度はなお不明瞭な状況にあり，今後，さらに多くの調査と資料の蓄積が期待されるところである。

　生業の研究は多くの場合，石器，骨角器などをめぐって進められてきた。植物遺存体，動物遺存体などの研究はまだ遅れている。理化学的分析による食生活の復原などの研究例も少ない。80年代の末から，この方面の研究がようやく始まったが，今後の発掘調査において資料の採集を行い，データを蓄積することが期待される。

第2章　仰韶文化集落構成が発生した文化基盤
－中国新石器時代の集落構成の研究－

はじめに

　中国新石器時代文化の内容は，年代と地域によって様々な姿を示している。しかし，巨視的にみると，黄河流域およびその周辺における粟栽培文化，長江流域および長江以南の地域の稲栽培文化と北方地区（青蔵地区，内蒙古地区の東北部，東北地区の中部，北部）の狩猟・採集文化の3つの文化基盤から成り立っているといえる。狩猟・採集，粟栽培そして稲栽培の違いはあるが，これらの地域において，新石器時代早期から晩期までほぼ平行した発展を遂げていたとみることができる。年代的には，その発展段階に応じて早期（約10,000年B.P.～7,000年B.P.），中期（約7,000年B.P.～5,000年B.P.），晩期（約5,000年B.P.～4,000年B.P.）の3時期に分けることができる。これらの地域と時期には，それぞれを代表する極めて重要な遺跡と文化が存在する。中国新石器時代文化は地域によってそれぞれの発展段階があると同時に，一方で共通する要素も多い。新石器時代早期の段階には，錐足鉢形鼎，三脚鉢，双耳壺，および「Z」字紋，篦紋，櫛目紋のある一群の土器が広範囲に分布している。この段階の文化には磁山・裴李崗文化，老官台文化，北辛文化，河姆渡文化，彭頭山文化などがある。また，中期の段階に入ると，各地域の各種の文化の中に，常に彩陶系統の土器がみられ，広義の彩文土器の分布は黄河，長江両流域のほぼ全域にわたる。この段階の文化は，仰韶文化，大溪文化，馬家浜文化，紅山文化などによって代表される。晩期の段階に入ると，鼎，鬲，斝，豆などの器形が全国的に出現し，灰陶とあわせて黒陶の存在が目立ってくる。この時期を代表する文化には斉家文化，客省庄文化，中原龍山文化，典型龍山文化，青龍泉文化，良渚文化などがあるが，農耕技術が飛躍的に進歩し，金属器の使用や版築土塁の造営が始まる。

中国新石器文化研究において，先史時代集落遺跡の全面的な発掘調査に基づいた社会を再構成する研究は，1950年代の陝西省西安市半坡遺跡の調査を嚆矢とする。半坡遺跡は1954年から1957年にかけて5回にわたって発掘が行われた。発掘面積は10,000㎡に達し，1963年に報告書『西安半坡』がまとめられた（中国科学院考古研究所ほか　1963年）。半坡遺跡の発掘調査の意義は，中国において初めて新石器時代の集落遺跡が大規模に掘り出されたことである。半坡遺跡に関する総合研究は，中国新石器時代の社会や歴史を復元しようという研究の中で，先導的な役割を果たしてきた。その後，特に注目されたのは陝西省臨潼県姜寨遺跡である。姜寨遺跡は面積が55,000㎡あり，1972年から1979年にかけて11回の発掘調査が行われた。発掘面積は17,084㎡あり，発見された文化は5時期に区分された。第1期に属する集落跡は全面発掘され，半坡遺跡では捉えきれなかった1つの集落遺跡の全貌が明らかになった。1988年の報告書『姜寨－新石器時代遺跡』は姜寨遺跡に関する総合的な研究成果である（西安半坡博物館ほか1988年）。これは中国新石器時代集落研究の中で，1つの突破口を開いたものであると評価できる。このように，1950年代からの40年間に，中国各地域で多くの新石器時代集落遺跡が発見され，新石器時代の集落研究の基礎となっている。以下，これらの発見にもとづいて，中国新石器時代の農耕集落の出現と発展をめぐる諸問題について検討する。さらに，臨潼姜寨遺跡第1期集落跡の資料分析を中心に，中国新石器時代の農耕集落の実態について究明したいと考える。

1　原始農耕集落の出現

　最近の発掘調査によると，中国新石器時代の早期は10,000年前頃まで遡ることが明らかになってきた。河北省徐水県南庄頭遺跡（保定地区文物管理所ほか　1992），江西省万年県仙人洞遺跡，吊桶環遺跡（劉詩中　1996，厳文明　1996），湖南省道県玉蟾岩遺跡（猿家栄　1996），河北省陽原県于家溝遺跡（泥河湾聯合考古隊　1998）などで出土した土器，石皿，磨石，そして，特に花粉分析により検出された栽培植物遺存体は，この時期に既に原始農耕が行われていたことを示している（張文緒　裴安平　1997）。しかし，詳細な研究成果は未発表であるため，この時期の文化内容および集落構成などの問題を明確に理解することができない状況にある。

中国における新石器時代早期前半の文化（10,000年Ｂ.Ｐ.～8,000年Ｂ.Ｐ.）の発見資料はなお少なく，しかも現在までに報告された資料は長江以南の華南地区に集中している。その中で比較的重要な遺跡は仙人洞洞穴遺跡(江西省文物管理委員会　1963,江西省博物館　1976)と甑皮岩洞穴遺跡(広西文物工作隊等　1976)である。仙人洞洞穴遺跡は江西省万年県小河山の麓にあって，遺物を包含する厚い堆積層が洞口に集中しており，面積は約100㎡である。1960年代に2回発掘され，発掘面積は69㎡ほどである。新石器時代文化層は2ｍ近く堆積しており，上，下2つの層に大きく分けられる。そして，下層の絶対年代はＣ14年代測定法によって9,000年Ｂ.Ｐ.以上と判明した。下層では焼土堆積遺構21基が発見された。この焼土堆積遺構は，直径1ｍ前後，高さ0.1～0.5ｍのマウンド状で，底部には岩塊が敷かれている。堆積層は白色灰燼，炭屑，焼土，石塊からなっており，多くの獣骨片，貝殻および少量の土器片などを包含している。さらに，この遺構の周囲に偏平な大石塊が散在していることから，人々が火を囲んで座り，食事をしたり，暖を取ったりしたことが推測される。甑皮岩洞穴遺跡は広西壮族自治区桂林市南の独山の西南麓にあって，洞口が地表から5ｍの高さにある。この遺跡の新石器時代の文化層は早，晩両期に分かれており，早期の絶対年代はＣ14年代測定法によって9,000年Ｂ.Ｐ.以前と判明した。早期の文化層の中で，多数の焼土堆積遺構，灰坑，18基の墓と土器，石器，骨角器および大量の動物遺存体が確認された。これらの文化層の大部分は洞口の近くに分布しているが，洞内奥のくぼみからも，当時の人々が貯蔵していたひとまとまりの礫群が発見されている。その中には少量の石器の未成品と剥片が含まれており，人々はかつてここで石器の製作を行っていたことが知られる。この2つ洞穴遺跡の文化層から出土した遺物と遺構を合わせて考えると，これらの広く開けた岩陰状の洞穴は，主として狩猟・漁撈・採集活動に従事していた人々が生活していた場所であったと推測される。

　仙人洞下層，甑皮岩早期などが代表する華南新石器時代早期前半遺跡の中で，大多数は洞穴遺跡であるが，他に，貝塚，平地遺跡もある。正式に発掘調査された遺跡はまだ少なく，この時期の文化内容および集落構成などは明らかになされていない。しかし，仙人洞遺跡，甑皮岩洞穴遺跡などの例をみる限りでは，当時の人々は稲の栽培を行っていた可能性はあるが，主に狩猟・漁撈・採集活

動に従事していたと考えられる。一方，華南地区では，自然環境などの要因によって，新石器時代になっても人々は旧石器時代と同様に洞穴に居住し，土器を作り，稲の栽培を始めていても，その生業，住居様式などに大きな変化はなかったと考えられる。

　新石器時代早期後半の遺跡の発見は1970年代以降のことである。これらの遺跡は長江流域，黄河流域を問わず，広く分布しており，年代はすべて8,000年B.P.～7,000B.P.の間にある。この時期の顕著な特徴は相当に高水準の穀物栽培が開始されていたことであり，粟，稲などの栽培植物遺存体が確認されている。その他，ブタの飼育も初めて行われている。中国新石器時代にみられる2つの栽培農耕文化の枠組みはこの時期にすでに形成，確立されていたと考えてよいだろう。原始農耕の出現と合わせて，住居の構築，普及および数棟の住居からなる集落は，各地域で比較的多く発見されている。

　多数の竪穴住居跡が発見されている。その大多数は不整な円形を呈し，住居穴と半地下式竪穴住居跡の2種類に大きく分けられる。住居穴は穴壁が深く，一般的に0.5～1m程度で，最も深いものは1.8mに及ぶ。直径は2～3mある。穴のまわりに対称的に柱穴が並び，出入口には段がつけられる。底部は硬く，生活用具や生産の道具が置かれていた。磁山遺跡の27号住居跡(邯鄲文物管理所ほか　1981年)を例にとると，直径が2.8m，深さが

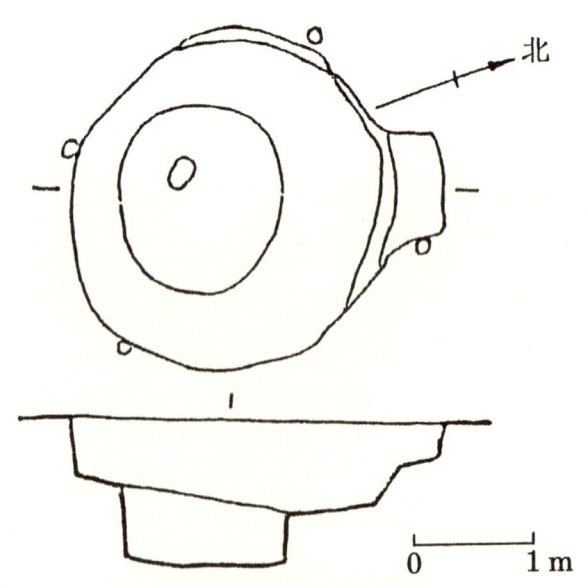

第40図　磁山遺跡27号住居跡
(邯鄲文物管理所ほか　1981年の図四より作成)

第 2 章　仰韶文化集落構成が発生した文化基盤　71

0.55mで，出入口が北東を向き，2段になった階段がある。穴のふちを柱穴4つがとりまいて，床面には土器の盃，支座と石皿，磨棒などが置かれていた（第40図）。半地下式竪穴住居跡は，穴壁が浅く，深さが一般的に0.2～0.3mあって，直径が約3mある。出入口には階段や斜面状の出入通路が設けられ，穴壁の周辺に柱穴がめぐらされている。床面に焼土の広がりがよくみられる。炉跡は発見されていない。莪溝北崗（Egoubeigang）遺跡の3号住居跡（河南省博物館ほか1981年）では，平面が不整形の円形を呈して，直径が2.4～2.6m，深さが0.1～0.37mある。出入口は南を向き，斜面状になっている。室内の周壁は少し傾斜しており，それに沿って7個，床面の真中に1個の柱穴が確認されている。床面の北東に焼跡が発見されている（第41図）。その他，この時期には，長江以南の地域で，別のタイプの住居跡，すなわち，高床式建物が認められる。この種の高床式建物の形態は杭木を基礎とし，その上に大，小の梁を架設して床板をのせ，これを梁上の建築の基礎として，上へさらに柱を立て，梁を渡し，屋根を置き，地表面より高い高床式の家屋が完成する。河姆渡遺跡第4層から検出された高床式建物（浙江省文管会ほか 1978年）は，北西－南東に長く，それぞれ平行する4つの杭の配列があり，

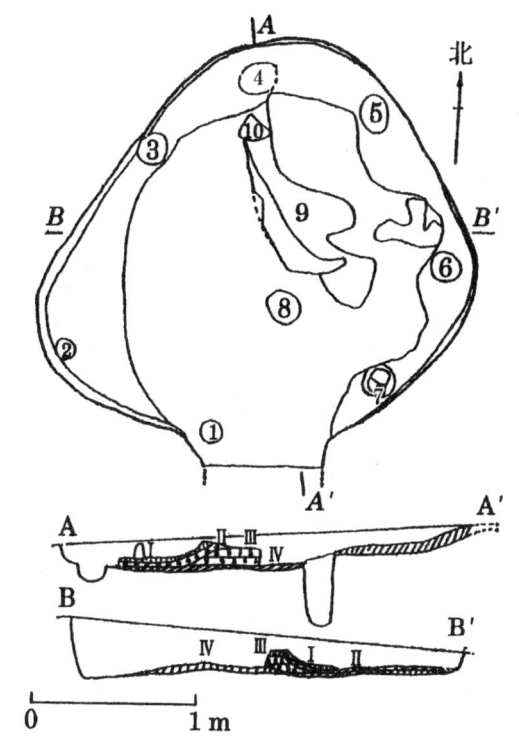

第41図　莪溝北崗遺跡3号住居跡
1～8　柱穴，9　炉跡，10　石塊（河南省博物館ほか1981年の図六より作成）

長さ23m, 奥行き約7mのロングハウスである。北東側の一辺には, また1.3mほどの前廊通路がある（第42図）。高床式建物の遺構は竪穴住居跡あるいは平地式住居跡のような土と木を利用した建物とは違い, 明らかに南方地区の自然条件に合っており, 中国における通常の建築タイプとは異なる独特な建築の1つを代表している。

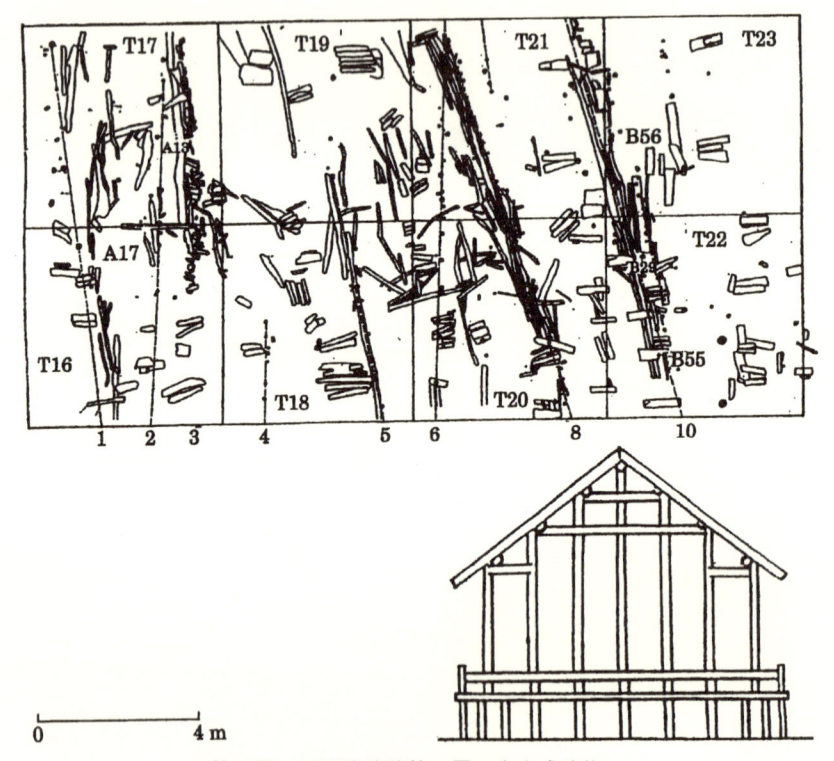

第42図　河姆渡遺跡第四層の高床式建物
上　検出状態, 下　復原した側面（浙江省文管会ほか　1978の図三, 韋啓明　王小慶1994年の図十二より作成）

この時期に, 竪穴住居跡が主体となる集落遺跡が初めて出現する。例えば, 河南省密県莪溝北崗遺跡で発見された集落遺跡は磁山・裴李崗文化に属しており, 絶対年代は7,500年B.P.前後にある。この遺跡は2つ小河の合流点近くの

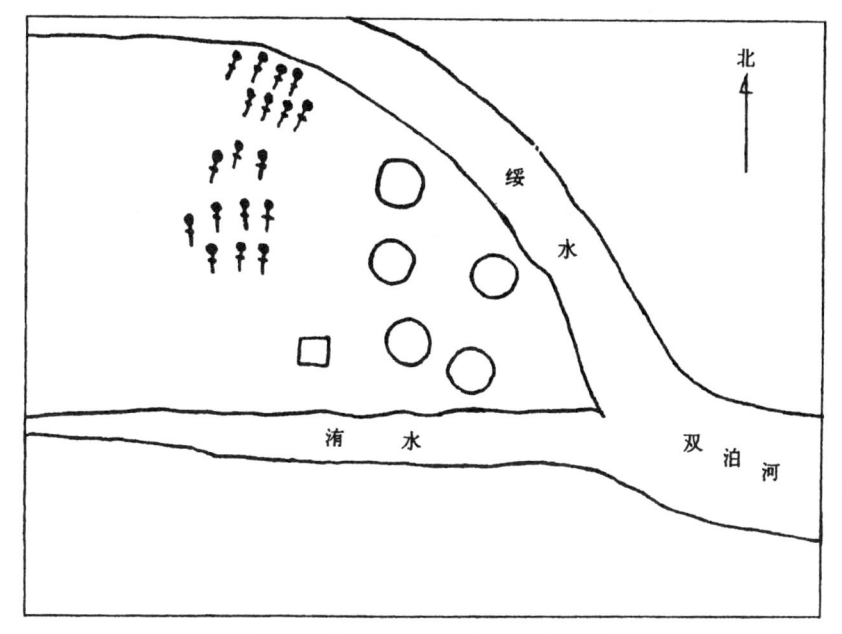

第 2 章　仰韶文化集落構成が発生した文化基盤　73

第43図　莪溝北崗遺跡集落構成略図
（○　□　住居跡，♣　墓　聾啓明　王小慶　1994年の図四より作成）

台地上にあって，河岸より70ｍほど高い位置にある。1977～78年にかけて，発掘調査が行われ，竪穴住居跡6棟，墓68基，貯蔵穴44基が発見されている（河南省博物館ほか　1981）。住居跡と貯蔵穴はすべて遺跡の中央部に集中し，墓はすべて遺跡の西部と北西部に分布している（第43図）。集落構成は整然としていて，居住域と墓域が明確に区別されている。その他，1983年になされた興隆窪遺跡の発見は，この時期の集落構成についての知見を広めてくれた（楊虎　劉国祥 1996）。この遺跡の発掘は現在ほぼ終了しており，文化堆積は2期に分けられている。前期の集落では，平面は楕円形を呈し，長径が183ｍ，短径が166ｍある。まわりを幅1.5～2ｍの周溝が取り囲んでいる。周溝の内側には，住居跡が多数あり，横並びに8列配置されている。各列は住居跡が10棟からなる。住居跡は隅丸の長方形，または正方形に近い平面形で，少し地面を掘り下げ，入り口にあたる部分は確認されなかった。室内面積は50～80㎡のものが多く，中国新

石器時代の集落の中では1棟あたりの平均面積として最大を記録している。これらの住居跡は互いに重なり合うことはなく，同時に営まれた可能性が高い。後期になって，集落全体の位置が少し南へ移り，一部の住居が前期の周溝の上に建てられている。面積が縮小し，住居跡の並び方も早期のように整然とはしていない。明らかに，前期集落を直接継承したものではない。

このように，新石器時代早期後半になって，人々は竪穴住居を構築したのと同時に，集落ではこれらの竪穴住居を主体として計画的に組み立てられ，これは原始集落の発展史上で画期的な出来事である。この竪穴住居跡の構築と集落の設計，作成は，作業量の面からみると重要な意味をもつものである。食料獲得に直接かかわる時間消費とは別に，いわば生活環境の基盤整備にも大幅に時間と労力が振り向けられるにいたったことを意味するからである。そして，これを可能にしたのは，定着性の強まったことの当然の結果と理解されるのである。この定着性の強化が実行できたのは原始農耕の出現が直接にもたらしたものである。この時期の考古学文化に示されている当時の原始農耕生産の水準はすでに原始農耕の発生期の段階を超えており，相当に発達した水準になっている（王小慶　1990年）。磁山遺跡の88基の貯蔵穴の中に腐朽した粟が大量に堆積しており，これらを新鮮な粟に換算すると，約50,000kgに相当する（邯鄲文物管理所ほか　1981年）。河姆渡遺跡の第4層で，発見された大量な稲の残留物は，約100,000kgの新鮮な稲に相当する（浙江省文管会ほか　1978，河姆渡遺跡考古隊1980年）。このような高水準な原始農耕生産と大量の食物の備蓄はこの時期の原始集落が存在できた物質的な基盤である。したがって，このような集落構成をもつ集落を原始農耕集落といえる。

2　原始農耕集落の拡大と発展

中国の新石器時代早期の終わりから中期前半にかけて（約7,000年B.P.〜5,500年B.P.），黄河や長江の流域における大理氷期（最後の氷期，ウルム氷期に相当する）以後の最も温暖な時期を迎えた。中国の新石器時代農耕文化は黄河流域においても，長江流域においてもこの時期に飛躍的に発展し，遺跡の数が急激に増加する。その中で，この時期の集落のあり方を知る上で，仰韶文化前期に属する半坡遺跡と姜寨遺跡は特に重要な資料を提供している。この両遺跡では，

遺跡の保存状態も比較的良好で、この時期の住居の構築技術や集落全体の構造をよく表している。

半坡遺跡、姜寨遺跡で発見された住居跡は円形と方形の2種類があり、多くは半地下式の竪穴住居跡で、平地式の住居跡もある。住居跡の面積によって大、中、小の3つの型に分けられている。小

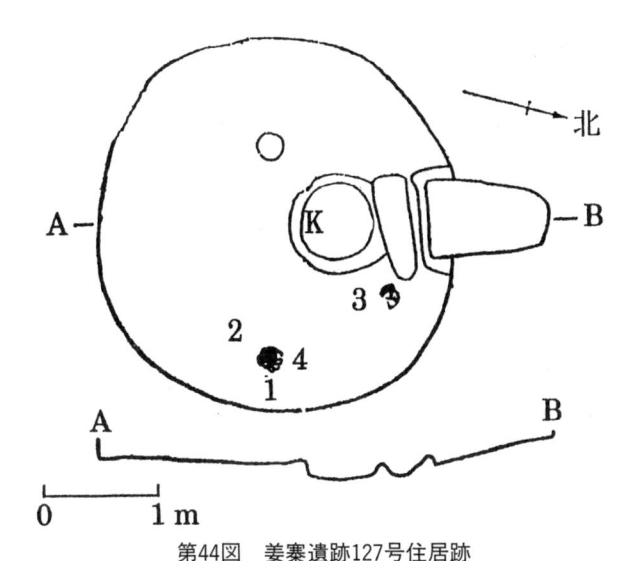

第44図　姜寨遺跡127号住居跡
K　炉跡、1～3　土器（盂、鉢、罐）、4　石磨棒（西安半坡博物館ほか　1988の図二三より作成）

型の住居跡は面積が10m²程度で、円形のものは姜寨遺跡の127号住居跡（西安半坡博物館ほか　1988）を例にとると（第44図）、平面が正円に近く、直径が3.06mある。坑壁がそのまま住居の壁となっていて、壁の高さが0.48mである。出入口は北よりやや西向きに位置し、傾斜した出入口がついている。その南にくぼみがあって、円形の炉坑とつながっている。床面はスサ入りの黄土を貼っており、強い火で焼成して硬く平坦に仕上げられている。床面の中央部に柱穴が1つある。床面の東部には土器の盂1点、鉢1点、罐1点と石磨棒1点が残されている。方形の住居は姜寨遺跡の46号住居跡（西安半坡博物館ほか　1988）を例にとると（第45図）、平面がほぼ正方形を呈し、南北3.1m、東西3,16m、深さ0.25mである。出入口は南を向き、出入通路は長さ1.8m、斜面状になっており、敷居がつけられている。さらに、その内側には隔壁が設けられている。隔壁の奥に円形の炉坑が設けられ、その両側には1つずつ柱穴がある。床面と周壁は粘土、薑石（黄土地帯の土層の中に産する石灰質の小塊）の粉と少量の草を混ぜ合わ

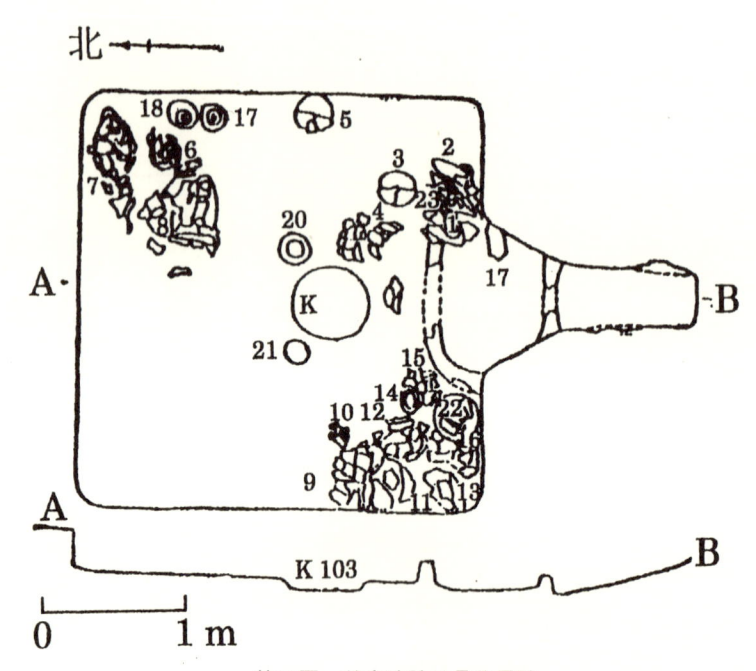

第45図　姜寨遺跡46号住居跡
K　炉跡，1～16　土器（1，2，7　尖底瓶，3～5，10　鉢，6，11～15　罐，8，16　甕，9　盆），17　石塊，18，19　土圏，20～23　柱穴（西安半坡博物館ほか1988の図七より作成）

せたものを平らに敷いて仕上げたものである。床面には土器の尖底瓶3点，鉢4点，罐6点，盆1点，甕1点が残されていた。中型のものは面積が15～60m²で，円形のものは半坡遺跡の22号（中国科学院考古研究所　1963）住居跡を例にとると（第46図），直径4.6m，地面から土壁を設けており，壁の厚さは0.25～0.3mである。出入口は南を向き，その内部の両側には隔壁がある。室内の中央に長方形の炉があって，その周囲に4個の柱穴がある。炉坑後部にある2個の柱穴の間には，低い隔壁が残されていた。床面は厚さ5cmのスサ入りの黄土でできている。方形のものは，姜寨遺跡の36号住居跡（西安半坡博物館ほか　1988）を例にとると（第47図），平面が正方形を呈しており，一辺の長さが6.3mである。出入口は東を向き，出入通路は長さ2mあって，斜面になっている。炉跡は3つの炉

坑からなり瓢形をなす。室内東部の南北両側には地面から10cmほど高くなった平台が付設されている。その表面は床面と同じスサ入りの黄土を平らに敷いて焼成している。住居跡のまわりには柱穴11個，室内には柱穴4個が残されている。大型のものは平面がすべて方形で，面積は60㎡，100㎡以上に達するものもある。姜寨遺跡の47号住居跡（西安半坡博物館ほか 1988）を例にとると（第48図），南北9.05m，東西9.56m

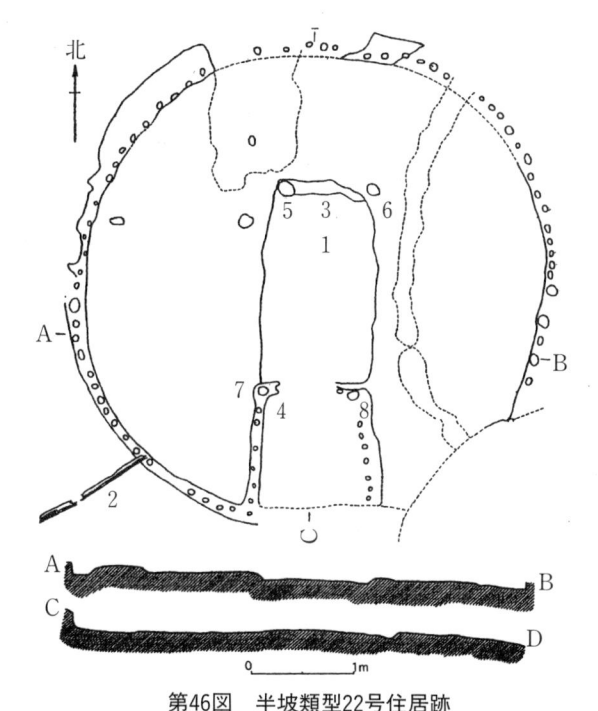

第46図　半坡類型22号住居跡
1　炉跡，2　炭化した木柱，3，4　隔壁，5～8　室内の柱穴（中国科学院考古研究所　1963の図二五より作成）

である。0.4mほどの深さに掘り込まれ，壁および床面は全部スサ入りの黄土で作られ，焼成して硬く平らに仕上げられている。出入口は斜面となっており，敷居が設けられ，その奥の床面に穴がある。その穴の東に大型の深穴連通式の炉跡が設けられている。住居跡の周辺には柱穴が22個あって，真中に大きな柱穴2個がある。

　半坡遺跡は住居区，墓地，共同窯地の3つの部分に分かれている（第49図）。この住居区を取り囲むようにして，幅，深さそれぞれ5～6mの防御的な性格をもつ周溝が掘られている。この周溝の北側には墓地があり，ここで170基を超える成人の墓が発見された。また，周溝の東側には窯地があり，全部で6基の

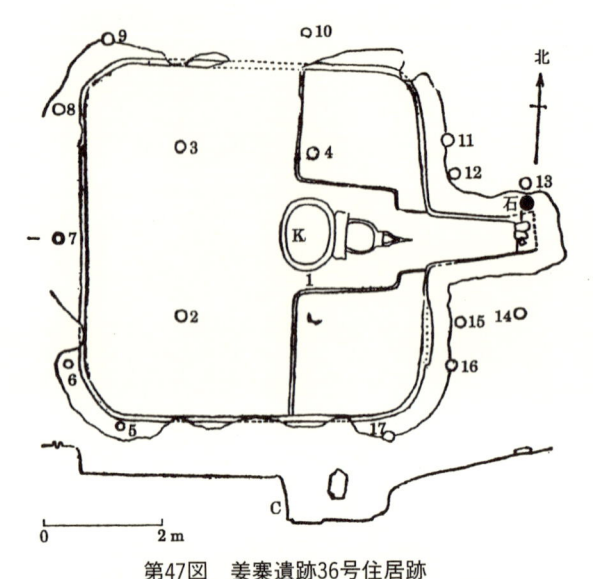

第47図　姜寨遺跡36号住居跡
K　炉跡，1～17　柱穴（西安半坡博物館ほか　1988の図一〇より作成）

窯跡がみつかっている。発掘された住居区は46棟の住居跡からなり，そのほぼ真中に小さな溝1条があり，2つの住居跡群の間に位置している。この濠溝の横断面は逆台形であり，上端の幅は約1.7m，深さは約1.9mである。北部の中央に幅約3.3mの出入口らしい施設があり，西側の溝はここで鈎形に張出している。この溝はおそらく2つの住居跡群を区画するために掘られたものであろう。各住居跡群の中に大型住居跡が1棟ある。すべての住居跡の出入口は南に向いている。各住居跡の近くからは200基以上の貯蔵穴が発見されている。また2カ所で簡単な構造の長方形の建築遺構が発見されているが，これは家畜を飼うための囲いであったと考えられている。このほか，70例を超える幼児の甕棺葬がみつかっている。

　臨潼姜寨遺跡では，完全な1つの集落遺跡が掘り出されている（第39図）。住居区の中心部は，かなり大きな面積の広場となっており，広場の周囲の地面はやや高く，そこに5組の住居跡大群がみられる。住居跡大群は，東，西，南の

第48図　姜寨遺跡47号住居跡

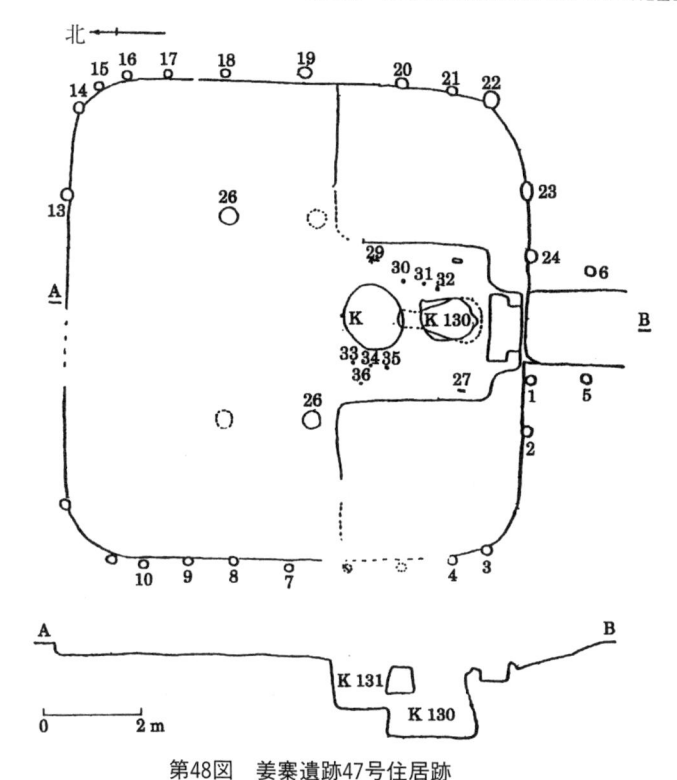

K　炉跡，1～26　柱穴，27　石斧，28　磨石，29　土質のヤスリ　30～36　土器片
（西安半坡博物館ほか　1988の図一四より作成）

3面に各1群と，北面に2群があり，各大群はそれぞれ1棟の大型住居跡を中心として，その周囲に10数棟から20数棟の中・小型住居跡が集合したものとなっている。これをすべて合わせると，120棟以上の住居跡がみつかっており，どの住居跡の出入口も中心の広場を向いている。一部の住居跡の近くには，貯蔵穴群と幼児の甕棺葬群を伴っている。住居区には，やはり集落を防備するために，幅，深さ各2mほどの4本の周溝が掘られて，その東側部分に外部との通路を設けている。周溝の外側北東部と南東部には3カ所の墓地があり，合わせて170基以上の成人墓が発見されている。その他，各所に分散した数基の窯跡がみつかっている。現地の住民の話によると，以前は遺跡の南西の臨河の河岸に窯跡が比較的集中した場所があったが，今は壊れてほとんどなくなってしまっ

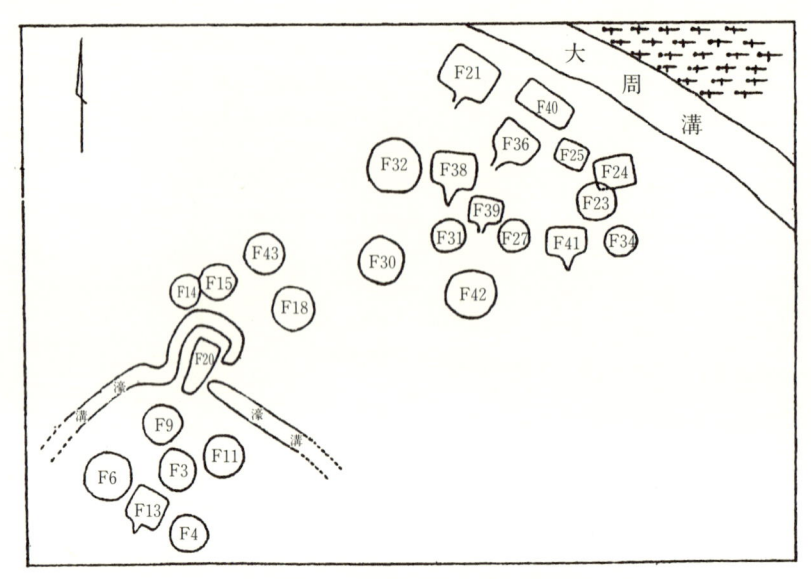

第49図　半坡遺跡の集落構成の略図
○　□　住居跡，♀　墓　鞏啓明　王小慶　1994年の図十より作成)

たということである（西安半坡博物館ほか　1988）。
　一般に，半坡や姜寨にみられるような集落は，いくつかの血縁的共同体をその根幹とする単位集団（氏族）からなる部族の住居地であったと考えられている。その中で，小・中型住居は，1世代の核家族と2, 3世代の家族によって居住され，大型の住居は，そのまわりの小・中型の住居に住んだ人々がその氏族にかかわる公共行事を行った場所と考えられる。集落中央の広場は各氏族が公共の行事あるいは儀礼・祭祀を行った場所であると考えられる。このように，集落にそれぞれ居住する氏族は中央の広場での共同行事を通じて，共同体としての紐帯を維持するのである。このような集落は凝集・封閉式の集落といえる。これは，氏族制度に特有のある種の集団の結びつきの求心性をきわめて具体的に表現している（厳文明　1989年a，鞏啓明　王小慶　1994年）。この時期，半坡や姜寨のような集落構成は普遍的に存在している。これらの集落構成の共通点は，広場を中央におき，住居の出入口が広場を向き，その周りを取り囲むように規則的な求心配置をとる点である。さらに，個々の住居から集落まで2, 3のレ

ベルの単位集団が区別でき，大多数の集落の周囲に防御的な性格の周溝をめぐらす点も共通している。

このように，新石器時代早期後半に出現した原始農耕集落は，中期になると，高度に発達した段階に入る。その発展をもたらした要因は，地理的，自然的な環境や文化習慣などのほかに，原始農耕の生産水準や生産力が前期より向上したことにあると考えられる。古環境の研究によると，約7,000年B.P.～5,500年B.P.頃は，中国大陸における10,000年B.Pから現在までの間の最も暖かい時期で，今より年平均気温が2～3°高く，年平均降水量が10～20mm多かったと推定される(竺可禎　1972年，鞏啓明　王社江　1991年)。恵まれた自然環境は原始農耕の発展に好条件を与えた。この時期各文化の遺物の中には，耕地の開墾に用いた石斧，石鋤，石鏟から，収穫道具の石包丁，土製のナイフ，食物加工具としての石皿，磨棒，石杵までの農耕生産用具が大量に認められる。粟，稲などの食糧を貯蔵した穴も多く発見されている。この時期に野菜の栽培が開始されており，半坡遺跡の38号住居跡出土の小罐の中に，カラシナあるいはハクサイの種子が貯蔵されていた例が知られている(中国科学院考古研究所　1963)。この時期は中国原始農耕文化の高揚期といえる。半坡遺跡や姜寨遺跡のような広大な面積の集落遺跡は，発達した原始農耕生産を基礎として，長期に営まれた定住生活の結果形成された遺跡である。これらの凝集・封閉式の集落は原始農耕集落の代表とされるべきである。

3　姜寨遺跡第1期集落跡の分析

姜寨遺跡は陝西省臨潼県にあって，驪山から北流して渭河に注ぐ臨河を望む台地上に立地する。1972年から1979年，西安半坡博物館によって11回の発掘調査が行われ，姜寨遺跡第1期で仰韶文化半坡類型に属する集落跡の全体が掘り出された。これは中国新石器時代考古学の発掘調査の中で唯一の全面発掘された例として，中国先史時代の社会のあり方を再構成することを論じる時に必ず言及された重要な資料である。発掘調査の担当者はこの集落跡内の住居跡について，層位関係と伴出土器に基づいて3小期に細分した(西安半坡博物館ほか1988)。筆者は1996年夏に発掘調査記録と出土資料を詳細に検討し，細分された3時期区分にしたがって，姜寨遺跡第1期集落跡の集落構成と時期変遷の究明

を試みた。

　姜寨遺跡第1期集落跡で発見された住居跡は全部で120棟、円形と方形の2種類があり、多くは半地下式の竪穴住居跡で、平地式の住居跡もある。これらの住居跡は仰韶文化前期の住居跡の主要な様式を示すものである。これらの住居跡は層位関係と伴出土器により3時期に分けられる。早期に属する住居跡は37棟、中期に属するものは58棟、晩期に属するのは14棟ある。早、中、晩の各時期において、大型、中型、小型あるいは方形、円形、平地式、竪穴式がいずれも並存している。一般的に、面積の大きさと出土遺物の平面分布、種類などから、小型住居跡は3人から4人の核家族、中型住居跡は5人から6人の家族により居住され、大型住居跡はそのまわりの小・中型の住居跡に居住した家族が共同で利用した建物と考えられる。小型住居跡と中型住居跡との比率や、同時

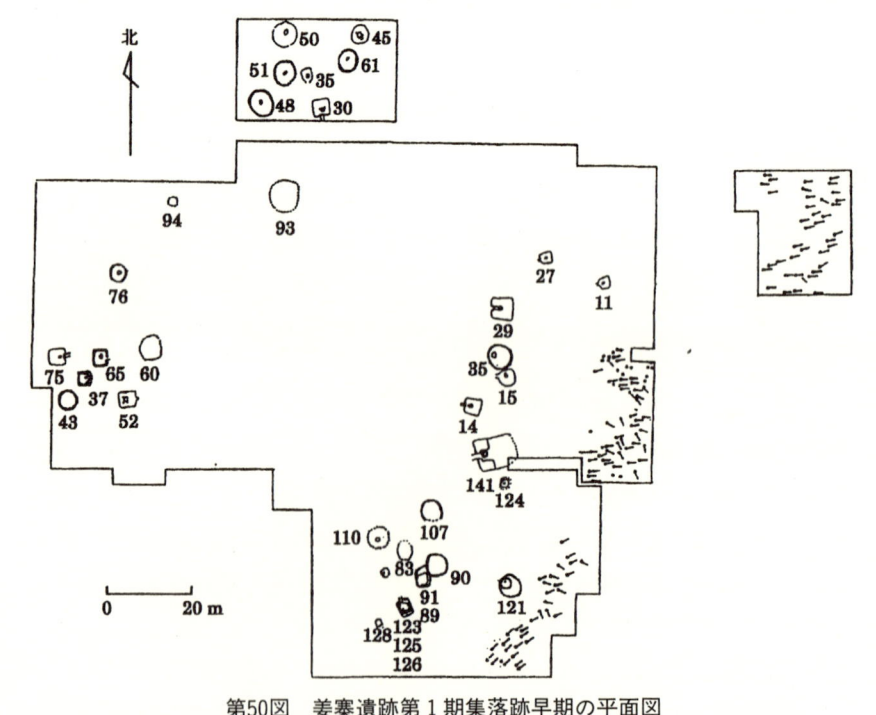

第50図　姜寨遺跡第1期集落跡早期の平面図
　〇　□　住居跡，♀　墓，数字は住居跡の番号（筆者は姜寨遺跡の発掘調査記録より作成）

第2章　仰韶文化集落構成が発生した文化基盤　83

期の住居跡の平面分布などから，中型住居跡1棟と小型住居跡3棟から4棟が組となっている住居跡小群がかなり普遍的に存在していることが分かる。この住居跡小群が当時の社会の基礎単位集団の実態を反映していると考えられる。

　姜寨遺跡では早期に住居跡は4つの大群に分かれる（第50図）。50号住居跡が周溝に切られていたこと，および28号，120号，121号，123号，125号，126号，128号住居跡が周溝の外にあることなどから，当時まだ周溝は掘られていなかったことがわかる。4つの住居跡大群の中で，南群の住居跡数が最も多く，13棟ある。ほかの3群は8棟で構成されている。大型住居跡はこの時期に1棟だけ存在し，南群と東群の間に位置する。このような状況から，南群が当時の集落の中心であった可能性が高い。東，北，西の3群は南群から分化してきたものであろう。中期になって，住居跡は5つの大群に分かれる（第51図）。この

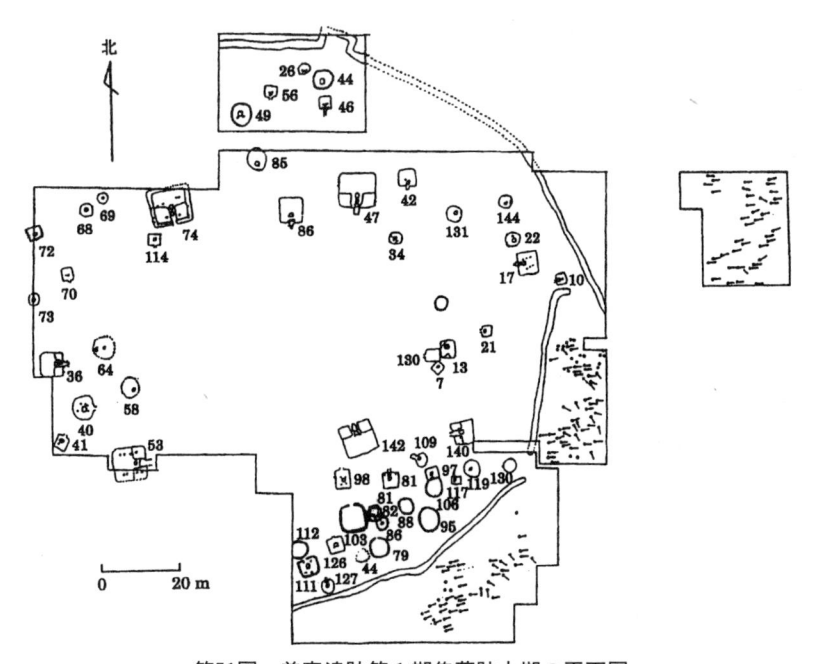

第51図　姜寨遺跡第1期集落跡中期の平面図
〇 □　住居跡，♀　墓，数字は住居跡の番号（姜寨遺跡の発掘調査記録より作成）

時期に，集落構成が整然となって，集落全体を囲うために，周溝が掘られている。大型住居跡が南群2棟，北群，西北群，西群各1棟ある。南群では，142号住居跡が103号住居跡よりやや古い，すなわち，前者が後者の前身であると認められる。東群には大型住居跡がない。しかし，142号住居跡の位置を，早期の状況を参照すると，東群と南群は1つの大型住居跡を共有している可能性が高い。晩期の集落跡は大部分が破壊されている（第52図）。しかし，1号住居跡の位置と，中期における南群の住居跡の規模とから，南側の住居跡大群は継続的に集落の中心として存在したことが推測される。

　住居跡の平面分布によって，各時期の住居跡大群は普通2つから3つの住居跡小群からなつていることが分かる。このようにして，姜寨遺跡集落跡は住居跡から集落まで4つのレベルに区別できる。すなわち，住居跡→住居跡小群→

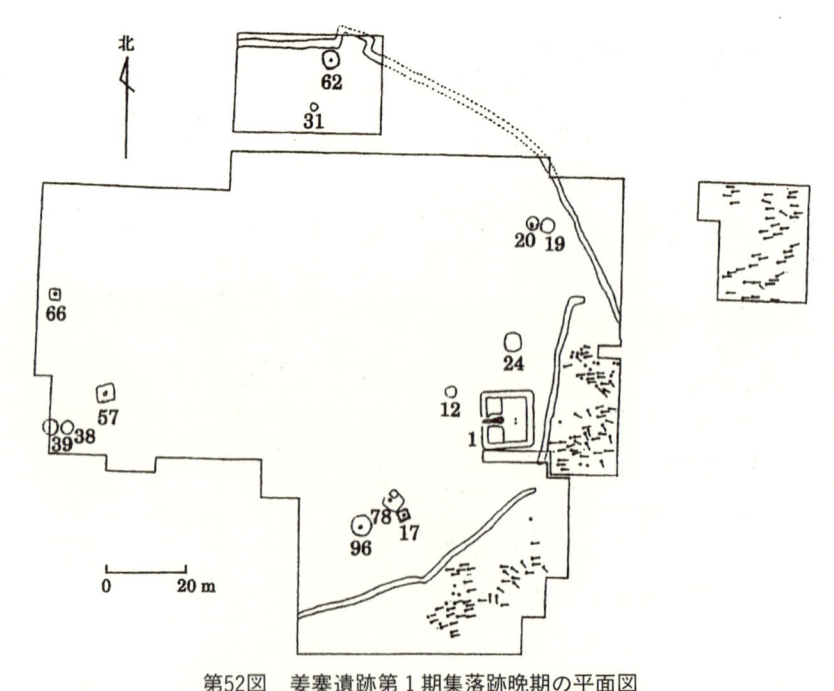

第52図　姜寨遺跡第1期集落跡晩期の平面図
○ □　住居跡，⚥　墓，数字は住居跡の番号（姜寨遺跡の発掘調査記録より作成）

住居跡大群→集落①である。これは当時の社会集団の構造を反映しているものと考えるべきである。姜寨遺跡第1期の墓地も3時期に細分できる。時期の変遷を基準にすると、同時期の墓地の中にもいくつかのまとまりが認められる。住居群のまとまりにみられた当時の社会集団の構造は墓地のあり方にも窺うことができる。

4 原始農耕集落の変化

これまでに発見された様々な形跡は、新石器時代中期の後半（5,500年B.P.～5,000年B.P.）になって、社会構造と社会の性格に変化が生じたことを示している。これらの変化は特に当時の集落構成の中にはっきりと現れている。

第1の変化は新たな住居様式、すなわち、室を連ねた方形平地多室式の住居跡が出現することである。河南省鄭州（Zhengzhou）市大河村（Dahecun）遺跡では、3棟、全部で12室になる多室式住居跡が掘り出された（鄭州市博物館 1979年）。住居跡の保存状態は非常に良好で、壁の残高は、中には1mに達するものさえあって、これらの多室住居跡の構造とその建築技法を目のあたりにすることができる。

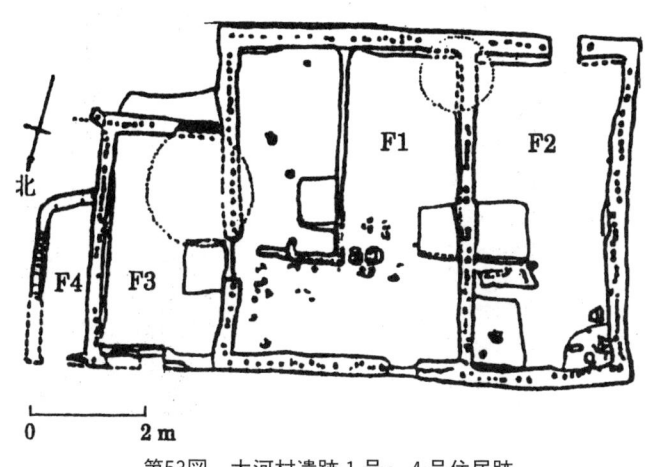

3棟の多室住居跡の構造と建築技法はほぼ共通しているが、1号住居跡から4号住居跡の1棟を例にとると（第53図）、4つの住居跡は、それぞれ南北に長

第53図 大河村遺跡1号～4号住居跡
鞏 啓明 王小慶 1994年の図十八より作成

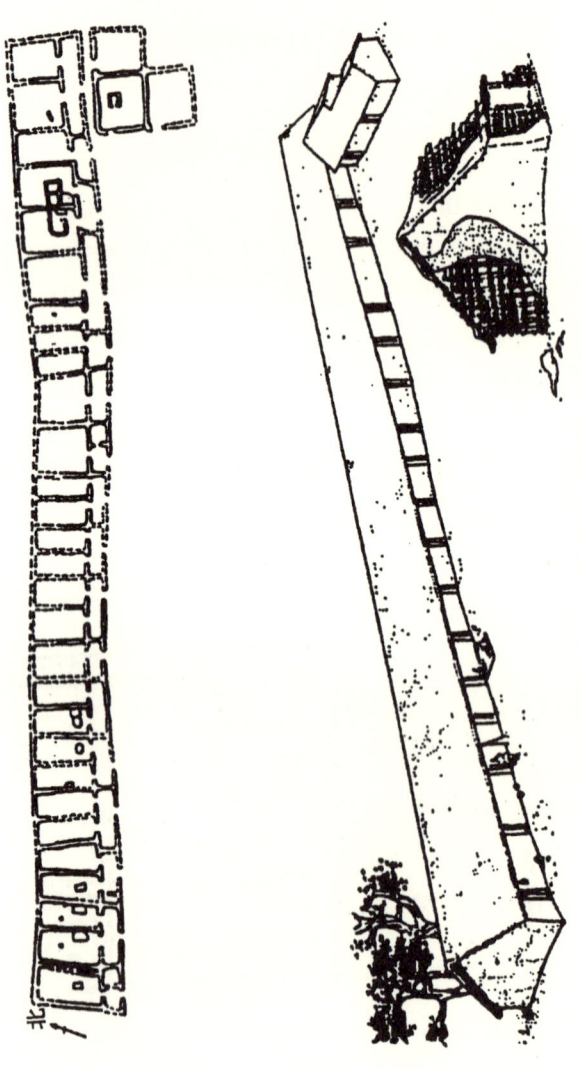

第54図　下王崗遺跡多室式住居跡と復原図
鞏啓明　王小慶　1994年の図十九より作成）

い長方形を呈して,東西に横並びに連なっている。隣合う住居跡は1つの壁を共有している。西端にある2号住居跡の出入口は南向きで,1号,3,4号の出入口は全て北向きである。中央の1号住居跡は面積が最大で20㎡に近く,室内に炉跡がある。また,室内には小型の別室が設けられており,この別室にも炉跡と土台がある。2号住居跡の室内には合わせて3つの土台があり,台上には日用器具や食糧がおかれていた。3号住居跡の室内にも方形土台が1つある。4号住居跡の面積が最小で,2㎡ほどしかなく,この部屋は住居ではなかったようである。大河村遺跡の3棟の多室式住居跡からはまた,多量の土器や日用器具が出土しており,その内容によって当時の日常生活の様子を知ることができる。なお,この種の多室式住居跡は河南省淅川(Xichuan)県下王崗(Xiawanggang)遺跡で一層盛行した(河南省文物研究所ほか 1989年)。下王崗遺跡では32棟の住居からなり,長さ80m以上の多室式住居跡が発見された(第54図)。この多室式住居跡の出現は建築技術の進歩を示すだけてなく,当時の家族構成が前期とは変わったために,住居の構成に新たな要求が出された結果だと考えるべきである。

第2の変化は,土器や石器などの専門的な生産を生業の主体とする集落が出現することである。これに属するものには湖北省宜(Yi)県紅花套(Honghuatao)遺跡(厳文明 1989年b)と甘粛省蘭州(Lanzhou)市白道坪(Baidaoping)遺跡(甘粛省文物管理委員会 1957年)などがある。

紅花套遺跡は長江の南岸にあって,石器の生産を主体とした集落跡である。ここで多くの石器生産工房が発見されており,それらは円形竪穴建築である。これらの工房の中には,長さ0.3〜0.4m,幅0.2〜0.3mの礫が出土しており,礫の表面にはざらざらした石器製作による叩き痕がみえる。礫のまわりに,ハンマストーン,磨石などの石器製作の道具が残されていた。その他,工房の中からは,石器製作の原料としての河原石と石器の未成品,剥片が多数出土した。この遺跡で発掘された石器の大多数は初期加工段階の未成品と廃屑で,完形品が少ない。一方,紅花套遺跡から数百キロの広範囲にある同時代遺跡の中で,紅花套遺跡と同じ石質,製作技法,様式の石器の完形品が大量に発見されている。紅花套遺跡では大規模な石器生産工房とともに,多数の住居跡が発見された。このことから,紅花套遺跡は一時的な石器製作所でなく,専業的に石器の

生産と交換を行った長期定住的な集落跡であったと考えられる。

白道坪遺跡は黄河の北岸にあって,土器の生産を主体とした集落跡である。遺跡の中心部は住居区で,その西側に墓地があり,東南部に大規模な土器製作跡がある。土器製作跡はかなり整然と並んでおり,数10基の窯跡からなる。窯群の中心部に大きな土坑があって,その中に水簸されたきめの細かい粘土が残され,周囲から水簸された粘土塊や粘土紐,そして粒の均一な砂を混ぜた粘土塊が検出された。窯群は4つのグループに分かれており,各グループの中心部にほぼ同じ大きさの土坑がある。窯の平面プランは方形を呈し,約1m²の焼成室を有する。その他,土器塗彩用の道具としては,顔料を入れた小罐や,紅色顔料が付いたままの磨研用の石錘,磨石,石硯なども出土している。

これらの専業的な土器,石器づくりの集落の出現は,典型的原始農耕集落の凝集性・封閉性を変容させる役割を果たしている。この時期から,中国原始農耕文化の高揚期を代表する凝集・封閉式の集落構成は徐々に分化を始める。

第3の変化は,祭祀活動が行われる中心としての著しく大型の集落が出現することである。そのなかで,最も重要な遺跡として遼寧(Liaoning)省凌源(Linyuan)県牛河梁(Niuheliang)遺跡がある。この遺跡は紅山文化の晩期に属し,絶対年代は5,000年B.P.前後にある(遼寧省文物考古研究所 1986年)。

牛河梁遺跡は丘陵頂部にあって,総面積が2km²近くある。遺跡の中心部には,「廟堂」と呼ばれる大型多室式竪穴建物がある(第55図)。この「廟堂」は長さ18.4m,幅6.9m,平面が長方形を呈する主室と4つの側室からなっている。四周の壁はすべて立柱の間に草を編んだり刺したりし,内と外に泥を塗った草編みの泥壁である。壁の表面には細泥を塗って,黄色の地色に紅色の幾何形文様の壁画を描いている。この「廟堂」跡の中から土製の人像の残塊が大量に発見された。その大きさは人等大であり,頭部,肩部,腕部,手部,乳房などが含まれている。これらの土製人像は女性の特徴がはっきりしているので,発掘調査の担当者はこの「廟堂」を「女神廟」と呼んでいる。この「廟堂」跡の北18mのところに長さ175m,幅159mの大型土壇があって,その四周に礫を積み上げている。「廟堂」との間に通路が設けられている。廟堂と土壇の周囲にいくつかの積石塚がある。これらの積石塚は平面が方形を呈して,各辺の長さが18mである。この積石塚は一般的に玉龍,獣形玉,勾雲形玉佩,箍形器,柄飾など

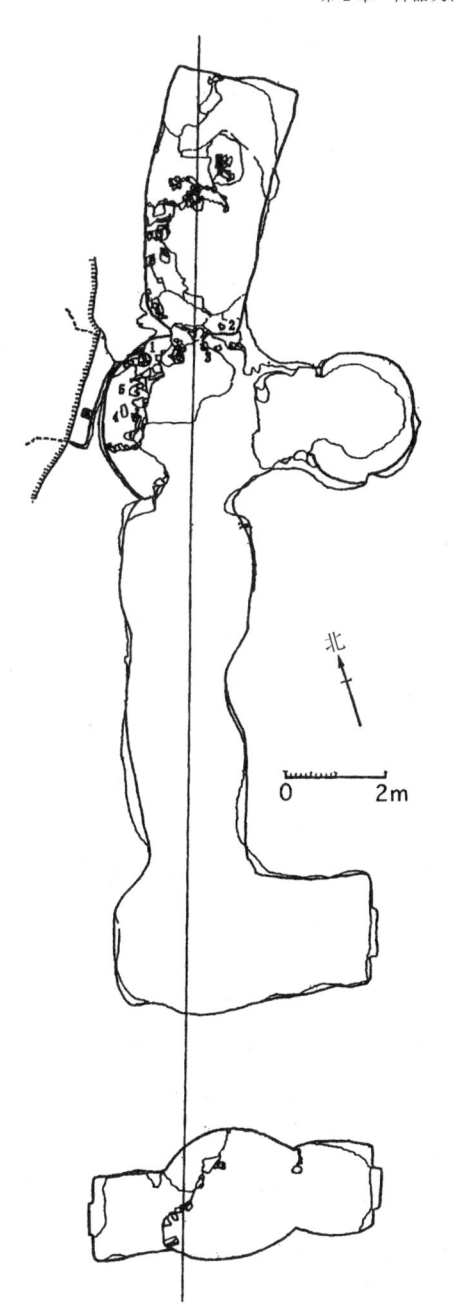

第2章 仰韶文化集落構成が発生した文化基盤 89

の玉器のみを副葬し，また積石塚の周囲には彩陶の筒形器が配列される。

このような祭祀を中心とする集落跡は，中期前半の大型住居跡や中心広場と同じように，この地域の集団が共同行事を行った舞台である。しかし，中期前半に比べて集落が大規模化する点から判断すると，牛河梁遺跡の支配の及ぶ範囲は著しく拡大したと推定される。これは新石器時代中期の後半になって，初めて人

第55図　牛河梁遺跡の「女神廟」平面図　1～5　土製の人像の残塊（遼寧省文物考古研究所　1986年の図二より作成）

類集団の規模が拡大したこと, すなわち, 部族の上に部族同盟を結成したことを示している。さらに, 牛河梁遺跡のように積石塚とともに大型土壇と廟堂と推定される施設が存在することは, 当時の社会がすでに階層化した構造をもっていたことを示しており, この大型積石塚の被葬者は当時の社会の頂点に立っていた人物と考えられる。

第4の変化は, 1つの地域において, 他の集落と比較して経済的・政治的に重要な役割を担ったと考えられる中心集落が初めて出現したことである。

これらの中心集落の中で注目されるのは, 甘粛省秦安県大地湾遺跡乙跡である (甘粛省文物工作隊 1986年)。この遺跡は山の麓に立地し, いくつかのグルー

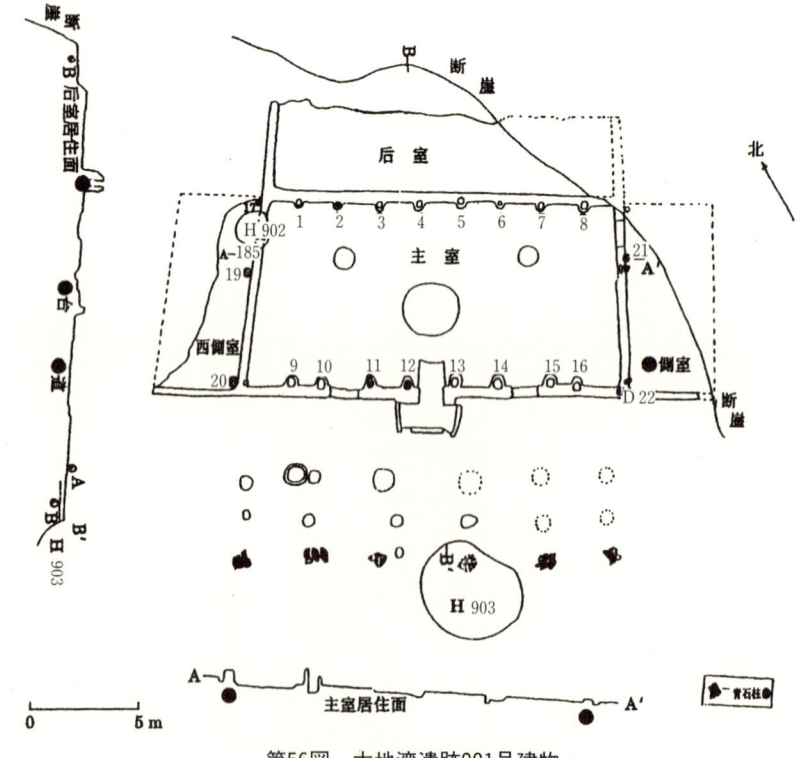

第56図 大地湾遺跡901号建物
1～21 柱穴 (甘粛省文物工作隊 1986年の図二より作成)

プに分けられる数百基の住居跡からなっている。中心にある901号建築は面積が最も広く,前堂後室と左右側室から構成され,面積が約290㎡ある。優れた建築技術によって造られており,仰韶文化の中で非常に珍しい存在となっている(第56図)。そのほかに,この建築の前に附属施設と広場がある。建築から約3mのところには列柱が2列配され,列柱の南に1列の平坦な石の並びがある。この建築は主室,後室,側室,前庭などからなり,主要な室と副次的な室との区別がはっきりしている。広場と合わせて,厳格な構成をもつ大規模な建築となっている。したがって,大地湾遺跡乙跡は,この時期の仰韶文化の西部地域における中心だったと考えられる。そのほか,最近,鄭州市郊外の西山(Xishan)遺跡で仰韶文化晩期に属する城跡が発見された。これはこれまで中国で発見された城跡の中で最も古いものの1つである。

このように,この時期には,中国各地域の集落が様々な規模,構成,性格のものに分化していたことが明白な事実となった。この時代には,原始農耕経済がさらに発展し,集落内部および集落と集落の間に社会分化あるいは階層化が成立していたと推定される。それは当時の社会が階層化社会に向かい,一層高度な段階へと発展しようとしていたことを反映していると考えられる。

5　原始農耕集落の分化

新石器時代晩期(5,000年B.P.～4,000年B.P.)に入ると,黄河流域から長江中,下流域にかけて,農耕生産および家畜飼育のいずれもがかなり大きな発展を遂げた。窯業については,ろくろが普遍化し,土器窯の構造が改良され,生産効率は向上した。農耕,家畜飼育,窯業の発達は労働の分化を促進し,生産力を向上させた。その結果,社会内の格差や階層化が普遍的な動きになってきた。社会構造の分化とともに,この時期から集落構成は2つの方向へ分化する。一つの方向は,仰韶文化の強固な共同性を示す集落構成から,各家族の独立性が高く,分散化した集落構成へ移行したことである。もう1つの動向は仰韶文化の防御的な性格の周溝をもつ求心的な集落構成から,城壁をもつ城郭遺跡へ変化したことである。

各家族の独立性が高い散村化した集落構成の事例として,客省庄文化の陝西省臨潼県康家(Kangjia)遺跡と武功(Wugong)県趙家来(Zhaojialai)遺跡を取

り上げる。

　康家遺跡は渭河の北方4.5kmの台地にあり,その範囲は東西420m,南北460m,面積は19,000㎡と大きなものである(陝西省考古研究所康家考古隊　1988年,同1992年)。康家遺跡はごく一部を発掘しただけであるが,遺跡の層位関係と遺構分布に基づいて,集落構成が散村化していくプロセスがほぼ解明された。康家遺跡では地層堆積の順序により,客省庄文化が3期に大別される。ここで発見された住居跡は地面に版築壁をつくり,平面は長方形,面積9〜15㎡で,床面や壁面を固めて石灰面が一面に散布され,床面の中央に円形の炉があるのが一般的である。前期には,住居跡の数は少なく,単独もしくは2,3棟が並列して分布するが,列状の規則的な配置はみられない。各住居跡の周囲には円形袋状の貯蔵穴がある。中期には,住居跡の数が増加して,列状の規則的な配置をとる。これまでに3列が確認されており,出入口はすべて南向きである。住居跡の面積は前期に比べて大きくなり,東西の壁が前面に伸びて前庭部を形成するものがある。各住居跡の前に貯蔵穴を有することが多い。中期後半には,住居跡内に直径0.3mほどの小さい貯蔵穴をもつものが多く,住居の周辺に人や家畜を埋葬した土坑が出現する。後期には,住居の構造や配置は中期と大差なく,列状の規則的な配置となっている。各住居には前庭が付属することがさらに普遍的になっている。後期に属する2号住居跡,5号住居跡,8号住居跡,10号

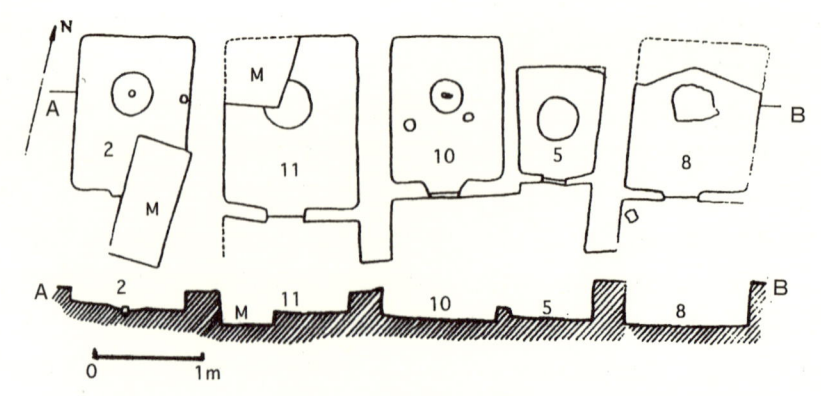

第57図　康家遺跡の住居跡
数字は住居跡の番号,Mは後代の墓(陝西省考古研究所康家考古隊　1988年の図三より作成)

第 2 章 仰韶文化集落構成が発生した文化基盤 93

住居跡, 11号住居跡の 5 棟の住居跡は版築による壁体を共有しながら並列する (第57図)。10号住居跡と面積が小さい11号住居跡(面積4.8㎡)は前庭部を共有している。このような, 前期から後期への貯蔵穴, 前庭と住居跡の関係の変遷から, 康家遺跡の集落構成に, 各家族の独立性が高まった様相をみて取ることができる。

　趙家来遺跡は渭河の支流の漆水河東岸の黄土台地上に位置する。482㎡の発掘調査した範囲では仰韶文化, 廟底溝二期文化, 客省庄文化, 西周文化の層が確認されている。そのうち客省庄文化は 5 層に細別され, 竪穴式住居跡と窰洞式住居跡(黄土台地の斜面に掘り込んだ横穴式住居跡)とが合わせて10棟発見された(中国社会科学院考古学研究所　1988年)。竪穴式住居跡は 4 棟発見され, 平面長方形と凸字形があり, 中央に炉を設け, 面積

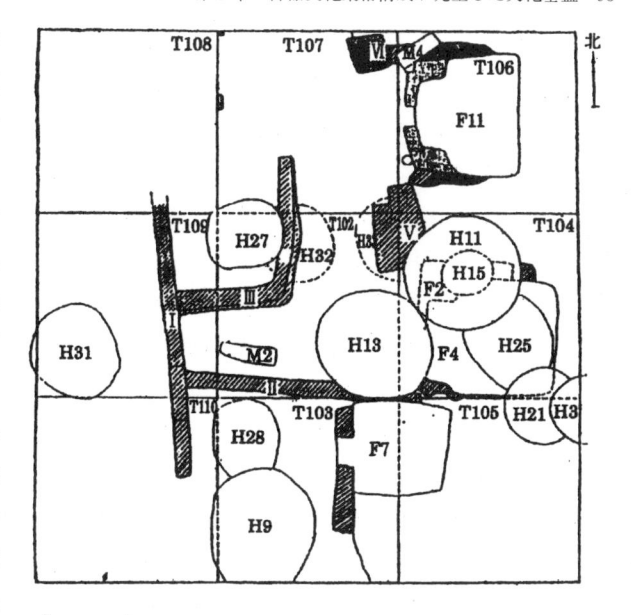

第58図　趙家来遺跡第 8 層の遺構と復原想像図
上　遺構の平面図, 下　復原想像図(梁星彭他　1991年の図一, 図二二より作成)

は12～13㎡である。検出された6棟の窯洞式住居跡は，平面形が凸字形を呈し，面積が11～17㎡で，単純な横穴状のものと洞口を板築壁で補強したものとがある。この遺跡では一部の狭い範囲を発掘したにすぎないが，住居跡の層位的な関係が比較的明確になっている。とりわけ，第8層では発見された住居跡群は当時の各家族の独立性が高まって散村化した集落構成をよく表している。第8層では北から11号住居跡，2号住居跡，7号住居跡の窯洞式住居跡3棟がほぼ南北方向に並び，西側の平坦面に住居の前面を囲む版築壁が築かれている。この壁と住居跡とはほぼ同一平面にある同時並存のものであり，さらに，北の発掘調査範囲外にも関連遺構が続いているようであるが，検出されている壁は南北が約19m，壁から住居奥壁までの東西が15mを測る。2号住居跡と7号住居跡との間は東西に走る壁によって2つの区域に分けられ，北区は11号住居跡・2号住居跡の2棟で構成され，南区には7号住居跡の1棟がみられる。特に北区では壁からL字形に伸びた壁によって小さな空間が作られ，発掘担当者はこれが家畜を飼育した区域であろうと推測している（第58図）。これによって，北区2棟を単位とする住居は壁で囲まれた屋敷地を共有しつつ，家畜飼育も自立的に行っていたと推測される。このほか，各住居跡の付近ではいくつかの貯蔵穴が検出された。これらの貯蔵穴の中には底部に板を敷いた痕跡のあるものもあり，炭化した穀類が出土していることから，食料貯蔵施設であったと考えられる。

　康家遺跡や趙家来遺跡でみたように，貯蔵穴や家畜囲いなどの施設も住居ごともしくはその単位群ごとに分散しており，生業活動や日常生活の面でもそれぞれの単位が独立した機能をもち，集落全体の共同体的規制が強く及ぶことがなかったようである。このように，仰韶文化の強固な共同体統合関係を示す集落構成は，この時期になると，各家族の独立性が高まり散村化した集落構成に移行したことがうかがえる。

　土塁で集落を取り囲んだ城郭遺跡が出現することは，中国新石器時代晩期の重要な特徴の1つである。現在まで知られている新石器時代晩期に属する城郭遺跡は，黄河流域のみならず，長江中・下流域，北方地区の内モンゴル中，南部，遼東半島などにも認められる(鞏啓明　王小慶　1994年)。これらの城郭遺跡は平面プランがほぼ正方形か長方形であり，面積が30,000～100,000㎡の大規

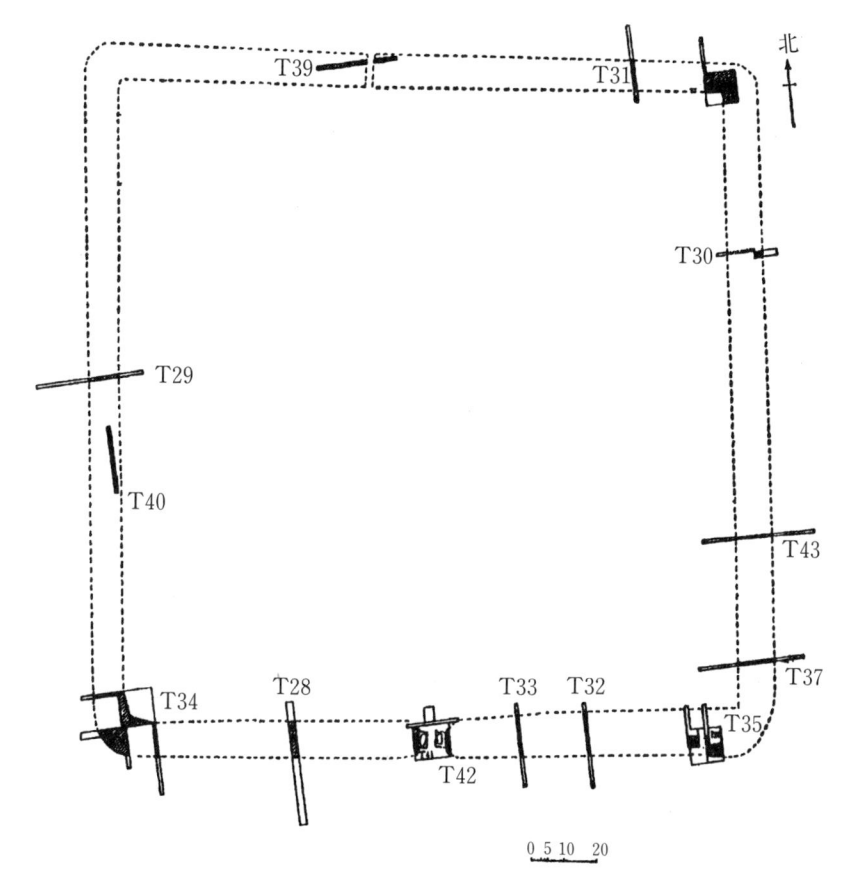

第 2 章　仰韶文化集落構成が発生した文化基盤　95

第59図　平糧台城跡城壁の平面図
☐トレンチ（河南省文物研究所　1983年の図一六二より作成）

模なものである。淮陽 (Huaiyan) 市平糧台 (Pingliangtai) 城郭遺跡は (第59図)，平面プランが隅丸正方形で，各辺の長さが185mある。城壁の残存した高さが約3m，頂上の幅約10mで，版築法によって築かれており，叩きしめられた層が明瞭である。南の城壁には城門が発見されており，門の両側には煉瓦作りの門衛所がある。南門の道路には水道管が埋設されており，約5m余りが残存している。城郭遺跡の内部には，基壇をもつ大型建物遺構が存在するとともに，平地式長方形住居跡もある。平糧台城郭遺跡の絶対年代はC14年代測定法によって4,335±75年B.P.と判明している（河南省文物研究所　1983年）。

城郭遺跡の出現は中国史前時代において重要な意味をもつ。城壁は一般的に防御機能をもつものと推定できる。周溝から城壁への変遷は，生産力が向上するとともに，地域社会集団が生活の領域を占拠・拡大する傾向を著しく強めたために，紛争が次第に激しくなったプロセスを示している。一方，この時期に入ると，社会構造の階層化が普遍的になってきた。城郭遺跡の内部に大型建物基壇などが存在することによって，これらの城郭遺跡は防御機能をもつと同時に，社会階層化の進んでいたことを確認できるものである。これらの城郭は当時の経済・文化の中心と考えられる。要するに，新石器時代晩期に出現した城郭遺跡は，激しい部族紛争と社会階層化があいまって生み出されたものと考えられる。

ま　と　め

　以上は，中国新石器時代の集落の出現，発展および変化について，基本的な概括を行ったものである。ここに，われわれはその主要な動向をみて取ることができる。すなわち，中国新石器時代の集落は，原始農耕が始まり，進歩するにつれて，急速に発達してきた。地理的環境と経済基盤の相違によって，いくつかのタイプが現れている。結論的には，集落構成は凝集・封閉式の類型を基本とする。新石器時代中期後半以後，経済が発展し，社会の階層化が促進されたために，集落構成にある程度の変化が生じた。さらに，新石器時代晩期になると，最初の城郭が経済・文化の中心として出現し，かつ，徐々に政治の中心へと変化を遂げた。このようにして，中華文明が開花したのである。

注釈

①　中国新石器時代文化の集落構成の研究では，仰韶文化前期に属する半坡遺跡と姜寨遺跡など出土資料によって，この時期に個々の住居から集落まで4つのレベルの単位集団が区別できることが明らかになっている。この4つの単位集団は中国語で「房址」→「房址群」→「房址組群」→「聚落」の用語が使われている（鞏啓明　王小慶1994年）。本論作成において，日本考古学の用語と対照して，住居跡→住居跡小群→住居跡大群→集落の用語を用いる。

第3章 仰韶文化の集落構成の研究

はじめに

　仰韶文化の集落構成の研究は，1950年代の半坡遺跡の発掘調査から始まった。これまでの仰韶文化の集落構成の研究を顧ると，80年代以前の研究は仰韶文化の社会や歴史を復元しようという問題に対しての理解を深めていくものであった。しかし，理論的，方法論的には，いくつかの重要な問題に対しての認識が不十分であったといえる。当時の研究は，基本的にモルガンの『古代社会』およびそれに立脚したエンゲルスの『家族，私有財産及び国家の起源』で展開された図式に則って考古学資料を理論に当てはめるという方法論的な枠組に従っていた。同様な問題点は民族学の資料を援用する場合にも顕著であり，あくまでも仮説としてうちだされた社会の発展過程を考古学資料でもって具体的に解説する役目でしかなかった。そのような研究は例えば，母系制親族組織をもつ集落の建物の利用形態から，同様の構成をとる先史時代の社会を母系制社会であると把握するといった循環論法に陥ることになりがちである。80年代以後，仰韶文化の集落研究で，母系社会から父系社会への社会発展論を前提にした集落論があまりにも多いのは必ずしも歓迎できることとはいえない。こうした研究の趨勢の中で，厳文明氏は具体的な考古学資料から抽象化される歴史的な世界の再構築を試みている。そして，より具体的な考古学資料の多角的な分析によって，それ以前の研究とは異なった方向性の把握を模索しており，極めて注目されるものである(厳文明　1989a)。本章ではこれらの先人の研究成果を基礎に，姜寨遺跡の集落跡の分析を中心として，半坡遺跡，北首嶺遺跡などの発掘調査の成果を踏まえ，関中地区仰韶文化の集落構造についての分析を試みることとしたい。

1　関中地区仰韶文化の住居跡の分類

　関中地区は仰韶文化が最も発達した地域であり，50年代の半坡遺跡の発掘調

査を始めとして，仰韶文化の発掘調査と研究が積み重ねられており，すでにかなりの成果をあげている。その中で，半坡遺跡，姜寨遺跡，北首嶺遺跡などの遺跡で発見された集落跡は特に注目される。現在までに，関中地区で発見されている住居跡はほぼ300棟に達する。半坡遺跡で46棟（中国科学院考古研究所 1963），姜寨遺跡134棟（西安半坡博物館ほか 1988），北首嶺遺跡50棟（中国社会科学院考古研究所 1983），福臨堡遺跡12棟（宝鶏市文物工作隊　陝西省考古研究所 1993），李家溝遺跡15棟（西安半坡博物館 1984a），下孟村遺跡では7棟（陝西省考古研究所漢水隊 1960，同 1962）が発掘されており，その他の遺跡でも若干の調査例が知られている。これらの資料は，関中地区における仰韶文化を支えた社会の再構成に極めて有効な情報を提供するものである。このような資料の蓄積によって，関中地区仰韶文化の集落構成の様態が具体的に捉えられるようになってきた。その中でも，仰韶文化前期，すなわち半坡類型，史家類型の資料は他の時期を圧倒している（関中地区仰韶文化の編年は第2表に示す通りである）。

第2表　関中地区仰韶文化の編年

文化類型	代表的な遺跡	年　　　代
半坡類型	半坡遺跡早期前半 姜寨遺跡第1期	6800年B.P.～ 　　　　6240年B.P.
史家類型	渭南史家遺跡 姜寨遺跡第2期	6140年B.P.～ 　　　　6000年B.P.
泉護類型	華県泉護村遺跡 姜寨遺跡第3期	5820年B.P.～ 　　　　5285年B.P.
半坡晩期類型	半坡彼跡晩期 姜寨遺跡第4期	5000年B.P.

（王小慶 1993より作成）

関中地区仰韶文化の住居跡の構造は多様である。構築方法では，地面に穴を掘って屋根を架けた竪穴式住居と，竪穴を掘らずに地上に壁を築いてその上に屋根を架けた平地式住居がある。平面形では円形と方形とに分かれる。住居跡の面積では，小型住居跡から大型住居跡まで変異が大きく，最小の住居では2.09

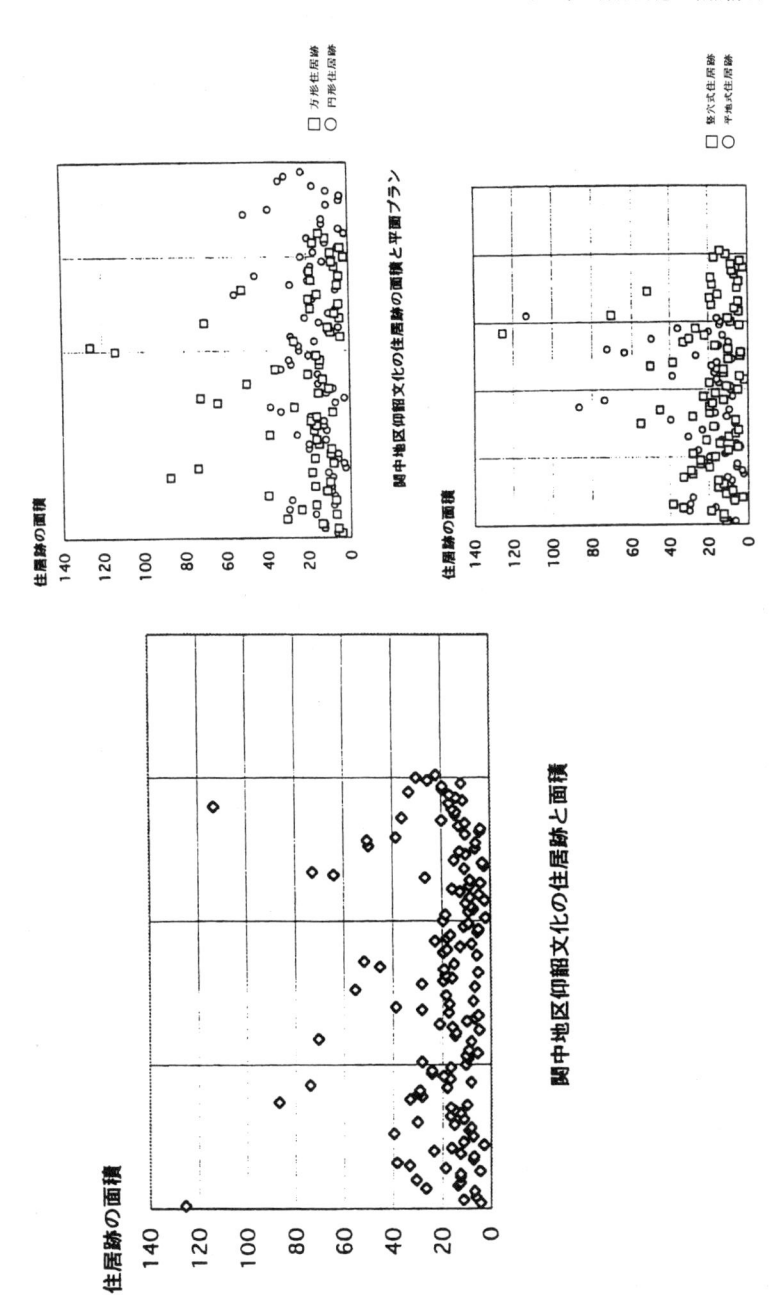

第3章 仰韶文化の集落構成の研究 99

第60図 関中地区仰韶文化の住居跡の面積の散布図

m²であり,超大型住居では100m²以上で,最大の住居が125.61m²である。今まで報告された住居跡の資料から作成した面積散布図をみると(第60図),円形と方形,竪穴式と平地式にかかわらず,一般的に,20m²以下を小型,20～60m²を中型,60m²以上を大型の3種類に区分される。このように,住居跡の建築方法,平面プラン,面積の大きさなどによって,関中地区仰韶文化の住居跡を型式的に分類することが可能である。ここでは,これまで発見された資料と研究成果を参考にして,関中地区仰韶文化の住居跡を小型円形竪穴式,小型円形平地式,小型方形竪穴式,小型方形平地式,中型円形竪穴式,中型円形平地式,中型方形竪穴式,中型方形平地式,大型方形竪穴式,大型方形平地式の10類型に区分する。

Ⅰ:小型円形竪穴式。面積が20m²以下で,平面プランがほぼ円形を呈し,一般的に0.2～0.5m前後の深さに掘り込まれている。建築構造などによって,2つの亜型式に分けられる。

ⅠA式:柱穴が住居跡の中央部だけにみられ,地面より高い壁がない。屋根が地面に直接架設される。長い出入り通路が設けられている。

事例:姜寨遺跡の127号住居跡(第61図・①)。平面が正方形に近く,直径が3.06mある。坑壁がそのまま住居の壁となっていて,壁の高さが0.48mである。出入口はやや西よりの北向きに位置し,長さ1.12m,幅0.5～0.7mの傾斜した出入り通路が付設されている。出入り通路の奥には敷居が設けられ,その奥にくぼみがあり,円形の炉坑とつながっている。床面はスサ入りの黄土を貼っており,強い火で加熱して硬く平坦に仕上げている。床面の中央部に柱穴が1つある。床面の東部からは盃1点,鉢1点,罐1点と石磨棒1点が出土している(西安半坡博物館ほか 1988)。

ⅠB式:穴壁が浅く,住居跡の中央部と竪穴の周囲に柱穴がある。竪穴の周囲に低い壁を築き,屋根を架ける。室内には隔壁がある。出入り通路はない。

事例:半坡遺跡3号住居跡(第61図・②)。平面プランはほぼ正円形を呈する。直径が5m,地下に0.18m前後に掘り込まれ,穴壁および床面はすべてスサ入りの黄土で構築されており,厚さが8cmぐらいある。湿気を防ぐために,床面の下に指とほぼ同じ太さの木の枝を敷き詰めている。出入口はやや西よりの南向きに位置し,出入口の奥の両側には,長さ1m余りの隔壁が設けられている。

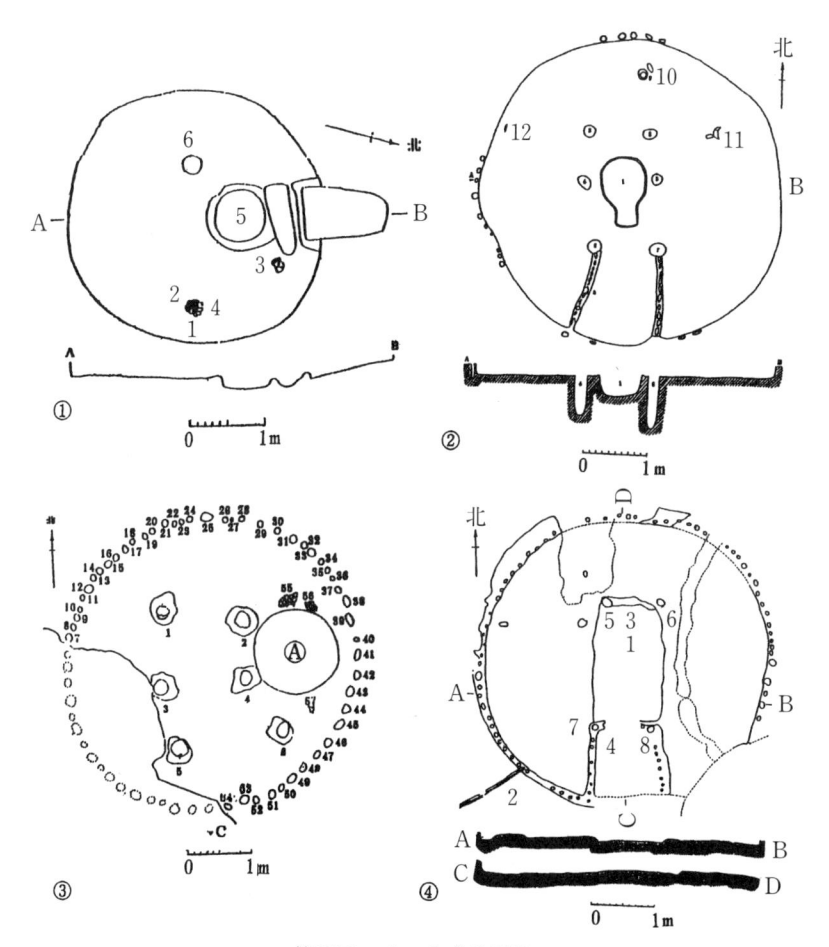

第3章　仰韶文化の集落構成の研究　101

第61図　Ⅰ，Ⅱ式住居跡
① 姜寨遺跡の127号住居跡　1～3　土器（盂，鉢，罐），4　石磨棒，5　炉跡，6　柱穴（西安半坡博物館ほか　1988の図二三より作成）
② 半坡遺跡3号住居跡　1　炉跡，2～7　柱穴，8　隔壁，9，11　土器，10，12　石杵（中国科学院考古研究所　1963の二九より作成）
③ 姜寨遺跡44号住居跡　A　炉跡，1～6　室内の柱穴，7～54　壁の立柱の柱，55　鉢，56　罐，57　土質の刮削器（西安半坡博物館ほか　1988の図二五より作成）
④ 半坡遺跡22号住居跡　1　炉跡，2　炭化した柱，3，4　隔壁，5～8　柱穴（中国科学院考古研究所　1963の二五より作成）

室内の中央部には長さ約1mの瓢簞形の炉跡があり,炉の両側には6個の柱穴が対称的に整然と並んでいる。竪穴のまわりからは柱穴が19個発見された。床面の北側からは罐6点,鉢3点,土製ヤスリ1点,石杵2点,石斧1点,骨錐1点が出土している(中国科学院考古研究所 1963)。

Ⅱ:小型円形平地式。面積20㎡以下で,平面プランはほぼ円形を呈する。竪穴がなく,地表面から直接壁を築いた上に屋根を架ける。建築構造などによって,2つの亜型式に分けられる。

ⅡA式:建築構造は簡単で,室内に隔壁はない。炉跡は室内の中央からやや離れた所に位置し,円形を呈する。

事例:姜寨遺跡の44号住居跡(第61図・③)。直径が4.4m,西南部がすでに破壊されていたが,住居跡の保存状態は比較的良好である。住居跡のまわりからは柱穴が48個検出され,円形に分布している。地面から壁を築いており,壁の厚さが0.2〜0.3m,残高が約0.5mある。出入口は南側にあり,敷居が設けられている。床面は黄土と細かい焼土粒を平坦に張って作られている。室内にはやや大きい柱穴が6個あり,おおむね東西2列に並ぶ。炉跡は室内の東部にあって,円形を呈している。炉跡の南北両側の床面からは鉢1点,罐1点,土製の刮削器1点が出土している。この罐の中に粟の灰が遺存していた(西安半坡博物館ほか 1988)。

ⅡB式:内部に低い隔壁がある。炉跡は床面の中央部に位置し,長方形を呈する。

事例:半坡遺跡の22号住居跡(第61図・④)。直径4.6m,地面から土壁を築いており,壁の厚さは0.25〜0.3mである。出入口は南に設けられ,その内部の両側には隔壁がある。室内中央に長方形の炉があって,その周囲に4個の柱穴がある。炉坑の北側にある2個の柱穴の間には,低い隔壁が残されていた。床面は厚さ5cmのスサ入りの黄土を貼っている(中国科学院考古研究所 1963)。

Ⅲ:小型方形竪穴式。面積が20㎡以下で,平面プランはほぼ方形を呈しており,一般的に地下に0.2m前後の深さに掘り込まれている。建築構造などによって,3つの亜型式に分けられる。

ⅢA式:平面プランはほぼ方形を呈し,円形の炉坑をもつ。傾斜した長い出入り通路がついて,その奥には隔壁が設けられている。

第62図　Ⅲ式住居跡

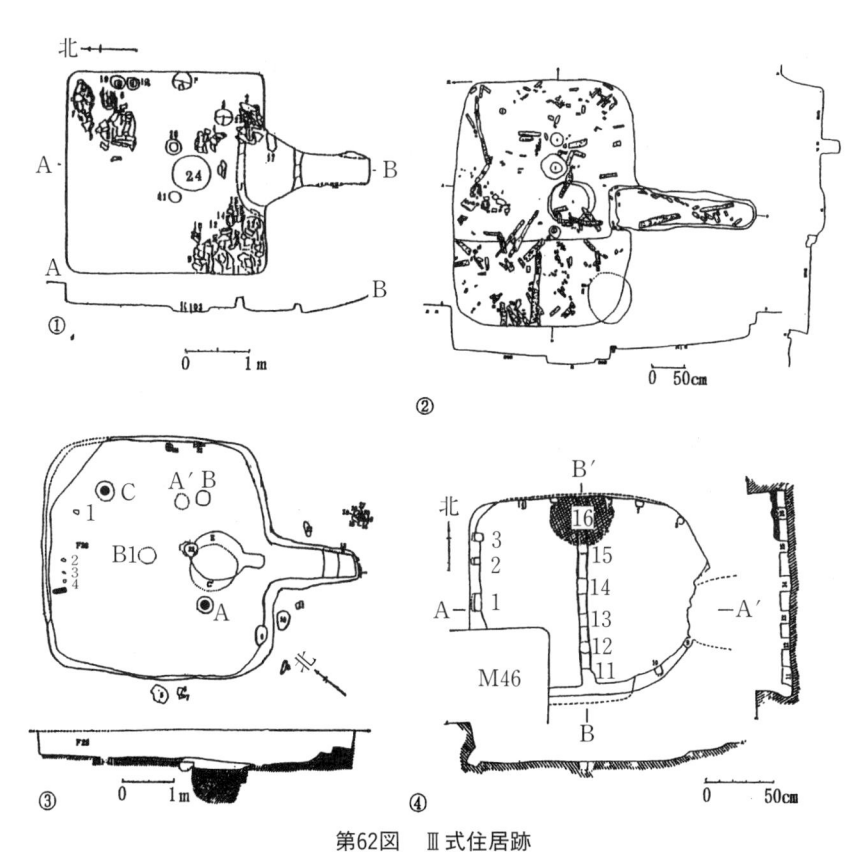

① 姜寨遺跡46号住居跡　1～16 土器，17 石塊，18, 19 土圏，20～23 柱穴，24 炉跡（西安半坡博物館ほか　1988の図七より作成）
② 半坡遺跡41号住居跡　1 炉跡，2～5 柱穴，6 甕（中国科学院考古研究所　1963の一三より作成）
③ 北首嶺遺跡23号住居跡　A～D 柱穴，E 炉跡，1, 2, 13 単刃石斧，3 骨錐，4 石片，5, 6, 10 石皿，7～9, 12 磨棒，11 磨石，14～19 石斧，20 歯牙垂飾，21 鉢，22 罐（中国社会科学院考古研究所　1983の図一七より作成）
④ 福臨堡遺跡12号住居跡　1～16 柱穴，Z 焼跡（宝鶏市文物工作隊　陝西省考古研究所　1993の図六四より作成）

事例：姜寨遺跡の46号住居跡(第62図・①)。平面はほぼ正方形を呈し，その南北は3.1m，東西は3.16mで，0.25mの深さに掘りくぼめられている。出入口は南に面し，出入り通路は長さ1.8m，幅0.5～1.2m，傾斜しており，敷居が設けられている。さらに，その内側には隔壁がある。隔壁の奥に円形の炉坑があり，その両側には1個ずつ柱穴がある。床面と周壁は粘土，薑石(黄土地帯の土層の中に産する石灰質の小塊)の粉と少量のスサ入りの黄土を平らに敷いて仕上げている。床面からは尖底瓶3点，鉢4点，罐6点，盆1点，甕1点が出土している（西安半坡博物館ほか　1988）。

事例：半坡遺跡41号住居跡(第62図・②)。平面は長方形を呈しており，南北の長さが3.2m，東西の幅が4.4m，地下0.4mの深さに掘り込まれている。出入口は南に面する。出入り通路は傾斜しており，長さが2.3m，幅が0.45～0.7mで，敷居がみられる。その内側には厚さ7～8cm，残高0.15m前後の隔壁がある。隔壁の奥に円形の炉坑が設けられ，その東西の両側には1個ずつ柱穴がある。床面からは罐2点，石鏃1点が出土している（中国科学院考古研究所　1963）。

ⅢB式：平面プランはほぼ隅丸方形で，長い傾斜した出入り通路がついている。炉跡は瓢箪形を呈し，その内部には火種を保存するための土器の罐が埋設されていた。

事例：北首嶺遺跡23号住居跡(第62図・③)。間口は4.3m，奥行きは4.5mである。東北隅が近代の溝に破壊されていたが，住居跡の保存状態は比較的良好である。床面，穴壁および住居穴の周辺の0.5mの範囲には，スサ入りの黄土と薑石の粉の泥を平らに敷いて加熱し，硬く平坦に仕上げている。出入口はやや南よりの東に面し，出入り通路は長さ1.7m，幅0.5～1mで，傾斜している。その奥には，瓢箪形の炉跡があって，炉跡の後部には，火種を保存する土器の罐が斜めに埋め込まれていた。その罐の中は炭屑で満たされている。床面の中央には柱穴が4個あって，西南部の柱穴には炭化した直径が0.15m，長さが0.25mの木柱根が残存していた。住居跡の室内からは，単刃石斧3点，石皿3点，磨棒4点，磨石1点，石斧6点，鉢形の土器1点，骨錐1点，歯牙製垂飾1点などが出土している（中国社会科学院考古研究所　1983）。

ⅢC式：平面プランは隅丸方形を呈し，炉跡が室内の中央から離れて位置する。柱穴が竪穴の床面の壁際にあって，さらに，室内の中央に柱穴が1列ある。

事例：福臨堡遺跡12号住居跡（第62図・④）。東西1.8m，南北1.45mであり，住居跡が地下0.25m前後に掘り込まれていた。出入口は東壁にあるが，出入り通路は破壊されている。竪穴の床面の壁際には柱穴が10個残されていた。北壁と南壁の下で幅0.1m，深さ0.12m前後の壁の基礎部分の溝が検出された。住居跡の中央には幅，深さ0.1m前後の南北方向の溝が1本あり，この溝の中で柱穴が6個確認された。住居跡の北部の15，16号柱穴の上には0.5×0.3mの焼け跡が発見されており，発掘調査の担当者はこの2つの柱穴には柱がなく，この焼け跡が炉跡である可能性が高いと指摘している。竪穴の周壁はスサ入りの黄土で塗られ，西壁には指跡が残っている。床面はスサ入りの黄土と薑石の粉の泥を平らに敷いて加熱し，硬く平坦に仕上げられている（宝鶏市文物工作隊　陝西省考古研究所　1993）。

Ⅳ：小型方形平地式。面積が20㎡以下で，平面プランはほぼ方形を呈している。竪穴がなく，地表面から直接壁を築き，そのうえに屋根を架けている。建築構造などによって，4つの亜型式に分けられる。

ⅣA式：平面プランは長方形を呈し，円形の炉坑をもつ。周壁の壁柱穴以外に，室内には柱穴がない。出入り通路が設けられている。

事例：姜寨遺跡63号住居跡（第63図・①）。南北3.56m，東西2.9mである。出入口は東に面し，長さ2.08m，幅0.96mの出入り通路が設けられている。出入り通路が床面より0.1mほど低い。炉跡は室内の中央の北側にあって，炉坑の南壁に罐が1点ある。床面にはスサ入りの黄土を貼っていて，加熱して硬く平坦に仕上げている。床面の西南部と南部からは罐2点，鉢1点が出土している。四周の壁は明確で，厚さが0.3m前後である。その中から，柱穴が13個検出されている（西安半坡博物館ほか　1988）。

ⅣB式：平面プランはほぼ正方形を呈する。面積が小さく，5㎡ほどで，円形の炉坑をもっている。周壁の立柱の以外に室内には柱穴がない。出入り通路がついていない。

事例：姜寨遺跡77号住居跡（第63図・②）。東西2.24m，南北2.12mである。出入口は北辺のやや東よりにあるが，すでに破壊されてしまっている。室内の中央やや南よりには円形の炉跡がある。床面はスサ入りの黄土でできていて，厚さが2cm前後である。住居跡の4つの隅が突出して，柱穴が1つずつある。壁

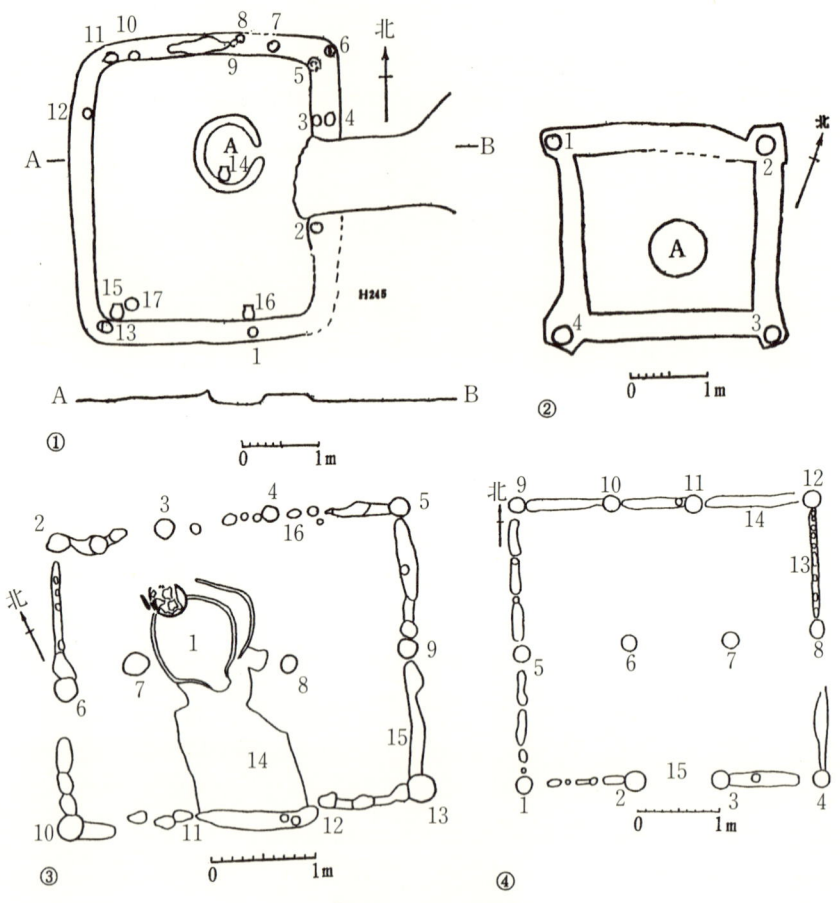

第63図　Ⅳ式住居跡
① 姜寨遺跡63号住居跡　Z 炉跡，1〜13 柱穴，14〜16 罐，17 鉢（西安半坡博物館ほか　1988の図一八より作成）
② 姜寨遺跡77号住居跡　1〜4：柱穴（西安半坡博物館ほか　1988の図一九より作成）
③ 半坡遺跡25号住居跡　1 炉跡，2〜13 柱穴，14 出入り口の硬面，15,16 壁の基槽と柱穴（中国社会科学院考古研究所　1983の図二三より作成）
④ 半坡遺跡24号住居跡　1〜14 柱穴，15 出入り口（中国社会科学院考古研究所　1983の図二〇より作成）

の厚さが0.3m前後で，残高が0.2mほどである（西安半坡博物館ほか　1988）。

　ⅣC式：平面プランは長方形を呈して，炉跡は瓢箪形で，その内部には火種を維持するための土器の罐が埋設されていた。周壁の立柱の他，室内の炉跡の両側に大きな柱穴がある。

　事例：半坡遺跡の25号住居跡（第63図・③）。南北3m，東西3.7mである。出入口は南に面し，傾斜した出入り通路が付設されている。室内の中央には瓢箪形の炉坑があって，その北側の壁に罐が埋設されている。この罐は灰で満たされている。住居跡の四隅と炉跡の東西両側の6個の柱穴は他より大きい（中国科学院考古研究所　1963）。

　ⅣD式：平面プランは長方形を呈し，周壁の立柱以外に室内に大きな柱穴がある。出入り通路がない。

　事例：半坡遺跡の24号住居跡（第63図・④）。東西4.28m，南北3.95m，出入口は南向きである。発掘時の所見では，周壁の基部の上には10本前後の大きな柱があったようで，柱の間には板を差し込み，板と柱は藤の蔓で固定し，その上から草泥土を塗っている。床面の下には木板を敷き詰め，板の上には草泥土を塗り，これを加熱して硬い面に仕上げている。室内には炉穴がなかったようである。床面からは鉢1点，尖底瓶1点が出土している（中国科学院考古研究所　1963）。

　Ⅴ：中型円形竪穴式。面積が20～60㎡あって，浅い竪穴をもっている。室内には柱穴がない。この様式の住居跡の発見例は少なく，姜寨遺跡でしか発見されていない。

　事例：姜寨遺跡50号住居跡（第64図・①）。直径が6.15mあり，地下0.8mほどの深さに掘り込まれていた。出入口は南に面し，幅2m，長さが1.3mある。炉跡は平面プランが円形を呈し，住居跡の中央からやや東北方向に離れた場所に位置する。床面からは石器のスクレイパー，磨石，土製の刮削器，ヤスリ，骨鏃，骨錐などが出土している（西安半坡博物館ほか　1988）。

　Ⅵ．中型円形平地式。面積が20～60㎡で，平面プランはほぼ円形を呈する。竪穴がなく，地表面から直接壁を築いた上に屋根を架ける。建築構造などによって，3つの亜型式に分けられる。

　ⅥA式：平面プランはほぼ円形を呈し，長い出入り通路がついている。室内

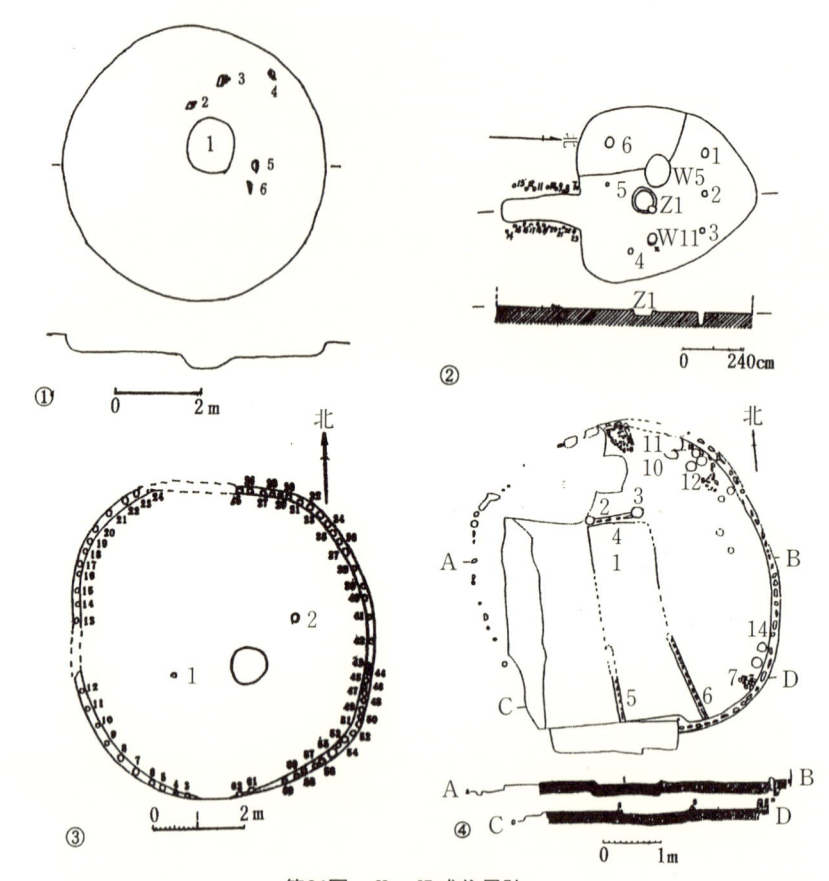

第64図　Ⅴ，Ⅵ式住居跡

① 姜寨遺跡50号住居跡　1　炉跡，2　スクーレーパ，3　磨石と骨錐，4　土製の刮削器，5　土質のヤスリ，6　骨鏃（西安半坡博物館に所蔵された姜寨遺跡発掘調査記録より作成）
② 李家溝遺跡3号住居跡　A　罐，Z　炉跡，1～23　柱穴（西安半坡博物館　1984aの図七より作成）
③ 姜寨遺跡48号住居跡　1～62　柱穴（西安半坡博物館ほか　1988の図二六より作成）
④ 半坡遺跡6号住居跡　1　炉跡，2，3　柱穴，4～6　隔壁，7　尖底瓶，8，9　甕，10～15　焼土（中国科学院考古研究所　1963の図二七より作成）

の中央部には円形の炉跡があって，この炉坑の壁には火種を保存するための土器の罐が埋め込まれていた。室内には床面より0.1mほど高いベッド状の遺構が検出されている。

事例：李家溝遺跡3号住居跡(第64図・②)。平面プランは不規則な楕円形を呈して，長径が7m，短径が6.5mである。出入口は南向きで，長さ3.1m，幅0.9〜1.4mの出入り通路がついている。この出入り通路の両側に柱穴が17個ある。室内の中央部には円形の炉跡があって，炉坑の東北側の壁に土器の罐が斜めに埋め込まれている。この罐の中は灰屑で満たされている。炉跡の南北両側には6個の柱穴が対称的に分布していた。室内の西南部には床面より8cmほど高いベッド状の施設が設けられている。この施設の表面は床面と同様に，スサ入りの黄土でできており，加熱して硬く平坦に仕上げられている(西安半坡博物館　1984a)。

ⅥB式：平面プランはほぼ円形を呈し，室内の中央部には円形の炉跡がある。出入り通路はない。

事例：姜寨遺跡48号住居跡(第64図・③)。平面プランはほぼ円形を呈し，直径は6.5mである。出入口は南に面し，幅が0.6mあって，出入り通路と敷居はない。室内の中央には円形の炉跡があって，その東西両側に柱穴が1つずつある。住居跡の周囲からは柱穴が60個検出されている（西安半坡博物館ほか　1988)。

ⅥC式：室内に低い隔壁がある。炉跡は床面の中央部に位置して，一般的に長方形を呈する。

半坡遺跡6号住居跡(第64図・④)。平面プランが楕円形を呈し，長径が6.7m，短径が6.5mである。出入口は南に面し，幅が1.1mあって，敷居がみられる。出入口の奥の両側には，長さ2m余りの隔壁が設けられている。室内の中央に長方形の炉跡があって，その北側にやや大きな柱穴が2個ある。この2つの柱穴の間には，厚さ0.2m，残高0.24mの隔壁が残されていた。住居跡の周囲からは柱穴が53個検出された。床面からは甕2点，尖底瓶1点が出土している(中国科学院考古研究所　1963)。

Ⅶ：中型方形竪穴式：面積が20〜60m²で，平面プランはほぼ方形を呈し，一般的に地下0.2m前後の深さに掘り込まれている。その建築構造などによって，4つの亜型式に分けられる。

ⅦA式：平面プランはほぼ正方形を呈して、2つ以上の炉坑をなす炉跡をもっている。傾斜した長い出入り通路が設けられている。室内には床面より0.1mほど高いベッド状の施設が設けられている。

　事例：姜寨遺跡36号住居跡(第65図・①)。平面形は正方形を呈し、東西と南北の長さが6.3m、地下0.4m前後の深さに掘り込まれている。出入口は東に面し、出入り通路は長さ2m、幅0.7～1mで、傾斜している。炉跡は3つの炉坑からなり、瓢箪形を呈する。室内東部の南北両側には地面から0.1mほど高くなったベッド状の施設が2つ付設されている。その表面は床面と同様にスサ入りの黄土を平らに敷いて加熱している。住居跡の周囲からは柱穴11個、室内からは柱穴4個が検出されている（西安半坡博物館ほか　1988）。

　ⅦB式：平面プランはほぼ正方形を呈し、傾斜した長い出入り通路がつくが、住居の壁と出入り通路はつながらない。通路には敷居がついている。出入口に面したところに円形の炉跡がある。

　事例：姜寨遺跡17号住居跡(第65図・②)。南北5.64m、東西5.44m、穴壁の高さが0.5mほどである。床面と穴壁はすべてスサ入りの黄土でできていて、火で加熱して硬く平坦に仕上げられている。出入口は西向きで、出入り通路と敷居がつく。出入り通路は傾斜しており、住居跡の南北の壁とはつながらない。敷居の東側には長さ1.15m、幅0.64mの平台が設けられ、この平台の東側の部分は円形の炉跡とつながっている。室内の中央には柱穴が6つある。床面からは鉢4点、盆1点、罐2点、甕1点、土製のヤスリ1点、片刃石斧1点、骨錐1点、骨鎌1点などが出土している（西安半坡博物館ほか　1988）。

　ⅦC式：平面プランはほぼ隅丸方形で、長い傾斜した出入り通路がついている。炉跡は瓢箪形を呈して、その中には火種を保存するための土器の罐が埋め込まれていた。

　事例：北首嶺遺跡35号住居跡（第65図・③)。東西5.4m、南北5.35m、穴壁の高さが0.6mである。床面と穴壁はスサ入りの黄土と薑石の粒でできていて、平らに仕上げられている。出入口は西向きで、長さ1.64m、幅0.2～0.45mの傾斜した出入り通路がついている。炉跡は出入口に面して、瓢箪状を呈している。炉跡の東部には火種を保存するための土器の罐が埋め込まれていた。床面からは罐9点、鉢3点、尖底瓶1点、器台2点、石斧2点、石杵1点、石皿1点な

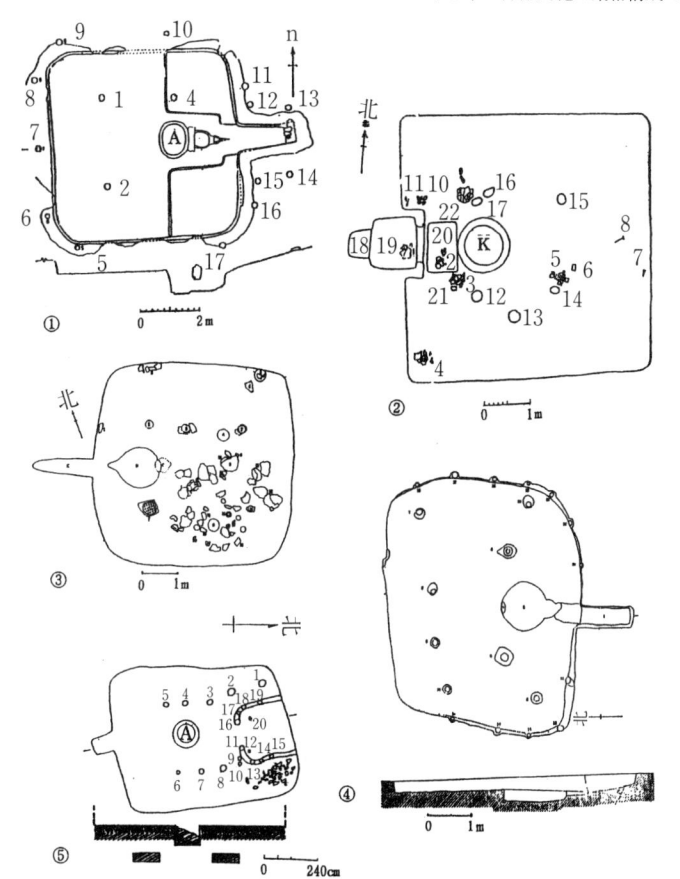

第3章　仰韶文化の集落構成の研究　111

第65図　Ⅶ式住居跡

① 姜寨遺跡36号住居跡　A　炉跡，1～17柱穴（西安半坡博物館他　1988の図一〇より作成）
② 姜寨遺跡17号住居跡　K　炉跡，1　盆，2，10，21，22　鉢，3，5　罐，4　甕，6　単刃石斧，7　骨錐，8　骨笄，9　土製ヤスリ，11　骨鏃，12～17　柱穴，18，19　出入り通路，20　土台（西安半坡博物館ほか　1988の図一三より作成）
③ 北首嶺遺跡35号住居跡　A，B　柱穴，D　炉跡，E　出入り通路，F　焼土塊，1，19　石斧，C，2～4，6，7，9，12～14　罐，5，10，18　鉢，8　土器片，11　尖底瓶，15，17　器台，16　石皿，20　石杵（中国社会科学院考古研究所　1983の図一八より作成）
④ 北首嶺遺跡33号住居跡　1　出入り通路，2　炉跡，4～23　柱穴（中国社会科学院考古研究所　1983の図二〇より作成）
⑤ 李家溝遺跡1号住居跡　A　炉跡，1～20　柱穴（西安半坡博物館　1984aの図一三より作成）

どが出土している（中国社会科学院考古研究所　1983）。

　事例：北首嶺遺跡33号住居跡（第65図・④）。東西の長さが5.54m，南北の幅が4.62m，穴壁の残高が0.4m前後である。床面と穴壁はすべてスサ入りの黄土でできていて，硬く平坦に仕上げられている。出入口は南向きで，長さ1.27m，幅0.5mの傾斜した出入り通路がついていた。炉跡は室内の中央の南側にあって，瓢箪状を呈し，その北部には火種を保存するための土器の罐が埋め込まれていた。室内からは柱穴が8個，住居跡の周囲からは柱穴が12個確認されている（中国社会科学院考古研究所　1983）。

　ⅦD式：平面プランはほぼ隅丸方形を呈する。室内に小型の別室が設けられており，出入り通路がついている。室内の中央には円形の炉坑がある。

　事例：李家溝遺跡1号住居跡（第65図・⑤）。南北8.35m，東西6.3～5.46mである。出入口は南壁の中央にあって，長さ1m前後の出入り通路がついていた。別室は室内の奥に設けられ，南北2.2m，東西2.35m，出入口は住居跡の出入口と同じ方向に向いていた。炉跡は住居跡の出入口と別室の出入口との間にあって，炉坑は直径1.3m，深さ0.9mである。炉跡の東西両側には柱穴が2列配置されている。床面と穴壁はすべて黄土と薑石の粉の泥を平らに敷いて加熱し，硬く平坦に仕上げている（西安半坡博物館　1984a）。

　Ⅷ：中型方形平地式。面積が20～60m²で，平面プランはほぼ方形を呈して，竪穴がなく，地表面から直接壁を築いた上に屋根を架けている。

　事例：姜寨遺跡103号住居跡（第66図・①）。東西の長さが7.6m，南北の幅が6.8mあって，出入口は北に面している。後世の遺構に破壊されたために，出入り通路，敷居および炉跡などが不明になっている。室内にはやや大きな柱穴が6個あり，2列で対称的に配置されている。住居跡の周囲では柱穴が84個確認されている（西安半坡博物館ほか　1988）。

　Ⅸ：大型方形竪穴式。面積が60m²以上で，100m²以上に達するものもある。平面プランはほぼ方形を呈し，一般的に地下0.2m前後の深さに掘り込まれている。建築構造などによって，3つの亜型式に分けられる。

　ⅨA式：平面プランはほぼ正方形を呈し，2つ以上の炉坑で構成される大型炉跡をもつ。傾斜した長い出入り通路がついている。室内には床面より0.1mほど高いベッド状の施設が2つ設けられている。

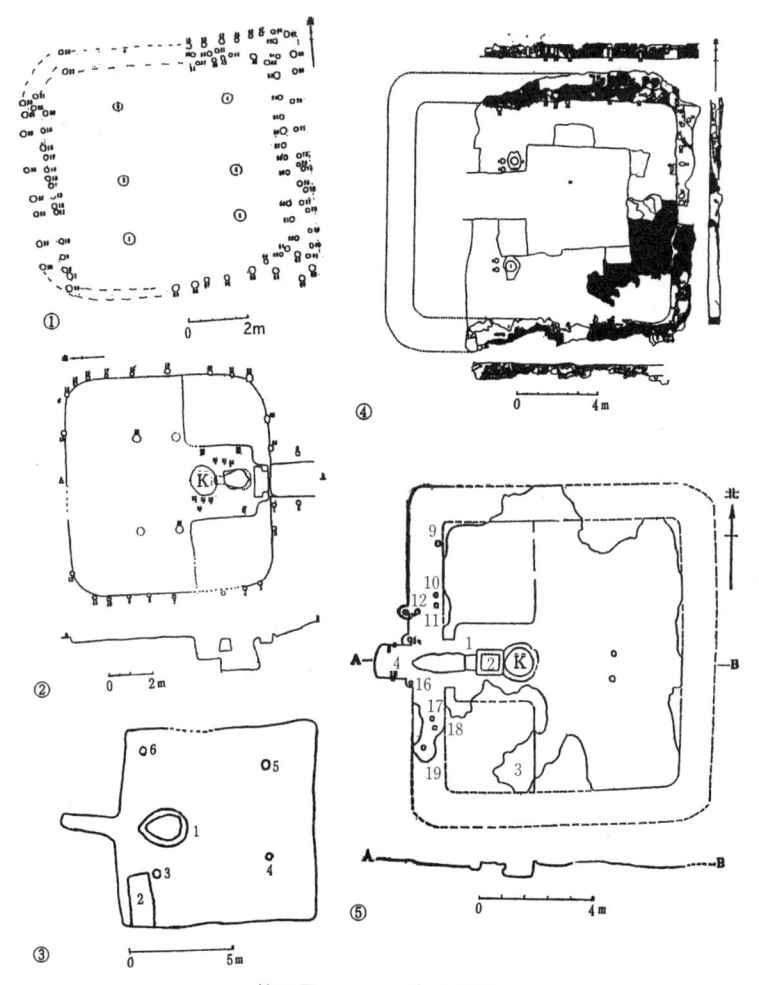

第66図　Ⅷ～Ⅹ式住居跡
① 姜寨遺跡103号住居跡　1～90　柱穴（西安半坡博物館他　1988の図一七より作成）
② 姜寨遺跡47号住居跡　K　炉跡，1～26　柱穴，27　石斧，28　磨石，29　土製ヤスリ，30～36　土器片（西安半坡博物館ほか　1988の図一四より作成）
③ 北首嶺遺跡14号住居跡　1　炉跡，2　ベッド状土台，3～6　柱穴（中国社会科学院考古研究所　1983の図八より作成）
④ 半坂遺跡1号住居跡　1～31　柱穴（中国科学院考古研究所　1963の図一六より作成）
⑤ 姜寨遺跡1号住居跡　K　炉跡，2，3，7　平台，4　出入り通路，5，6，8～19　柱穴（西安半坡博物館ほか　1988の図一五より作成）

事例：姜寨遺跡47号住居跡(第66図・②)。南北9.05m，東西9.56mである。0.4mの深さに掘り込まれ，穴壁および床面はすべてスサ入りの黄土で作られ，加熱して硬く平らに仕上げられている。出入口は南に面し，残長2m，幅1.48mの傾斜した出入り通路がつく。敷居がつけられ，その奥に床面より低い穴がある。その穴の東には3つの炉坑が連続する大型の炉跡（深穴連通式の炉跡）が設けられている。室内の南端の東西両側には床面より8cmほど高くなったベッド状の施設がある。ベッド状の施設と炉跡の間の床面からは石斧1点，磨石1点，土質のヤスリ1点，刮削器7点が出土している。住居跡の周辺からは柱穴が22個，住居跡の真中からは大きな柱穴2個が検出されている（西安半坡博物館ほか1988）。

ⅨB式：平面プランはほぼ正方形を呈し，瓢箪状の炉跡をもっている。傾斜した長い出入り通路がついている。室内の隅には床面より0.1mほど高くなっている小さいベッド状の施設が設けられている。

事例：北首嶺遺跡14号住居跡（第66図・③）。東西の長さが9.5m，南北の幅が9mで，壁の残高が0.85～0.95mである。出入口は北西に面し，長さ2.75m，幅0.5～0.8mの傾斜した出入り通路がつく。室内の西南部の隅には床面より0.1mほど高く，長さ2.3m，幅1mのベッド状の施設が設けられていた。この施設の表面は床面と同じく，スサ入りの黄土ができていて，平坦に仕上げられていた。炉跡は室内の東部にあり，出入口に面していた。炉跡は瓢箪状を呈して，西部の底に火種を保存するための小さい穴が掘られていた。室内の四隅からやや離れた場所には柱穴が4個ある（中国社会科学院考古研究所 1983）。

ⅨC式：平面プランは方形を呈し，面積が100㎡を超える。室内には地表面より高くなるベッド状の施設がない。住居跡の中からは生活用具や日用土器などはあまり出土しない。

事例：半坡遺跡1号住居跡(第66図・④)。この住居跡はすでに破壊されていたが，その面積は160㎡に達するとみられる。残存部分は南北10.8m，東西10.5mである。住居跡は地下にわずかに掘り込まれ，その周囲に高さ0.5m，厚さ1mの壁を築いている。壁の内側には柱穴が残っており，特に住居跡の角の部分に密集している。室内には大きな柱穴が4個あり，これらの柱穴の周囲に粘土を輪状に固めて基礎としているのが確認された。この住居跡では炉坑の有無はは

っきりしない。注目されたのは西部の床面の下から発見された蓋付きの罐1点と，南壁の下から発見された人の頭骨1点と罐1点である。これらは建築時に何かを意識して意図的に埋められたものと推測される（中国科学院考古研究所 1963）。

X：大型方形平地式。面積は60㎡以上で，100㎡以上に達するものもある。平面プランはほぼ方形を呈して，竪穴がなく，地表面から直接壁を築いた上に屋根を架ける。出入り通路がついて，室内には床面より高いベッド状の施設が設けられる。

事例：姜寨遺跡1号住居跡（第66図・⑤）。西南部の角と壁の一部分が既に破壊されていたが，住居跡の保存状態は比較的良好である。室内の東西の長さが10.6m，南北の幅が11.85mである。出入口は西に面して，西壁の中央部にあり，長さ2.8m，幅1.4mの傾斜した通路がつく。敷居が設けられ，その奥に床面より低い穴がある。その穴の東には円形の炉跡が設けられている。室内の西部の南北両側には床面より9cmほど高くなったベッド状の施設がある。西北部のものは南北4.4m，東西4mであり，西南部のものは南北3.9m，東西3.95mである。床面と施設の表面はすべてスサ入りの黄土で作られており，加熱して硬く平らに仕上げている（西安半坡博物館ほか　1988）。

以上の10型式，21亜型式の区分は，関中地区における仰韶文化の住居跡の様式の構成をほぼ表し尽していると考える。関中地区の仰韶文化の住居跡は，通常，室内の中央，やや出入口寄りのところに炉跡が認められる。この炉跡が小型住居跡，中型住居跡，大型住居跡という住居の規模にかかわらず，各住居跡に1基備わっているのが一般的である。竪穴式住居跡では傾斜した細長い出入り通路が竪穴から外に突き出し，平地式住居跡でも壁の不連続な部分から出入口を確認することができる。また大・中型の方形の住居跡には，出入口の両側もしくは片側に方形のベッド状の施設をもつものがある。

2 関中地区仰韶文化の住居跡の分析

以上のように,平面プラン,面積の大きさ,建築方法(竪穴式か平地式か,柱穴がどのように配置されているか,壁があるかどうか,出入り通路があるかどうか),室内の構造(炉跡の様式,隔壁があるかどうか,ベッド状の施設があるかどうか)な

第3表 関中地区仰韶文化の住居跡の時期変遷

	半披類型	史家類型	泉護類型	半披晩期類型
ⅠA式住居跡	⟶			⟶
ⅠB式住居跡	⟶			⟶
ⅡA式住居跡	⟶			⟶
ⅡB式住居跡	⟶			⟶
ⅢA式住居跡	⟶			⟶
ⅢB式住居跡		⟶		⟶
ⅢC式住居跡		⟶		⟶
ⅣA式住居跡	⟶			⟶
ⅣB式住居跡	⟶			⟶
ⅣC式住居跡				⟶
ⅣD式住居跡				⟶
Ⅴ式住居跡	⟶			
ⅥA式住居跡		⟶		
ⅥB式住居跡				⟶
ⅥC式住居跡				⟶
ⅦA式住居跡	⟶	⟶		
ⅦB式住居跡				⟶
ⅦC式住居跡				⟶
ⅦD式住居跡		⟶		
Ⅷ式住居跡	⟶	⟶		
ⅨA式住居跡		⟶		
ⅨB式住居跡		⟶		
ⅨC式住居跡				⟶
Ⅹ式住居跡		⟶		

第3章　仰韶文化の集落構成の研究　117

どによって，関中地区仰韶文化の住居跡は10の型式，21の亜型式に分けられる。これらの型式の住居跡は関中地区仰韶文化の住居跡の全体の様態をおおむね表しているといえる。さらに，各型式の住居跡の間の差異は時期，地域性，機能などの相違を反映していると考えられる。

すでに述べたように，これまで関中地区で発見された仰韶文化の住居跡は300棟に達している。その中には，半坡類型に属するものが182棟，史家類型に属するものが66棟，泉護類型に属するものが15棟，半坡晩期類型に属するものが14棟ある。21の型式の中で，関中地区仰韶文化の後期（泉護類型，半坡晩期類型）から出現した新しいものは少なく，4型式しかない。これは現在の発見例がまだ少ないためかもしれない。各型式の住居跡の時期的な変遷は第3表に示す通りである。

関中地区で仰韶文化に先行する新石器時代文化は老官台文化であり，老官台(北京大学考古学研究室華県報告編写組 1980)，北首嶺（中国社会科学院考古研究所 1983)，白家(中国社会科学院考古研究所 1994)，北劉(西安半坡博物館ほか1982）などの遺跡で発見された資料から，老官台文化と半坡類型との間には明確な継承関係があることが明らかである。関中地区仰韶文

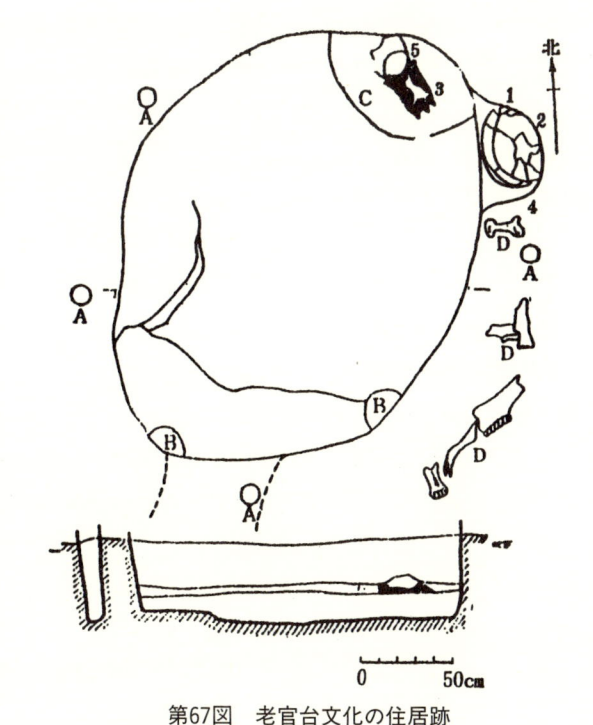

第67図　老官台文化の住居跡
1, 5　三足鉢, 2, 4　圜底鉢, 3　三足罐, A　柱穴, B　土台, C　炉跡, D　動物の骨(中国社会科学院考古研究所，1994の図より作成)

化の前身としての老官台文化の中では,住居跡の発見例がまだ少なく,6棟しかない。この6棟の住居跡はすべて円形の竪穴式のものであり,面積が小さく,6㎡前後である(第67図)。一般的に,地下0.8mほどの深さに掘り込まれ,床面には特別の貼り床,加熱はしておらず,傾斜した長い出入り通路がついている。炉跡は平面プランがおおよそ円形を呈しており,周壁の近くにあって,多数は赤くなった焼け面となっている。そして一部は炉坑を有する。これらの住居跡は関中地区仰韶文化の各型式の住居跡と比べると,そのIA式とよく似ている。後者は建築技法にいくらか変化が認められる。例えば,平面プランが定形化し,面積がやや大きくなる。床面は丁寧に加工され,炉坑をもつ炉跡が一般的になるなどという特徴がある。したがって,IA式住居跡は老官台文化の円形の竪穴式住居跡から直接的に発生したものであるといえる。

　関中地区仰韶文化の中で,老官台文化の円形の竪穴式住居跡をもとにして発展してきた新たな住居型式はIB式,IIA式,IIB式である。これらの新しい型式の住居跡は老官台文化の住居跡の建築様式,技法などを基礎にして改良され進歩したものである。これは以下の4つの面に表れている。1つは住居跡の面積が大きくなる点である。普通の規模が15㎡前後で,老官台文化の住居跡の2～3倍である。第2点は住居に壁を築く点である。住居内の生活空間は老官台文化の住居跡より拡大している。第3点は炉跡の位置が固定し,炉坑をもつた炉跡が一般的になる点である。第4点は住居の室内に隔壁などを設け,室内の生活空間を明瞭に区別している点である。

　関中地区仰韶文化の小型方形住居跡と類似した型式は老官台文化では認められない。関中地区より東にあって,老官台文化と同時代の磁山・裴李崗文化で,小型方形住居跡の類似例があるが,関中地区仰韶文化のものとのつながりがあまり強くなく,小型方形住居跡は関中地区で仰韶文化の時期に新たに出現した住居型式と考えられる。「前仰韶文化」と呼ばれる老官台文化,磁山・裴李崗文化の中では中型,大型住居跡はまだ認められない。これは,これまで前仰韶文化の集落跡の発見例が少ないこともあるが,両時期の集落の構成が違うためと考えられる。

　関中地区仰韶文化の地域性の差異は住居跡の型式にも明瞭に表れている。各遺跡で発見された住居跡の様式を総合的に観察すると,関中地区西部(現在の

西安市以西の地区)のほとんどの住居跡は隅丸方形であり，関中地区東部（現在の西安市以東の地区）のものは円形を主として，方形のものが少ないという主要な傾向が認められる。両地域での住居跡の型式構成の相違を第4表に示した。

第4表 関中地区仰韶文化の住居跡の地域差異

東部	I A式	I B式	II A式	II B式	III A式			IV A式	IV B式	IV C式	IV D式	V 式	VI A式	VI B式	VI C式	VII A式			VII D式	VIII 式		IX C式	X式
西部	I A式					III B式	III C式										VII B式	VII C式			IX A式	IX B式		

住居跡の柱の配置，炉跡の位置，ベッド状の施設，隔壁などの室内の附属施設のあり方，さらに床面に残された生活用具，生産道具などから，仰韶文化期の人々の住居での生活をある程度復原することができる。さらに，不幸にも火災に遭った住居跡では，日常用具が被災時の状態のまま放置されている可能性が高く，その状況はわれわれが当時の住居内の日常生活の様子を理解する上で，重要な手がかりになる。住居内の生活復原を検討するときに，注意すべき点は竪穴式住居跡の場合である。関中地区仰韶文化の竪穴式住居跡は，一般的に屋根が竪穴より少し外に広く架けられるため，竪穴の上縁にも日常用具などを置くことが可能であり，実際の有効面積は床面積より広かったと推測される。例えば，ⅢB式の北首嶺遺跡23号住居跡（第62図・③）では，竪穴の外周0.5 mの範囲は床面と同様に丁寧に造られており，そこに石皿，磨棒などが置かれたまま遺存していた（中国社会科学院考古研究所 1983)。普通，住居跡は後世の削平を被ることが多いため，このような良好な遺存状態をみることはほとんどないが，住居跡の生活復原を考えるときには，同時に住居跡の立体構造にも留意すべきであろう。

今まで発見された関中地区仰韶文化の住居跡の中では，Ⅰ〜Ⅳ式の小型住居跡の数が最も多く，全体の約80％前後を占めている。姜寨遺跡，半坡遺跡，北首嶺遺跡などの各集落跡では，小型住居跡の比率もおおむね同じである（第68

図)。これらの小型住居跡は当時の集落構成の主体となっていることが認められる。各型式の小型住居跡は,平面プラン,建築方法,室内の付属施設などの面では,それぞれの特徴的様態をもっているが,面積,室内に残された遺物の組み合わせなどの点では,これらの住居における居住,生活様式

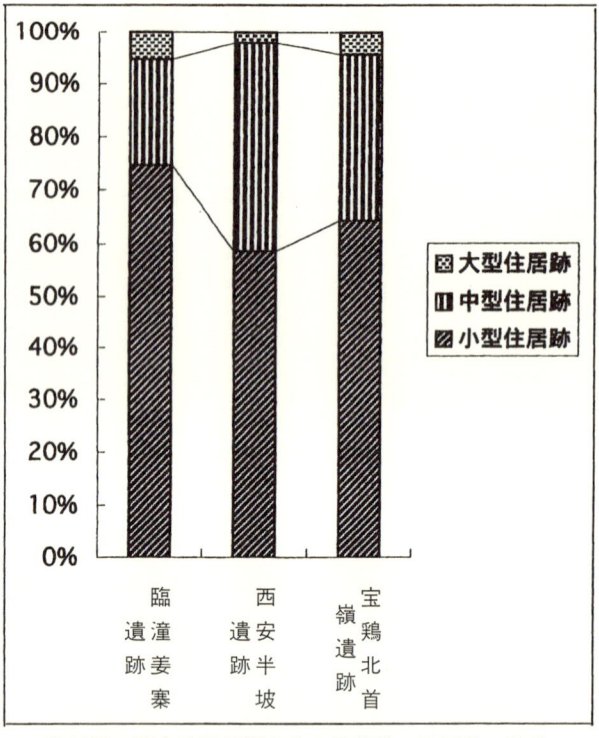

第68図 関中地区仰韶文化の集落跡の住居跡の構成

はほぼ同じと考えられる。関中地区において比較的まとまった数の遺物が出土した住居跡を抽出し,各住居跡から出土した遺物の構成を検討した結果を第5表に示した。発見された遺物の種類,数量は住居跡ごとに必ずしも一定しないが,各住居跡では生活用具としての炊器,盛食器,貯蔵器と生産道具としての食物加工具,農工具,狩猟・漁労具などが一通り揃っているというおおよその傾向が看取できる。このような内容から,各住居跡が生活・生産の1つの単位として独立していたことがわかる。

　関中地区仰韶文化の中で,盛食器としての鉢には口縁部や底部などに刻まれた符号の発見例が多い(第69図)。一般に,こうした符号は「刻符」と呼ばれ,土器の製作に関した事項を記入したものと考えられる。筆者は1991年と1993年に陝西省銅川(Tongchuan)市呂家崖(Lujiaei)遺跡(史家類型に属する),瓦窯

第5表　関中地区仰韶文化の小型住居跡の出土遺物

住居	床面積 (m²)	住居跡の型式	炊器 罐A	炊器 甑	盛食器 鉢	盛食器 盆	盛食器 盃	盛食器 盤	貯蔵器 罐B	貯蔵器 甕	貯蔵器 壺	貯蔵器 瓶	食物加工具	農工具	狩猟・魚労具	その他
J.14	13.6	ⅢA式	1	1	2	1							磨棒 1	石斧 1 石鍬 2	骨鏃 1 骨銛 2	骨笄 1
J.30	16.3	ⅢA式	2		3				2	3						磨石 1
J.35	7.1	ⅢA式	2	2	1	1			1					石斧 1		
J.41	11.2	ⅢA式	4		3				4							
J.42	16.8	ⅢA式	5		9	1			2				磨棒 1 石皿 1	石斧 1 石刀 2		磨石 1 骨笄 1
J.46	9.8	ⅢA式	6		4	1				2	3					
J.56	8.1	ⅢA式	1		3				1	1	2			石斧 1		
J.66	9.4	ⅢA式	2		3	2	1		3		1		磨棒 4	石斧 3		石鑿 1
J.70	9.0	ⅢA式	2		4	1	1		3		1	1	石皿 1			
J.109	7.7	ⅠA式	1	1	4				1							磨石 1 石鑿 1
B.23	19.3	ⅢB式			1					1	1		磨棒 3 石皿 4	石斧 6		石鑿 1 磨石 2

（J　姜寨遺跡，B　北首嶺遺跡，罐A　夾砂の胴張りの罐，罐B　泥質罐）

溝（Wayaogou）遺跡（半坡類型，史家類型に属する）で発掘調査した際に発見した刻符の詳細な観察を行った。その結果，これらの刻符は焼成した後に刻まれたものであることを確認した。これらの刻符は土器が使用される時点で施されたものであり，この種の特殊な符号は土器の使用者との関係が強いと考えられる。盛食器としての鉢は個人に所属する土器である可能性が高い。このような鉢の機能，性格から，住居跡内で発見された鉢の数量は，ある程度当時居住していた人口数を反映していると考えられる。そのような視点から，小型住居跡

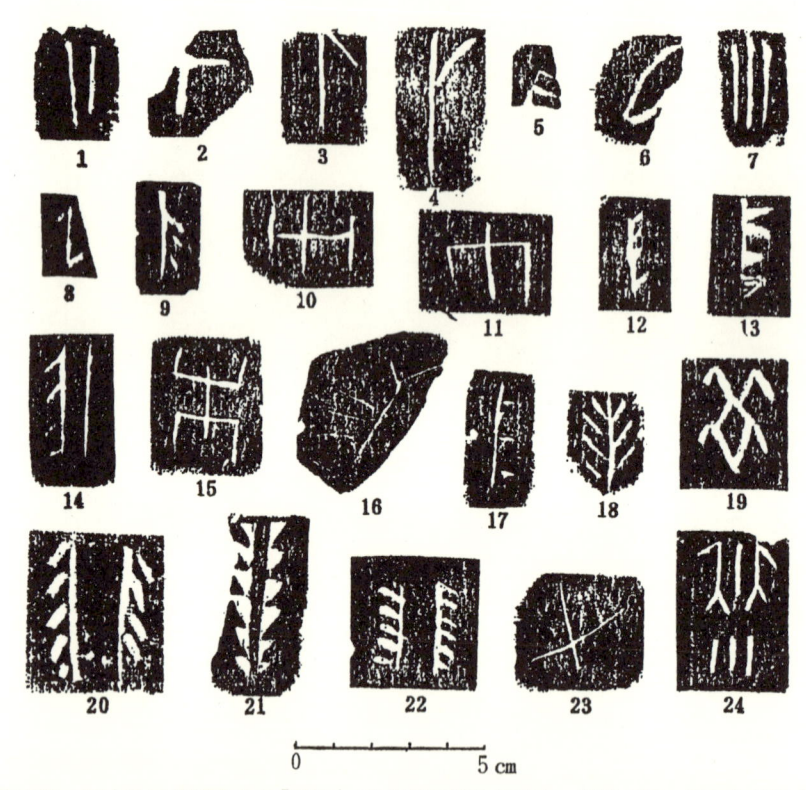

第69図　関中地区仰韶文化の「刻符」（西安半坡博物館ほか　1988の図一〇九より作成）

の居住者は4人前後であると推定される。
　これに関しては，姜寨遺跡のⅢA式の46号住居跡，14号住居跡，ⅠA式の109号住居跡（西安半坡博物館ほか　1988）が格好な例証を提供している。46号住居跡の床面に残された遺物の平面分布状態から（第62図・①），住居内の東側と西南部に土器などの日常生活用品を置いて，日常の生活場として利用し，残りの西北部の3㎡前後が睡眠の空間として利用されたことが明らかになった。そして，この住居跡では3，4人程度の居住者を推定することができる。14号住居跡（第70図・①）と109号住居跡（第70図・②）は46号住居跡と同様な室内の空間利用状況を示している。

第 3 章　仰韶文化の集落構成の研究　123

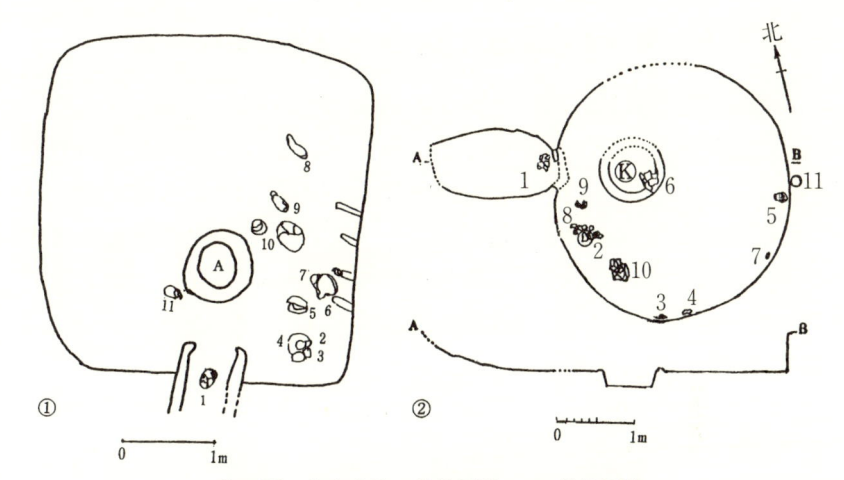

第70図　姜寨遺跡14号住居跡と109号住居跡
① 姜寨遺跡14号住居跡　1，2，4，5，9 罐，3 甑，6，11 盆，7，8，10 鉢（西安半坡博物館に所蔵された姜寨遺跡発掘調査記録より作成）
② 姜寨遺跡109号住居跡　K 炉跡，1，2，6，8 鉢，7 単刃石斧，10 甑，11 柱穴（西安半坡博物館ほか　1988の図二二より作成）

　第5表が示すように，関中地区仰韶文化の小型住居跡では，日常生活用具としての土器のほかに，石製の食物加工具，農工具，骨，角製の狩猟・漁労具などの各種の生産用具も出土している。民族学的研究によって，初期農耕社会では男女の性別分業が普遍的に存在することが明らかにされている。その普遍性からすると，1つの住居跡には成年の男女が居住したことが推測できる。各型式の小型住居跡では，普通，室内の中央，やや出入口寄りのところに炉が設置されている。炉跡の近くから炊器の夾砂の胴張りの罐などの土器が出土している例が多く，この炉は暖房用としての機能のほかに，炊飯施設としての役割をもっていたことがわかる。これは各小型住居が1つの消費単位として独立していたことを示している。このようなあり方を総合的に考えると，小型住居跡には1つの生産単位および消費単位として，4人前後の核家族が居住していたことが推定される。

3 関中地区仰韶文化の集落構成の基礎単位

　一般的に，集落は「ある結合紐帯によって集合した人間の単位集団が一定の土地に一定の時間にわたって定住し，一定の社会規制のもとに共同生活を営む，その本拠地である」という概念で定義されている(後藤　1970)。考古学資料としての集落遺跡は，ほかの物質文化と同様に，先史社会の社会的，文化的，経済的活動の直接的な反映である。集落を構成する基本要素である住居跡は，独立した単位であったとしても，各住居跡が直接的に集落の構成単位になったのではなく，数棟の住居跡が有機的な紐帯をもって集落の基礎単位を構成していた。したがって，この基礎単位の究明は，各住居跡が1つの集落跡の中でどのような結合紐帯によって，どのような社会規制に基づいて，どのような単位集団が結合したかという問題を理解するための重要な手がかりになっている。

　このような研究は遺跡の大規模な全面的な発掘調査が前提となる。関中地区においては，半坡遺跡をはじめとして，北首嶺遺跡，姜寨遺跡などの遺跡で，仰韶文化に属する集落跡が広大な面積で掘り出されている。このような大規模な発掘調査を通じて，関中地区仰韶文化の集落構成の研究が進み，すでにかなりの成果をあげるまでになっている。これらの研究は，われわれが関中地区仰韶文化の集落構成の基礎単位を究明する時に極めて大きな指針を与えてきた。これらの研究に基づいて，関中地区仰韶文化の集落構成の基礎単位を把握することが可能になった。

　1977年末，西安半坡博物館により発掘調査された李家溝遺跡は，関中地区の北部にあって，銅川市の南約10km付近に位置する。この遺跡においては，仰韶文化に属する住居跡が15棟検出されている(西安半坡博物館，1984a)。半坡類型に属する3号住居跡は中型のⅥA式であり，室内の中央部には円形の炉跡があって，西南部に床面より8cmほど高いベッド状の施設が設けられている。3号住居跡の東側4～5mの辺りには，同時期のⅠA式の5号，4号，10号住居跡が並んでいる（第71図・①）。この4棟の住居跡は全て第4層の上部にあって，5号，4号，10号住居跡が同じ構造をもつだけでなく，出入口は全部3号住居跡に向いており，同時存在の可能性がかなり高い。さらに，配置関係と各住居跡の構造などの面から，この4棟の住居跡が強い企画性を有し，1つの単位を構

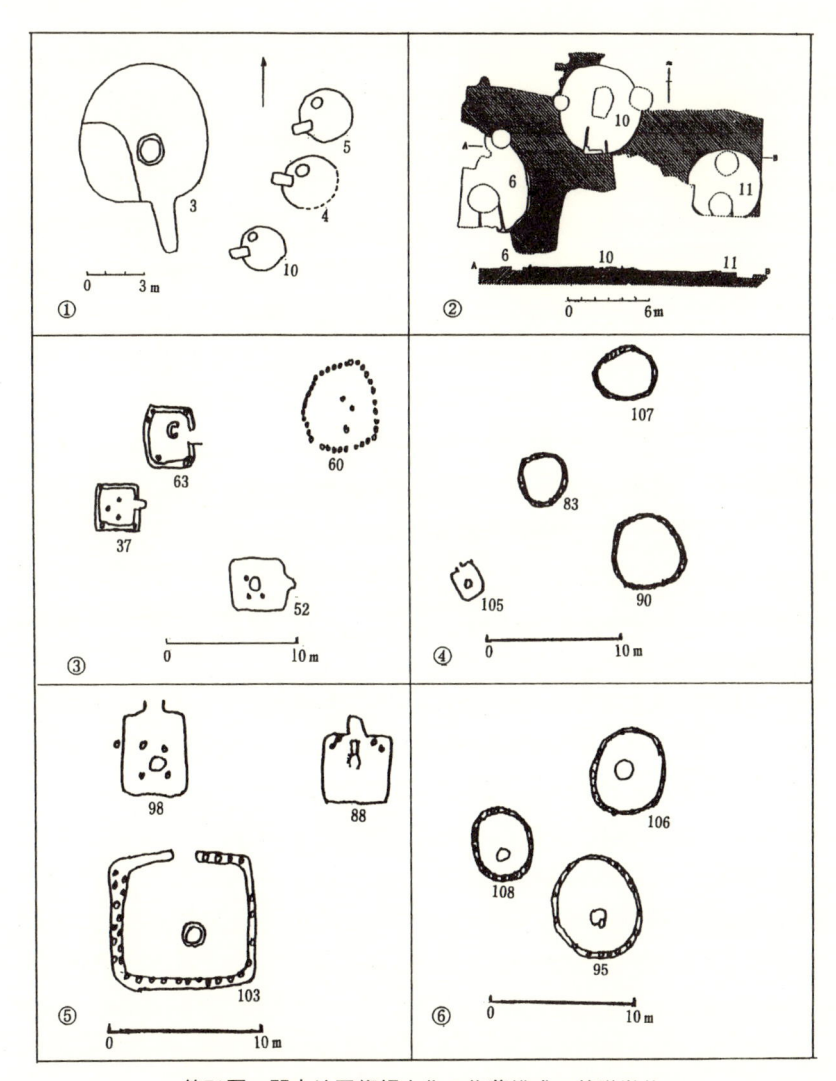

第3章　仰韶文化の集落構成の研究　125

第71図　関中地区仰韶文化の集落構成の基礎単位
数字は住居跡の番号，①　李家溝遺跡の住居跡群，②　半坡遺跡の住居跡群，③　姜寨遺跡第一期の住居跡群1，④　姜寨遺跡第一期の住居跡群2，⑤　姜寨遺跡第一期の住居跡群3，⑥　姜寨遺跡第一期の住居跡群4　（①は西安半坡博物館，1984aの図二，②は中国科学院考古研究所　1963の図三九，③～⑥は西安半坡博物館に所蔵された姜寨遺跡発掘調査記録より作成）

成することが推測できる。

　半坡遺跡では，同一の層位で近接して存在し，かつ形態や構造が類似する3棟の住居跡を1組とする住居跡小群が同時に並存したものと判断できた。半坡類型に属する6号，10号，11号の3棟のⅥC式の住居跡（第71図・②）は，3mほどの間隔をおいて近接し，同じ構造をもつだけでなく，住居跡の間の地面に0.1～0.2mの厚さの粘土を貼り，そのまま粘土を住居跡の壁に連続させている（中国科学院考古研究所　1963）。このような事実から，この3棟の住居跡が同時に存在したことはまず間違いない。住居跡の規模は西側の6号住居跡が33.13m²と比較的大きく，次いで10号住居跡が30.14m²，11号住居跡が21.22m²の広さである。したがってこの3棟の中型住居跡は1つの単位を構成したことが推定できる。

　姜寨遺跡第1期集落跡では住居跡が密集し，単位が顕在化しないということもあって，報告書から基礎単位を抽出することは難しい。1997年夏，西安半坡博物館の御好意で，姜寨遺跡の当時の発掘調査の記録を調べて頂いた。その資料を検討すると，姜寨遺跡第1期集落跡の中に，3，4棟の住居跡が1組となった基礎単位を認定することができる。

　姜寨遺跡第1期集落跡の早期のⅥB式の60号住居跡とⅣA式の63号住居跡，37号住居跡，ⅢA式の52号住居跡の住居跡小群（第71図・③）は集落跡の西部に所在し，第5層の上部に分布している。60号住居跡を中心にして，その西側の10mほど離れた場所には63号住居跡と52号住居跡とが検出されている。この3つの住居跡はともに現在の地表から深さ1.5mほどにあり，住居跡の間に当時形成された硬い面がつながっていることから，60号住居跡と63号住居跡，52号住居跡が同じ1つの生活面に所在し，同時に構築されたものであったと判断される。そのほか，37号住居跡は地表面から1.47mの深さで，63号住居跡の西南側にあって，同じ生活面に遺存している。この同時存在の4棟の住居跡は同じ向きの出入り口をもち，平面配置も近接して，1つの単位を構成した可能性が高い。このように，同時に存在して，強い企画性を有し，3，4棟の住居跡が1組となった基礎単位は，早期のⅥB式の90号住居跡とⅡA式の107，83号住居跡，ⅣA式の105号住居跡で構成される住居跡小群（第71図・④），中期のⅧ式の103号住居跡とⅢA式の98号，88号住居跡で構成される住居跡小群（第71図・⑤），ⅥB

早期　　　　　　　　中期　　　　　　　　晩期

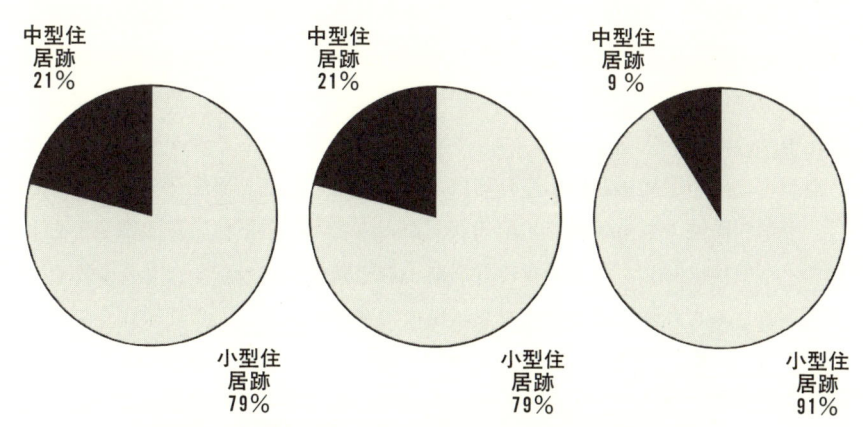

中型住居跡 21%　　中型住居跡 21%　　中型住居跡 9%

小型住居跡 79%　　小型住居跡 79%　　小型住居跡 91%

第72図　姜寨遺跡第1期の小型住居跡と中型住居跡の構成

式の95号住居跡とⅡA式の106号，108号住居跡で構成される住居跡小群（第71図・⑥）で認められる。

　このように，李家溝遺跡，半坡遺跡，姜寨遺跡で発見された多数の住居跡で構成される集落跡のなかに，近接して同時に並存し，住居跡の構造，出入口の方向などが共通し，有機的な結合紐帯をもっていたと考えられる3，4棟の住居跡を1組とする住居跡小群が存在することが明らかになった。一般的に，これらの住居跡小群は中型の住居跡1棟と小型住居跡2，3棟から構成されている。このような3，4棟の住居跡が1つの単位集団となって，当時の集落の基礎単位を形成していた。別の例として，半坡遺跡では6号，10号，11号の3棟の中型住居跡が1つの単位を構成している。ところで，6号住居跡の面積と10号，11号住居跡の面積の差異は3㎡と10㎡ほどで，普通の中型住居跡と小型住居跡との面積の差異とほぼ同じである。さらに，姜寨遺跡第1期集落跡の早，中，晩3期での小型住居跡と中型住居跡との比率（第72図）や，同時期の住居跡の平面分布などから，中型住居跡1棟と小型住居跡2，3棟が1組となっている住居跡小群がかなり普遍的に存在していることが分かる。この住居跡小群は集落構成の基礎単位である。それは当時の社会構成の基本的単位集団の実態を反映しているものと考えられる。

各型式の中型住居跡は，平面プラン，建築方法，室内の付属施設などの面では，それぞれの特徴をもっているが，室内に残された遺物の組み合わせ，空間分布などの点から，これらの住居跡での居住形態，生活様式はおおむね類似し，小型住居跡の居住形態が拡大したものであろうと考えられる。そのほかに，中型住居跡の中に，床面より高いベッド状の施設が付いたものが多くみられる。したがって，中型住居跡は小型住居跡の拡大形態としての機能がまず推定できる。中型住居跡の各集落跡での配置状況からみると，中型住居跡1棟を中心として，小型住居跡2，3棟で単位住居跡小群を構成するのがかなり普遍性をもっているとみられる。このような集落構成の基礎単位としての住居跡小群の実態解明は，中型住居跡の居住形態の理解にとって重要なキーポイントである。関中地区の東にあって，河南省鄭州市大河村遺跡で発見された仰韶文化晩期に属する大河村第3期の部屋を連ねた方形平地多室式住居跡は，この問題の理解にとって貴重な手がかりを提供している。

　大河村第3期の方形平地多室式住居跡は，一般的に，4棟の方形住居跡が連接してロングハウスを形成したものである。その中で，ある部屋は保存状態が良好で，内部から多数の遺物が原位置を保って出土した。これらの住居跡の建築技法，室内の付属施設，遺物の構成，分布などの分析を通じて，大河村第3期の方形平地多室式住居跡が親子関係の拡大を通して結ばれた拡大家族の住居地であったことが明らかになった（厳文明　1989b，岡村　1991）。これを参照して，関中地区仰韶文化の集落構成基礎単位は親子関係によって家族が拡大化した結果形成されたと推測できる。これに基づいて，小型住居跡と中型住居跡との面積差を考慮すると，中型住居跡の居住者は2，3世代の家族によって構成されていたことが認められる。

　大型住居跡は一般的に炉跡とベッド状の施設をもっているが，生産工具と生活用具がほとんど出土していない。このことから，これらの大型住居跡は通常の日常生活の住居としての可能性が少ないと推測される。姜寨遺跡第1期集落跡において明らかなように，大型住居跡は各住居跡大群に1棟しか存在していない。この大型住居跡の性格は住居跡大群での中心的な役割，大群のレベルでの公共的な役割を有すると考えられる。そしてこの大型住居はそのまわりの小中型の住居跡に住んだ家族で構成される大家族が公同行事を行った場所と考え

4 関中地区仰韶文化の集落構成

　関中地区においては，仰韶文化の時期になると，以前に比べてかなり大きな集落が形成されるようになる。これらの遺跡の多くは，渭河流域の馬蘭台地(黄土地帯に特徴的な河岸段丘地形)の上に，特に河川の合流するあたりでよく発見される。遺跡はかなり密集して存在しており，1989年の陝西省全域文化財一般調査の資料によると，関中地区において，1207カ所の仰韶文化の遺跡が発見されている。西安付近に渭河に注ぐ鏟河灞(Ba)河，灃(fen)河，滈(Hao)河，涇(Jing)河の中，下流域の遺跡の分布密度は現代の村落の分布のそれに等しい。遺跡の面積は一般に数千～10数万㎡で，大きなものは数10万㎡にもなり，華陰西関堡や咸陽尹家堡のような最も大きな例では100万㎡前後に達する。文化層の堆積は，普通厚さ1～5，6mほどであり，各遺跡には住居跡，貯蔵穴，窯跡，墓あるいは墓域などが残されている。このような遺跡の規模，分布の密度などは，仰韶文化が定住農耕社会によって担われ，かつ長い発展の歴史を経ていることを物語るとともに，仰韶文化の時代に，集落や人口が著しく増大したことを示すものである。

　関中地区仰韶文化の集落遺跡は，立地や面積，および遺構や遺物の種類，その量などの点においてさまざまな特徴を示している。しかし一方では，それぞれに個有の内容を有する遺跡でも，他と共通する性質を抱えており，関中地区仰韶文化の集落構成における規則性がみられる。関中地区においては，半坡遺跡（第2章・2参照），姜寨遺跡（第2章・3参照），北首嶺遺跡などの仰韶文化前期（半坡類型・史家類型）の集落跡で大規模な発掘調査が行われており，その時期の集落構成の実態がほぼ明らかにされている。

　北首嶺遺跡は宝鶏市の東北の金陵河の二段になった河岸段丘にあり，面積が60,000㎡ある。北首嶺遺跡の中期後半では史家類型に属する集落跡が検出された。集落跡の中心部には，南北100m，東西60mの中心広場があり，広場の周囲の北，南，西に3組の住居跡群がみられる。各群はそれぞれ1つの大型住居跡（面積が80㎡程度である）を中心として，その周囲に10数基から20数基の中，小型の住居跡が集合したものとなっている。どの住居跡の出入口も中心の広場を

向いている。集落跡の南部には墓域があり，90基を超える墓が発見されている。墓域の中では成人墓だけでなく，幼児の甕棺墓がみつかっている。成人墓の頭位は西北に向けられているものが多数を占める（中国社会科学院考古研究所 1983）。

　姜寨遺跡，半坡遺跡，北首嶺遺跡の集落跡にみられるような集落構成には，いくつかの共通点が認められる。これらの集落跡はいずれも居住区，共同墓域，土器焼成の窯区から構成されている。居住区の周囲には環濠が掘られており，環濠の外側に共同墓域と土器を焼く窯が配置され，集落構成はパターン化していたようである。居住区の中央に広場をおき，住居跡は出入口をすべて中央広場に向けて，広場の周りを取り囲む規則的な求心配置をとり，個々の住居から集落まで2，3のレベルの単位集団が識別できる。墓域は環濠の外側に位置し，時期の変遷を基準にすると，同時期の墓域の中にもいくつかの墓群が認められる。住居跡に反映される当時の単位集団の構成は墓域のあり方からも認められる。この時期，姜寨遺跡，半坡遺跡，北首嶺遺跡などのような集落構成は普遍的に存在している。このような集落構成は，いくつかの血縁的共同組織をその根幹とする単位集団からなった人々の共同体の住居地であろうと考えられている。その中で，小，中型住居跡の住人は1世代の核家族と2，3世代の家族によって構成され，大型の住居跡はそのまわりの小，中型の住居跡に住んだ家族からなった大家族が公同行事を行った場所と考えられる。集落中心の広場は各大家族が公共的行事あるいは儀礼・祭祀を行った場所であると考えられる。このようにして，集落にそれぞれ居住する各家族は中心広場での共同行事を通じて，血縁的統合体としての紐帯を維持し，規則を確認するのである。このような集落構成は凝集・封閉式の集落構成と呼ぶことができる。このような集落構成が仰韶文化前期の氏族社会の求心的な集団関係を極めて具体的に示しているとみるべきであろう。

　一方，これらの凝集・封閉式の仰韶文化前期の集落跡はかなり類似しているが，いくつかの相違点も認められる。ここでは，遺跡の規模，遺構のあり方などの検討から，関中地区で発見された仰韶文化の集落遺跡を基本的に次の3つのタイプに分けることができると考えた。

Ⅰ 二重環濠集落

半坡遺跡の集落跡ではみられるように，集落の居住区を囲んでいた大きな環濠の他に，居住区の内部にもう1本小さい環濠がある。居住区内は，小環濠により2つの区域に分けられる。各居住区域において，複数の住居跡群から構成される住居大群がある。半坡遺跡のほかに，瓦窯溝遺跡(王偉林　1995)，呉家営(Wujiaying)遺跡(陝西省考古研究所配合基建考古隊　1990)などで，半坡遺跡と同様な二重環濠の集落構造が認められる。

Ⅱ 一重環溝集落

姜寨遺跡第1期の集落跡でみられるように，集落の居住区を囲むために，1本大きな環溝が掘られている。居住区はいくつかの住居大群から構成されている。各住居大群において，住居跡の配置などからいくつかの住居跡群が区別できる。このような住居跡の配置，あり方は共同墓域からも認められる。

Ⅲ 環溝をもたない集落

北首嶺遺跡の集落跡などでみられるように，集落の居住区の周囲に環濠がない。そのほか，北首嶺遺跡の集落跡では，各住居跡大群の中に複数の住居跡群が存在することが認められない。墓域は1カ所だけで，その中に，特に複数の小墓域のまとまりは認められない。

この3つのタイプの集落構成は，当時の集落の規模が異なることを反映していると考えられる。半坡遺跡の二重環溝集落跡は当時この地域において，中核となる基幹集落であろうと推測できる。これは半坡遺跡1号住居跡の規模，構造などの面からも窺われる。さらに，我々が1993年に発掘調査した瓦窯溝遺跡では，直径約25m，周囲約70m，幅と深さが2mほどの小環濠が発見された(第73図)。この小環濠の中からは住居跡2棟のほかに，土壙墓が2基，甕棺墓が9基検出された。この11基の墓は副葬品が豊富で，他の場所に位置する墓との格差が大きい。これは小環濠の内と外で居住集団に若干の格差があることを暗示している。姜寨遺跡第1期の集落跡で明らかにされた1条の環溝をもつ集落と北首嶺遺跡のような環溝をもたない集落はおおむねその下位の集落であろうと考えられる。

関中地区仰韶文化晩期の集落構成は資料が少なくまだ不明瞭である。しかし，他地域の仰韶文化晩期の資料を参照すると，関中地区仰韶文化晩期の集落構成

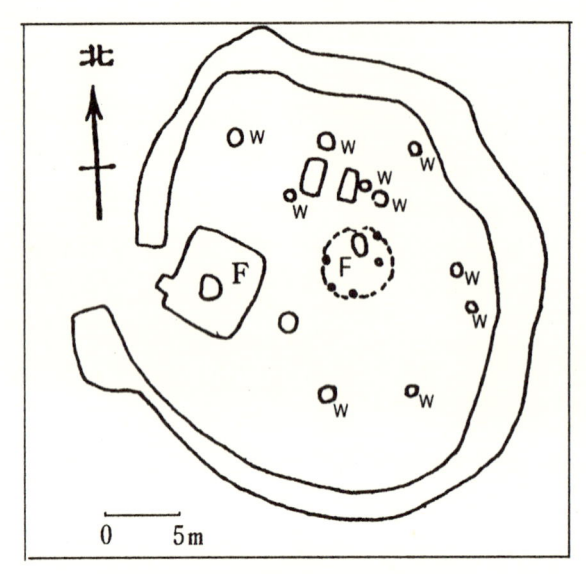

第73図 瓦窯溝遺跡の小環濠の略図
F　住居跡　W　甕棺墓（1993年瓦窯溝遺跡の発掘調査資料より作成）

の実態を理解する上で，重要な手がかりが提供される。甘粛省秦安県大地湾遺跡乙跡は関中地区の西側にあって，隴山山地の西部に位置する。この遺跡は山の麓に立地し，いくつかのグループに分けられる数百基の住居跡からなっている。中心にある901号建築は面積が最も広く，前堂後室と左右側室から構成され，面積が約290m²ある。優れた建築技術によって作られており，仰韶文化の中で非常に珍しい存在となっている（第56図）。そのほかに，この建築の前に附属施設と広場がある。建築物から約3mのところには列柱が2列配され，列柱の南に1列の平たい石がある。この建築物は主室，後室，側室，前庭などからなり，主要的な室と副次的な室との区別がはっきりしている。広場と合わせて，厳格な構成をもつ極めて壮観な建築である。したがって，大地湾遺跡乙跡は，少なくとも当時において仰韶文化の西部地域における中心だったと考えられる。そのほか，最近，鄭州市郊外の西山遺跡で仰韶文化晩期に属する城跡が発見された。これはこれまで中国で発見された城跡の中で最も古いものの1つである。これらの資料によって，仰韶文化の晩期において，集落内部および集落と集落の間に格差が生じ，集団間，集団内に階層化が生じたことが推測された。このことは，当時の社会が階層化社会に向かい，さらに高度な段階へと発展しようとしていたことを反映している。

ま と め

 以上，関中地区仰韶文化の住居跡の分類，住居内容の分析，集落構成の基礎単位の究明，集落構成の変遷などの研究を通じて，関中地区仰韶文化の集落構成のあり方について論じた。仰韶文化の前期において，住居跡→住居跡小群→住居跡大群→集落の集落構成は，核家族→家族→大家族→氏族の4つの単位集団からなる当時の社会集団の構造を反映しているものと考えられる。晩期における集落構成の実態は明確でないが，前期に比べて若干変化が生じたことが明らかである。特に，社会分化，あるいは階層化が著しくなったと推測できる。

第4章　仰韶文化の埋葬制度の研究

はじめに

　本論の第3章で，我々は半坡遺跡，姜寨遺跡，北首嶺遺跡などの資料を中心に，関中地区仰韶文化の住居跡の分類，分析，集落構成の基礎単位の究明，集落構成の変遷などの研究を通じて，関中地区仰韶文化の集落構成の実態について論じた。一方，このような集落構成に反映される当時の社会集団の構造は同時期の埋葬制度からも窺える。この埋葬制度は社会構造，集団関係，さらに精神文化などの把握に，きわめて有益な資料を提供する可能性が存在する。関中地区仰韶文化の遺跡の中で，大面積の共同墓域の発見例がかなり多く，半坡遺跡，姜寨遺跡，北首嶺遺跡を除いて，史家遺跡，元君廟遺跡，横鎮遺跡などがある（第28図）。これらの発見を基礎として，関中地区仰韶文化各類型の埋葬制度の変遷の分析を通じて，仰韶文化の社会構造，精神文化の内容および変化などについて総合的な検討を行うことが重要であると考える。

1　関中地区仰韶文化の墓葬の発見

　現在までに発掘調査された仰韶文化の墓は2,000基を超えている。その多くは土壙墓で，3分の1は甕棺墓である。これらの墓は関中地区の仰韶文化前期（半坡類型・史家類型）の共同墓域で集中的に発見されている。ほかの地区での発見例は少ない。関中地区仰韶文化の前期の集落跡では，一般的に居住区の近くに特定の集団の共同墓域が設けられている。これらの共同墓域としては，半坡遺跡，姜寨遺跡第1期，第2期，北首嶺遺跡中期，史家遺跡，横鎮遺跡，元君廟遺跡などの発見例が知られる。

（1）　半坡遺跡の共同墓域

　半坡遺跡では全部で250基の墓が検出された（中国科学院考古研究所1963）。成人の墓は174基あり，灰坑（貯蔵穴）内に埋葬された2例を除いて，全て土壙墓で

136

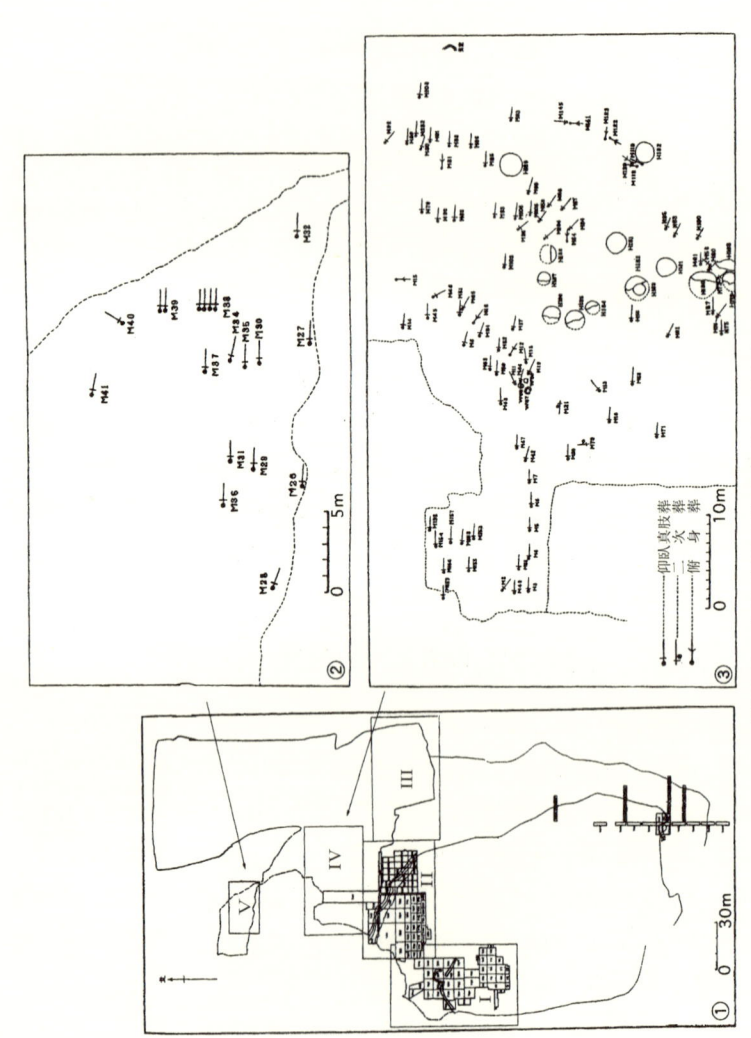

第74図　半坡遺跡の仰韶文化共同墓域

① トレンチの配置図，② V区の共同墓域，③ IV区の共同墓域（中国科学院考古研究所 1963の図七，図一四二，図一四三より作成）

ある。これらの土壙墓の大多数は住居区の全体を取り囲む環濠の北側に位置する共同墓域に集中して，少数のものは環濠の東側，東南側に分布している（第74図）。そのほか，幼児の墓は76基が検出されており，そのうち73基が甕棺墓で，3基は土壙墓である。甕棺墓の中で，67基は居住区内に所在し，6基は環壕の北側の共同墓域（4基）と東南側に位置している。3基の土壙墓も居住区内に分布している。

半坡遺跡の共同墓域では，墓壙の配列に規則性がみられ，東部と南部でやや乱れているものの，縦横の並び方はかなり整然としたものである。頭位方向は基本的に一致しており，普通西方向から20度を超えてふれることはない（第74図・②，③）。そのほかに，北向きは9基，南向きは7基，東向きは1基ある。葬法はほとんど単身仰臥伸展葬であるが，ほかに俯臥葬が15例，屈葬が4例，

第75図　半坡遺跡の副葬品の組み合わせ
（中国科学院考古研究所　1963の図一五一～一五四より作成）

単身二次葬が5例，女性4体の合葬1例，男性2体の合葬1例が検出された。副葬品を伴う墓は全体の半数に満たず，71基である。すべて仰臥伸展葬である。副葬品の数量は多くなく，個々の墓の格差も多くない。副葬土器の数は，5～6点のものが最も一般的である。合葬墓の場合，副葬品の数は若干多く，4体合葬墓の例では17点が副葬されていた。副葬土器は，罐・鉢・尖底瓶あるいは壺の組み合わせを基本としている（第75図）。一部の土器は口縁部を意識的に破壊

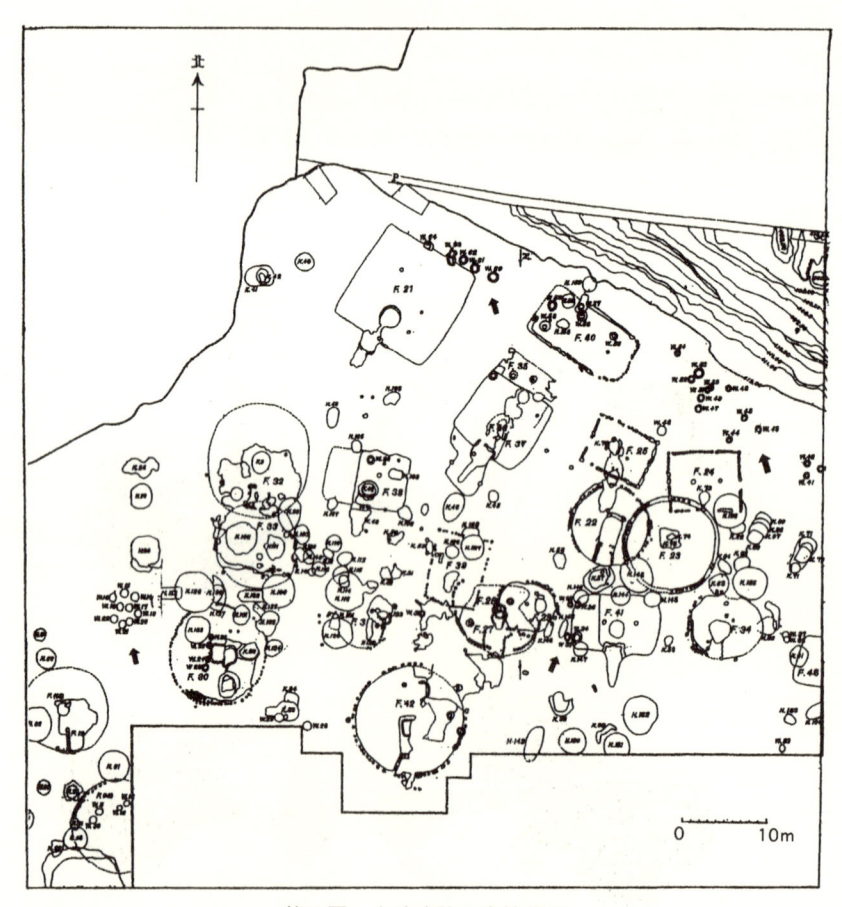

第76図 半坡遺跡の甕棺墓群
W 甕棺墓，F 住居跡，H 貯蔵穴 ➡が指したのは甕棺墓群（中国科学院考古研究所 1963の図七，八，九より作成）

第4章 仰韶文化の埋葬制度の研究 139

してから墓に納めていた。生産用具の石器などは副葬品としての例が非常に少なく，検出された308点の副葬品の中に石器がわずか3点しかない。一部の墓においては，遺体の肢骨や指骨が完全にはそろっていないことがある。欠けた部分は，副葬土器や墳土の中から検出される場合がある。これは民族学の事例から「割体葬儀」を行った結果であると考えられる。

死亡した幼児には，普通甕棺葬を行っており，

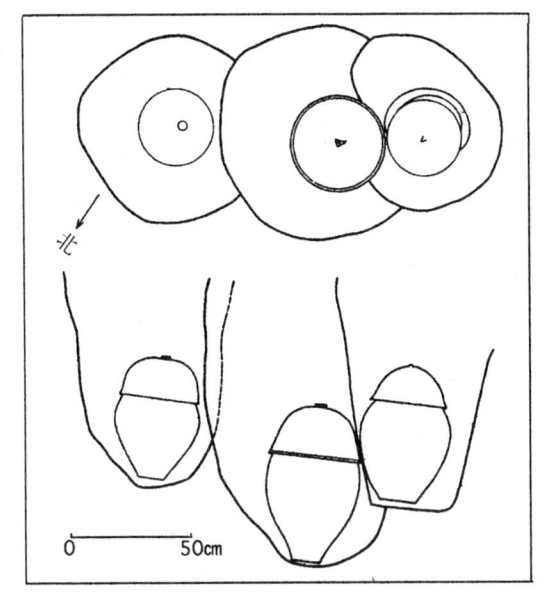

第77図　半坡遺跡の甕棺墓
（中国科学院考古研究所　1963の図一五六より作成）

半坡遺跡では73基の甕棺墓が検出されている。その大部分は住居の周囲に埋葬されており，いくつかの甕棺墓群を形成している（第76図）。甕棺は甕を主体とし，盆あるいは鉢をその蓋に用いている（第77図）。甕棺墓の蓋としての盆は，一般的に人面紋や人面魚紋，あるいは鹿紋を描いた精美な土器である（第78図，口絵1，2）。この類の盆と鉢の底部には，しばしば意識的に小さい孔がうがたれている。発掘調査の担当者は，これが原始的な宗教理念に基づいて死者の霊魂のために残しておいた出入り口であろうと推定している。甕棺墓の他に，居住区内からは，幼児の土壙墓が3基検出された。そのうちの1基152号墓は，3～4才の女児を埋葬した墓であったが，他の墓と比べて副葬品が豊富でかつ精緻なものであるばかりでなく，半坡遺跡の仰韶文化の土壙墓中，唯一の木製埋葬施設の発見例でもあった。

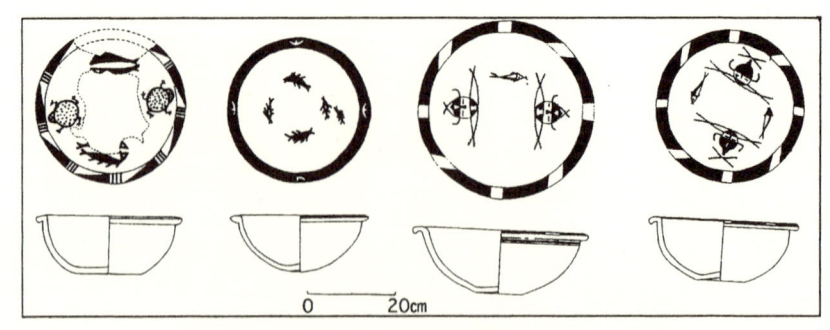

第78図　半坡遺跡の甕棺墓の蓋としての彩文土器
（中国科学院考古研究所　1963の図一三二より作成）

（2）　姜寨遺跡第1期の共同墓域

　姜寨遺跡第1期には380基の墓が検出されており，そのうち，土壙墓が174基，甕棺墓が206基ある（西安半坡博物館ほか　1988）。174基の土壙墓の中で，154基は姜寨遺跡第1期集落跡の居住区を取り囲んだ大環濠の東側（Ⅰ区），東北側（Ⅱ区），東南側（Ⅲ区）の墓域に集中的に分布している（第39図）。そのほかの20基は居住区内に疎らに位置している。甕棺墓は52基が共同墓域内に散在するほか，残る154基が居住区内に分布している。甕棺墓に埋葬された遺体はすべて15才以下の幼児である。姜寨遺跡第1期で検出された墓は，葬法，頭位方向，副葬品のどの面でも半坡遺跡のそれに類似しており，単身仰臥伸展葬が大多数を占め，多体二次合葬，単身二次葬，俯臥葬などはいずれも少数である。副葬品は数量が多くなく，日常用品の土器と装身具を主として，生産道具の石器などの発見例が稀である。そのほか，割体葬儀，幼女に対する厚葬などは姜寨遺跡第1期でも認められている。しかし半坡遺跡と異なって，姜寨遺跡第1期では，一部の幼児は土壙墓に埋葬されている。この幼児墓は成人の墓と同様，共同墓域の中に集中的に埋葬され，幼児墓の群を形成している。

　Ⅰ区の共同墓域は大環濠の東側にあって，面積が約630㎡である。ここからは土壙墓が51基，甕棺墓が26基検出された（第79図）。この共同墓域の北部と南部には墓が密集して，中部では疎らに分布している。土壙墓の配列はかなり整然としており，頭位方向はすべて西，あるいは西よりやや北に向いている。葬法

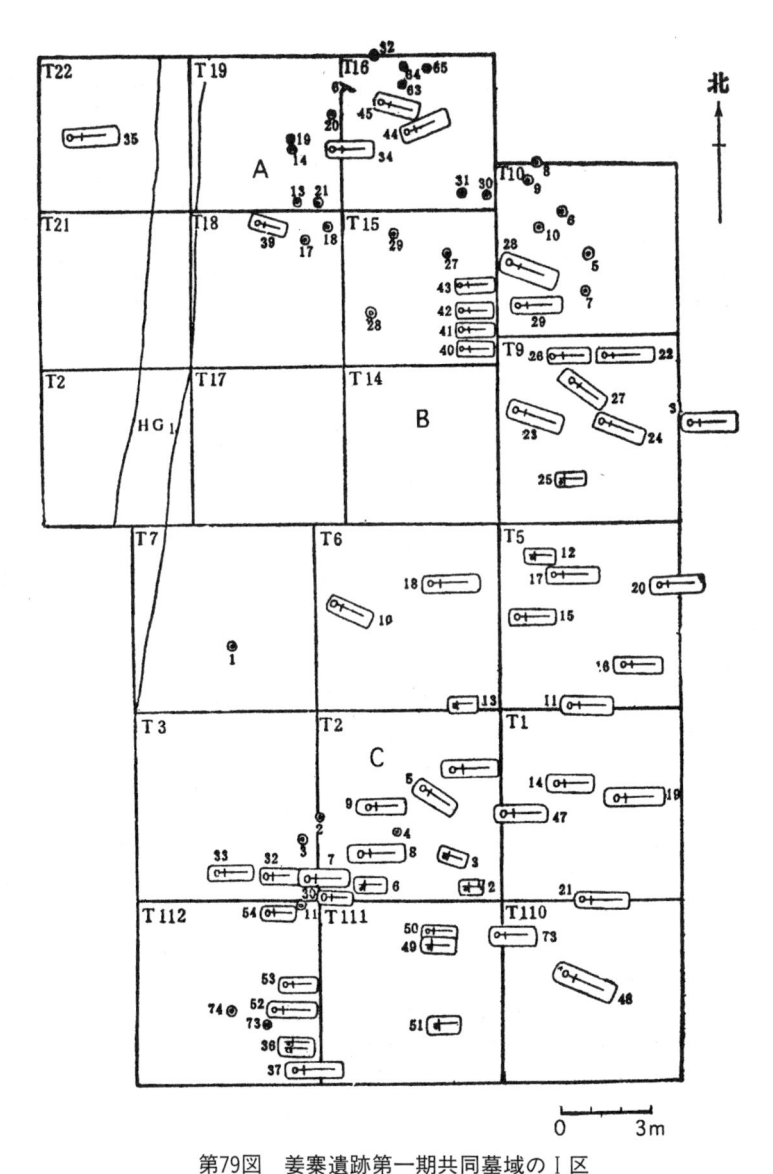

第4章　仰韶文化の埋葬制度の研究　141

第79図　姜寨遺跡第一期共同墓域のⅠ区
♀　一次葬，♀　二次葬，●　甕棺墓，数字は墓の番号（西安半坡博物館ほか　1988 の図五一より作成）

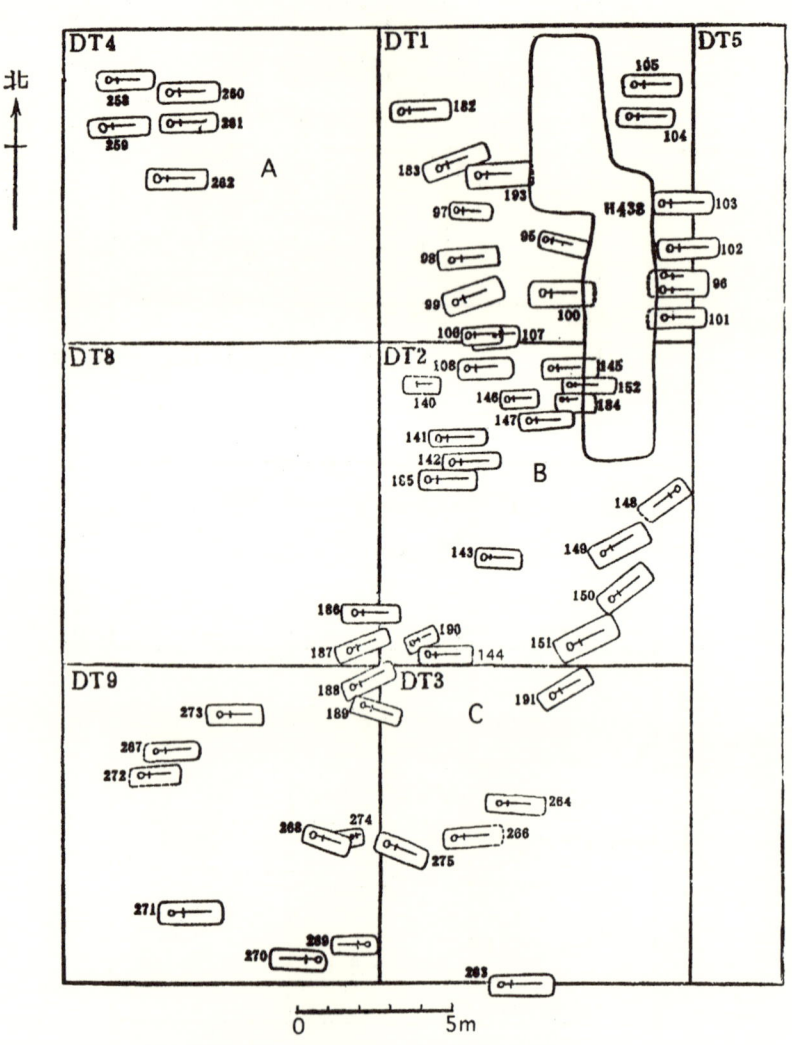

第80図　姜寨遺跡第一期共同墓域のⅡ区
数字は墓の番号（西安半坡博物館ほか　1988の図五三より作成）

は単身仰臥伸展葬が多数を占めており，41基が検出されている。そのほか，俯臥葬が1基，単人二次葬が8基，2体二次葬が1基ある。I区の土壙墓からは人骨が52体出土しており，そのうち，15才以下ものが12体，15才～50才の人骨が31体，50才以上の熟年のものが9体認められる。性別の面では，男性が24体，女性が14体，不明のものが14体出土している。51基の土壙墓の中では，副葬品を伴ったものが41基あり，副葬品の内容としては日用土器と装身具を主として，生産道具は少ない。副葬品は，一般的に5～6点が収められており，墓の間に大きな格差がない。

　II区の共同墓域は大環濠の東北側に位置し，面積690㎡前後である。後世の遺構に破壊されたために，一部の墓はすでに失われている。II区からは土壙墓が55基検出されており（第80図），そのうち単身仰臥伸展葬が52基，2体二次葬が1基，葬法不明が2基である。これらの土壙墓の配列には規則性がみられ，おおむね列状の配置となっている。頭位方向はすべて西あるいは西よりやや南に向いている。ここでは，人骨が55体検出されており，男性が29体，女性が19体，性別不明が7体，15才以下のものが5体，15才～50才が45体，50才以上が5体であった。副葬品を伴った墓は33基があり，副葬品の種類，数量はI区の共同墓域の状況とほぼ同様である。

　III区の共同墓域は大環濠の西南部にあり，面積が1,080㎡である。ここからは土壙墓が48基，甕棺墓が26基検出されており，東部と西南部に集中している（第81図）。西部と西南部では，土壙墓の配列がかなり整然として，頭位方向はすべて西よりやや南に向いている。甕棺墓もこの区域に分布している。西北部の土壙墓の配置はやや乱れており，頭位方向は西あるいは西よりやや北に向いたものが多数を占める。48基の土壙墓から人骨は48体検出されており，そのうち39体の人骨について観察が行われた。その結果は男性が15体，女性が18体，性別不明のが6体，15才以下の人骨が5体，15才～50才のものが33体，50才以上が1体確認された。副葬品を伴った墓は43基あり，副葬品の種類，数量はI区，II区の共同墓域の状況とほぼ同様である。

（3）　北首嶺遺跡の仰韶文化共同墓域

　北首嶺遺跡の文化堆積は早期，中期（前半，後半），晩期に分けられ，それぞれ

144

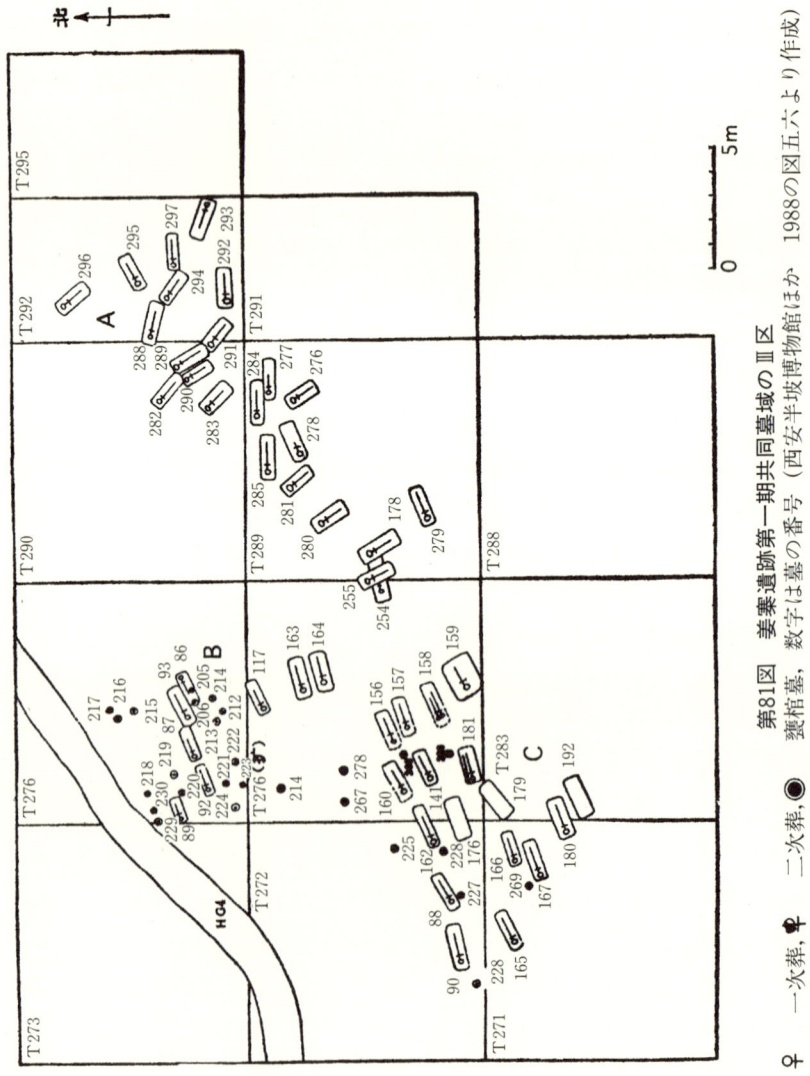

第81図 姜寨遺跡第一期共同墓域のⅢ区
⊖ 一次葬、● 二次葬、◉ 甕棺墓、数字は墓の番号（西安半坡博物館ほか 1988の図五六より作成）

第4章 仰韶文化の埋葬制度の研究 145

第82図 北首嶺遺跡の仰韶文化共同墓域
左 トレンチ配置図,右上 VIトレンチ中部の仰韶文化共同墓域,右下 VIトレンチ南部の仰韶文化共同墓域
(中国社会科学院考古研究所 1983の図二,図九,図十より作成)

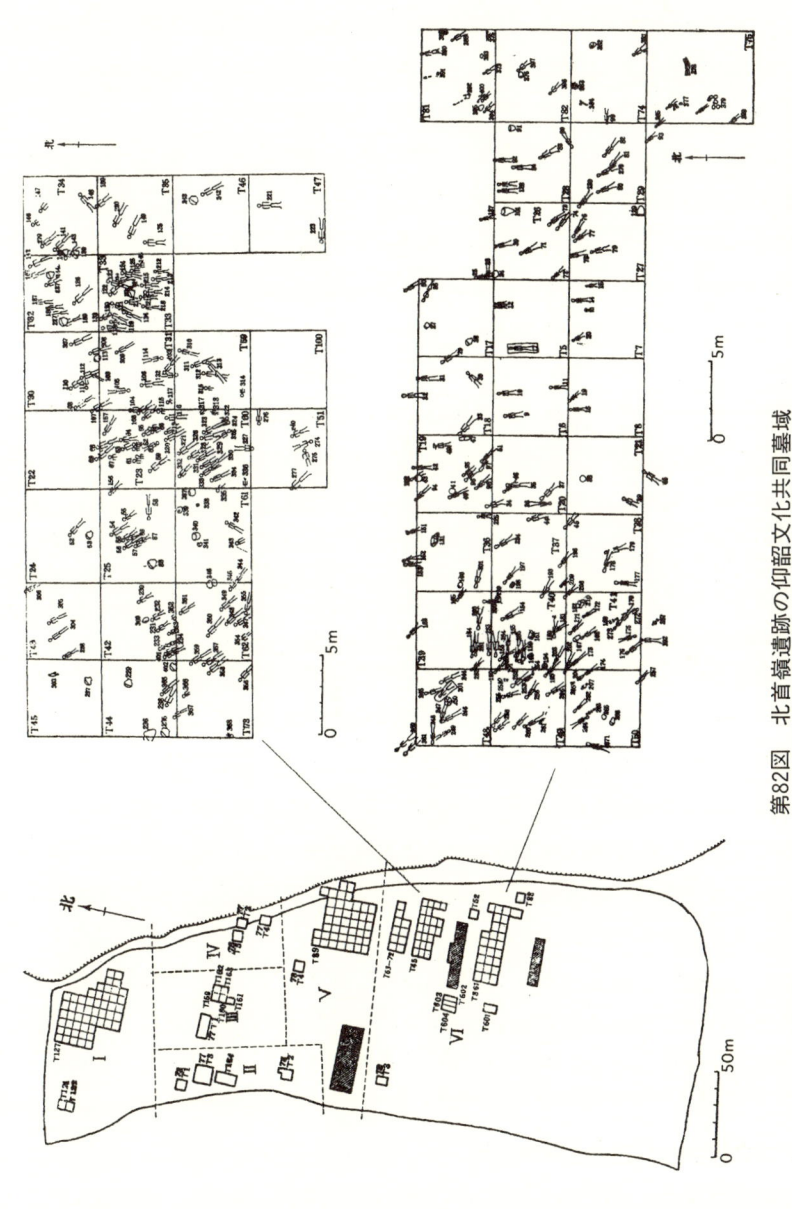

に前仰韶文化の北首嶺類型，仰韶文化の半坡類型・史家類型，泉護類型に属する。ここからは土壙墓が385基，甕棺墓が66基検出されており，3基の土壙墓が前期，1基の甕棺墓が晩期に属するものの，ほかは中期のもので占められている（中国社会科学院考古研究所 1983，厳文明 1989a）。

　北首嶺遺跡の仰韶文化の共同墓域は遺跡の南部に位置して，検出された土壙墓と甕棺墓はほとんどこの区域に分布している（第82図）。土壙墓では単身葬は367基あり，そのうち，仰臥伸展葬が290基，俯臥葬が14基，屈葬が1基，側臥が1基，二次葬が35基，葬法不明のものが26基ある。そのほか，合葬墓は14基検出されており，2体合葬墓が11基，3体合葬墓が2基，5体合葬墓が1基である。頭位方向は約80％以上のものが西よりやや北に向いて，墓壙の配列はかなり密集している。特に注目されたのは，年代の近い土壙墓3～5基が1組となっていることである。このようなグループとなっている3～5基の土壙墓は，同一の層位にあって，頭位方向が一致し，1列に並んでいる。さらに，墓と墓の間隔もほぼ同じである（第83図）。北首嶺遺跡の仰韶文化共同墓域では，副葬品を伴う土壙墓は245基あり，半数以上を占めている。副葬品の器種構成，数量などはどれも半坡遺跡，姜寨遺跡第1期のそれに近い。北首嶺遺跡においても割体葬儀を行った例と，一部の幼児に対して成人の葬法に準じた例が認められる。そのほかに，1例の土壙墓では被葬者の頭骨が欠損しており，その代わりに土器の罐1点が埋葬されている（第84図）。また別の土壙墓では，遺体がないのに副葬品だけが発見されている。さらに，一部の土壙墓においては人骨が赤い顔料で覆われている例が検出された。北首嶺遺跡の仰韶文化共同墓域では木棺あるいは蓆を用いた埋葬施設などの痕跡が発見されている。一部の土壙墓では，草を混ぜた黄土や薑石（黄土地帯の土層の中に産する石灰質の小塊）の粉などを使用して，墓壁と墓底を整える特別な処理が施されている。北首嶺遺跡において検出された甕棺墓は半坡遺跡，姜寨遺跡第1期と同様に，死者はすべて未成人であり，葬具である鉢や盆の底部には小さい孔がうがたれている。

（4） 史家遺跡の仰韶文化共同墓域

　史家遺跡は陝西省渭南市の南15kmの游河西岸の段丘にあって，遺跡の面積は約20,000㎡のひろがりを有する。1976年春，西安半坡博物館は本遺跡において

第4章　仰韶文化の埋葬制度の研究　147

墓域の発掘調査を行い，250m²の範囲から，仰韶文化に属する土壙墓43基，灰抗3基と大量の遺物を検出した（西安半坡博物館　渭南県文化館1978）。

史家遺跡の仰韶文化墓域は，複数の遺体の二次合葬墓が主体であり，単体一次葬墓は1基のみである。埋葬された遺体数は，少ないもので4体，多いもので51体が数えられ，一般的に20体前後を合葬している。男性遺体のみの合葬墓は1例のみで，一般的に年齢，性別による偏りはない。埋葬方法をみると，人骨が列をなし，上に積み上げるように重ねて埋置されたものである。人骨の配列状態はほぼ同じパターンである。すなわち，頭骨

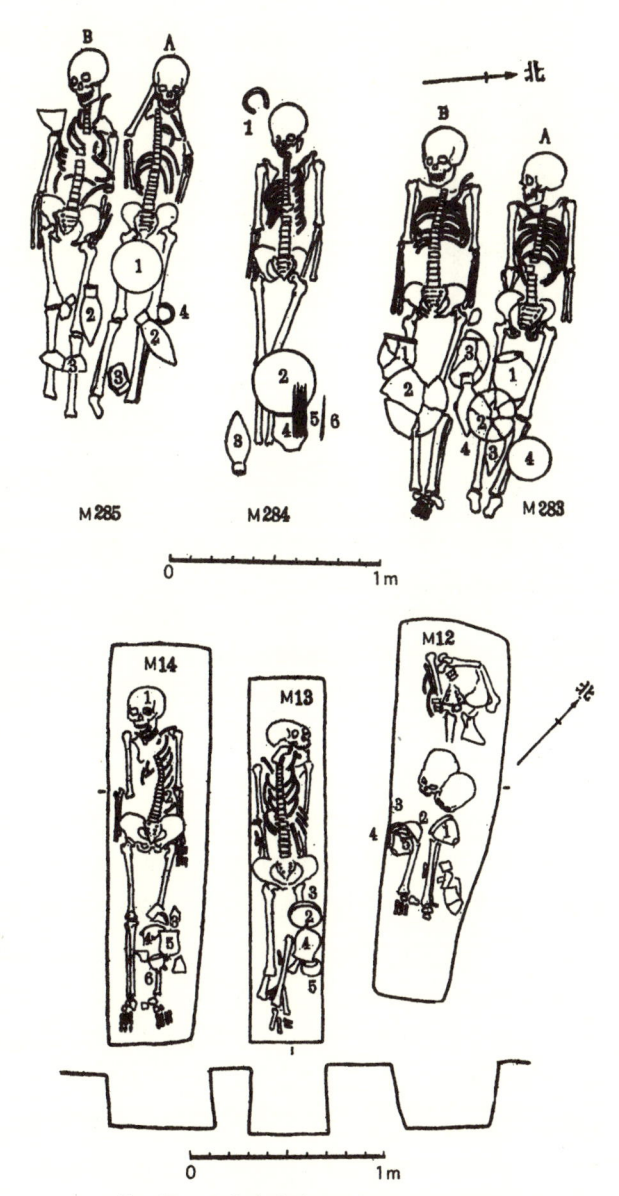

第83図　北首嶺遺跡の一組となった墓群
（中国社会科学院考古研究所　1983の図六三，図六四より作成）

が中心部に置かれ、両側に四肢骨が並べられる。残りの部分骨は頭骨の下と四肢骨の内側に置かれている。頭は西か西北に向けられて、顔の向きは上か左右いずれかに向けられている（第85図）。ほとんどの墓に副葬品があり、その主要なものは鉢、罐、葫蘆瓶（瓢形壺）で、一般的に墓壙の一側ないしは隅に置かれている。半坡遺跡、姜寨遺跡第1期に常にみられた尖底瓶は史家遺跡ではほとんど認められない。

（5）横鎮遺跡の仰韶文化共同墓域

横鎮遺跡は陝西省華陰県にあって、秦嶺山脈の南の麓の台地上に立地する。仰韶文化の共同墓域は遺跡の東南部に位置し、1958、1959年の両年にわたって中国社会科学院考古学研究所によって発掘調査が行われた。この遺跡では土壙墓が24基、甕棺墓が5基検出された（中国社会科学院考古研究所陝西工作隊 1984）。

第84図 北首嶺遺跡の248号墓（中国社会科学院考古研究所 1983の図六二より作成）

華陰横鎮の仰韶文化共同墓域で非常に注目されたのは3つの大型二重埋葬坑が発見されたことである（第86図）。検出された土壙墓の中で、1基の単身一次葬除いてすべて二次合葬墓であり、そのうちの15基は、それぞれに分かれて3つの大型の二重埋葬坑内に存在している。第1号二重埋葬坑は南北長さ10.4m、東西幅2.9m、深さ0.7mの長方形の竪穴である（第87図）。この竪穴の底部では、東西長さ2.12〜1.75m、南北幅1.35〜2m、深さ0.3mの小坑が5基設けられ、小坑内に最少4体から、多いもので10体、全体では44体の人骨を二次葬で埋葬している。各小坑内に二次葬人骨は、頭部を西に向けた仰臥伸展位に準じて並べられ、足下に1セットの副葬品が置かれている。副葬品の器種は半坡遺跡、姜寨遺跡第1期と同様に、鉢、罐、尖底瓶から構成されており、全体では19点を数える。第2号二重埋葬坑は南北長さ12m、東西幅2.1〜2.5m、深さ1.2mの長方形の竪穴である（第88図）。その底部に、幅0.75〜1m、深さ0.3mの小坑が7基あり、それぞれ5体〜9体、総数40体の人骨を

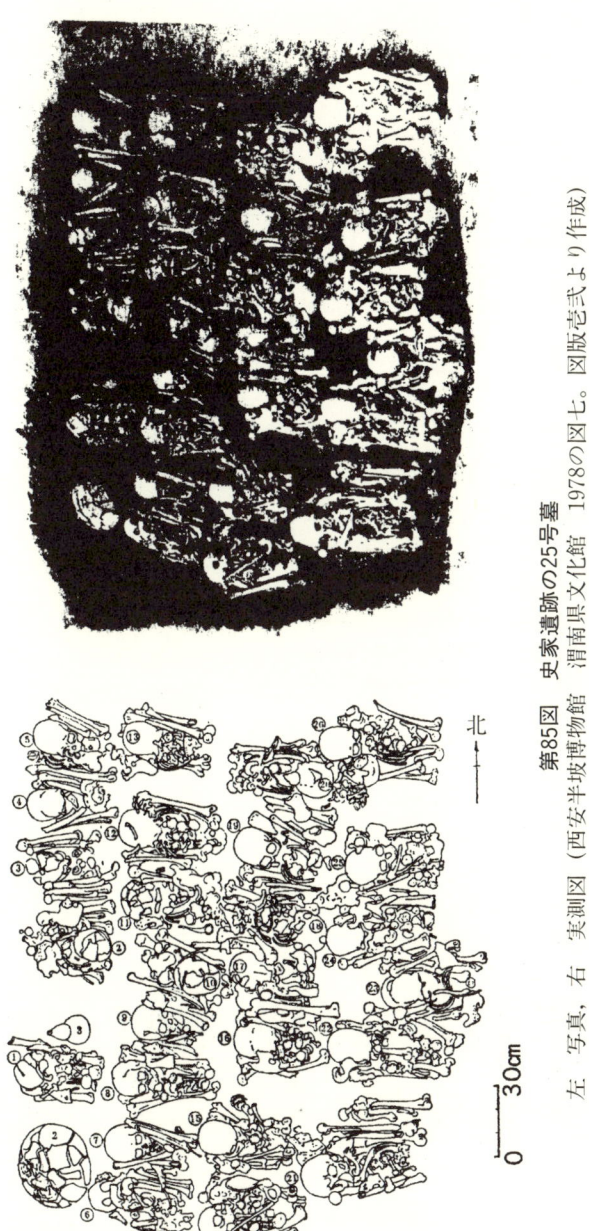

第4章 仰韶文化の埋葬制度の研究　149

第85図　史家遺跡の25号墓　渭南県文化館 1978の図七。図版壱弐より(作成)
左 写真，右 実測図 (西安半坡博物館)

二次葬で埋葬している。人骨は二重あるいは三重に積み重ねられ，配列状態は第1号坑と比べると乱れている。副葬品の器種構成は第1号坑と同様であり，全部で49点を数える。第3号二重埋葬坑は，南の半分がすでに破壊されていて，3基の小坑しか残されていなかった（第89図）。ここからは8体の二次葬人骨と8点の副葬土器が出土している。これらの二重埋葬坑のほかに，8基の多体合葬墓が検出されて，その埋葬の状況は二重埋葬坑内の小坑とほぼ共通している。人骨を検討した結果，これらの土壙墓に埋葬された人骨には，男性，女性，成人，未成人のいずれも含まれていることが明らかにされている。

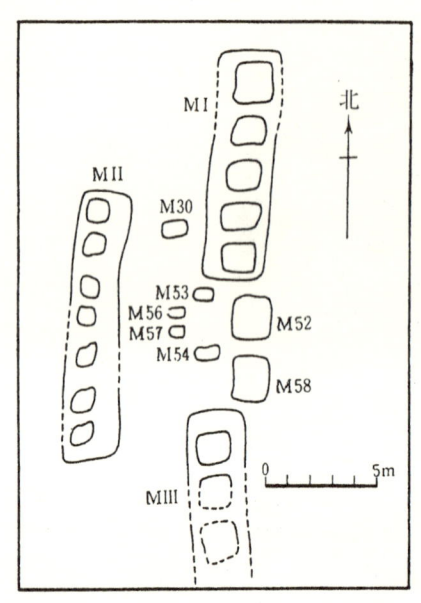

第86図　横鎮遺跡の仰韶文化共同墓域
（中国社会科学院考古研究所陝西工作隊1984の図二Ⅱより作成）

第87図　第1号大型二重埋葬坑
（中国社会科学院考古研究所陝西工作隊　1984の図六より作成）

第4章 仰韶文化の埋葬制度の研究　151

（6） 元君廟遺跡の仰韶文化共同墓域

　元君廟遺跡は陝西省華県にあって，秦嶺山脈の南麓に位置する。1958～1959年，北京大学により発掘調査が行われ，仰韶文化半坡類型に属する共同墓域の全貌が明らかにされた（北京大学歴史系考古学教研室1983）。

　元君廟遺跡の仰韶文化の共同墓域では57基の土壙墓が発見されており，墓域内の墓の配列には規則性が認められる。頭位は西を向き，墓壙が列状に分かれて南北方向に連なっている（第34図）。この墓域には合葬墓が多く，全体の3分の2を占め，少ないもので2体，多いもので25体，一般に4体以上が合葬されている。大多数は二次合葬であるが，一次葬と二次葬の遺体を合葬した例も少数みられ，中には一次葬の遺体を多体合葬した例もある。合葬墓の被葬者には性別や年齢による限定は認められない。合葬墓のほかにも単身仰臥伸展葬や単身二次葬が行われている。

　元君廟遺跡の仰韶文化共同墓域では，さらにいくつかの注目すべき資料がえられている。458号墓は男性老人の単身二次葬であるが，墓壙の底

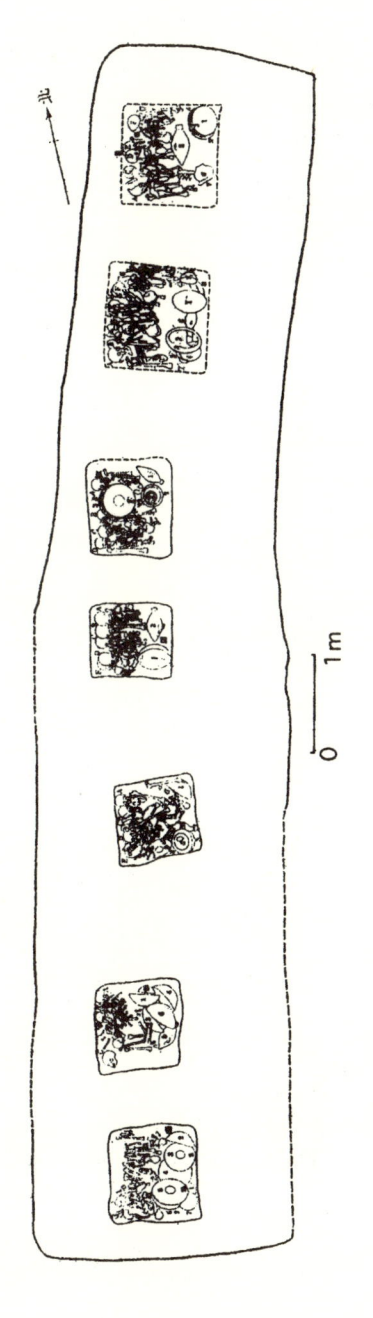

第88図　第2号大型二重埋葬坑（中国社会科学院考古研究所陝西工作隊　1984の図六より作成）

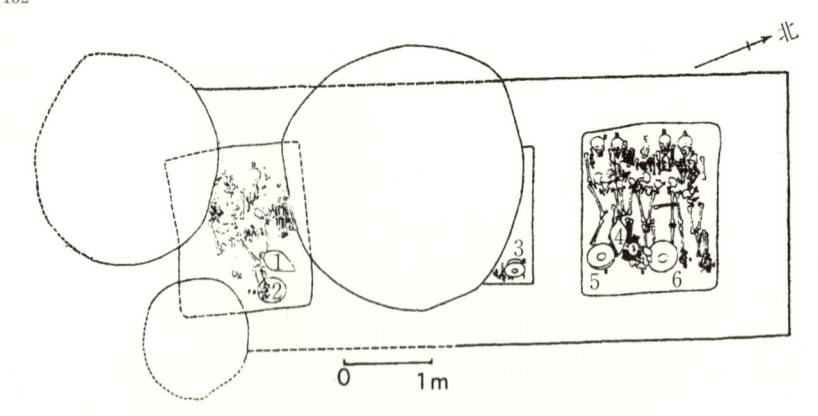

第89図　第3号大型二重埋葬坑
（中国社会科学院考古研究所陝西工作隊　1984の図七より作成）

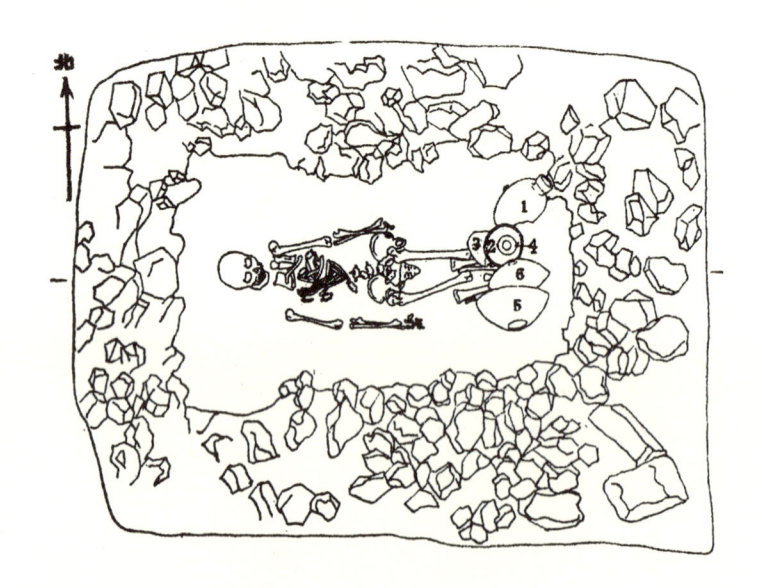

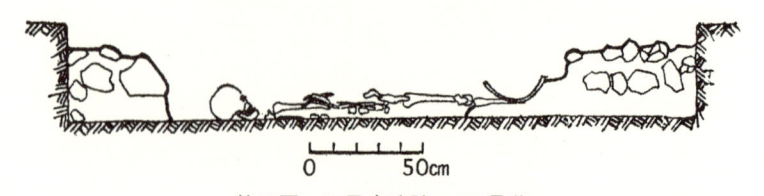

第90図　元君廟遺跡の458号墓
1～6　土器（北京大学歴史系考古学教研室　1983の図八より作成）

第4章 仰韶文化の埋葬制度の研究 153

部には周壁に作られた土段（二層台）があり、この台上には数層の礫を積み上げて石棺としていた（第90図）。この石棺の発見は関中地区仰韶文化において、唯一の例であり、非常に珍しい。石棺内に6点の土器は副葬品として死者の足下に置かれていた。429号墓は幼女2体の二次合葬墓であり、その墓底は焼土塊を敷き詰めて平坦に整えられていた。6点の土器を副葬しているほかに、1体の頭部には骨製の小さい飾り玉785個が4列に並べられており、もう1体の前額には紅色顔料が塗布されていた（第91図）。

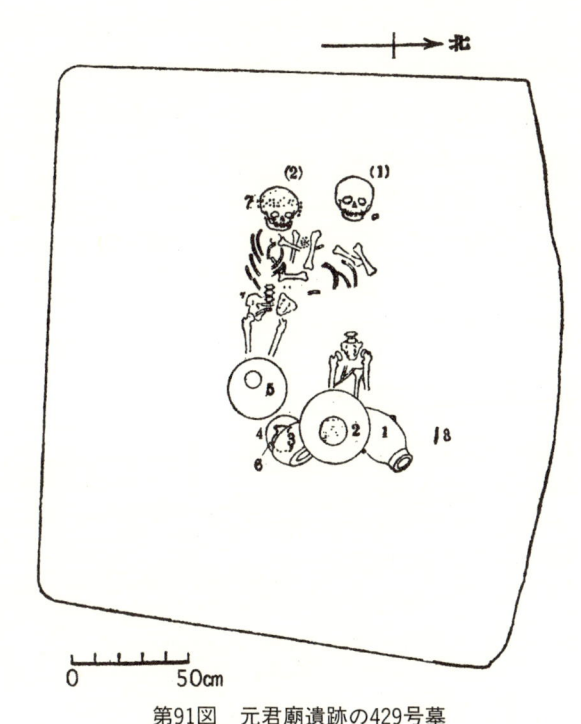

第91図　元君廟遺跡の429号墓
1〜6　土器, 7　骨珠, 8　骨針（北京大学歴史系考古学教研室　1983の図三四より作成）

（7）姜寨遺跡第2期の共同墓域

　姜寨遺跡第2期では土壙墓が191基、甕棺墓が103基検出された。そのうち、184基の土壙墓、半数ぐらいの甕棺墓は、遺跡の中心部に位置する共同墓域に分布していた。この共同墓域は第1期集落跡の中心広場の上層にあり、面積が1,000㎡前後である。ここで発見された墓は非常に密集して、重複関係がかなり複雑である（第92図）。これらの土壙が切り合う関係と副葬品の特徴などによっ

て，発掘調査の担当者は姜寨遺跡第2期が上層，下層に分けられ，史家類型に属すると判断していた（西安半坡博物館ほか　1988）。

　姜寨遺跡第2期の下層からは土壙墓が41基検出されており，多くのものが単身仰臥伸展葬である。埋葬方法，共伴する副葬土器の器種，形態，文様などの面から，第1期のものとほぼ同様であるといえる。そして，この第2期下層の墓域は第1期と同じ，半坡類型に属するものとして認識すべきであると考えられる。したがって，姜寨遺跡において，史家類型に属する墓は第2期上層のも

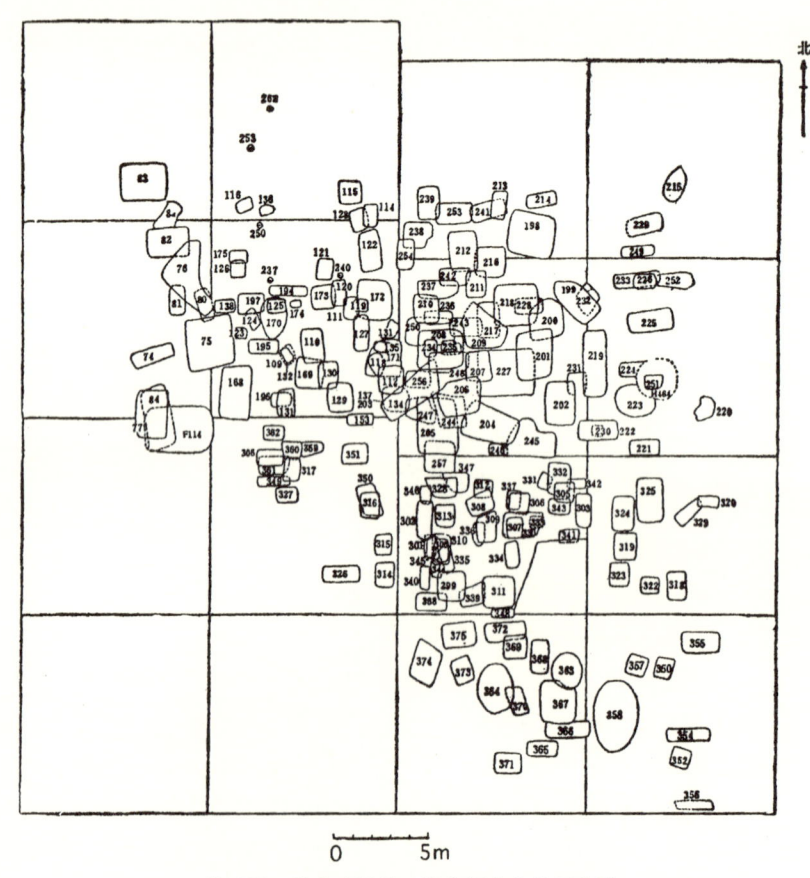

第92図　姜寨遺跡第2期仰韶文化共同墓域
数字は墓の番号（西安半坡博物館ほか　1988の図一二一より作成）

のだけである。さらに，姜寨遺跡第1期の資料と比較して，また半坡遺跡，元君廟遺跡，横鎮遺跡の資料を参照にして，この第2期下層は半坡類型の晩期のものであると考えることができる（王小慶　1993）。

姜寨遺跡第2期の上層からは土壙墓が143基，甕棺墓が100基近く掘り出された。ほとんどの土壙墓は多体二次合葬墓であり，埋葬人数が極めて多く，全部で2,000体ほどの人骨が検出されている。そして，埋葬方法は史家遺跡とほぼ同じである。1つの墓に埋葬された遺体数は，普通20体前後を合葬しているが，多いもので84体が数えられる。そのほか，姜寨遺跡第2期の上層では二重埋葬坑の例もみられる。

以上に紹介した比較的規模の大きな共同墓域のほか，福臨堡遺跡では45基（宝鶏市考古工作隊　陝西省考古研究所　1993），李家溝遺跡（西安半坡博物館　1984a）では29基，下孟村遺跡では9基の墓（陝西省考古研究所漢水隊　1960，同　1962）が発掘されており，その他の遺跡でも若干の例が知られる。これらの資料の蓄積によって，関中地区仰韶文化の埋葬制度の様態が次第に具体的に捉えられるようになってきた。中でも，仰韶文化前期，すなわち半坡類型，史家類型の資料は他の時期を圧倒している。

2　半坡遺跡，姜寨遺跡第1期，北首嶺遺跡の仰韶文化共同墓域の分析

半坡遺跡，姜寨遺跡第1期，北首嶺遺跡の仰韶文化共同墓域にはいくつかの共通点が挙げられる。これらの共同墓域いずれも半坡類型に属して，単身一次葬を主体とする墓域である。

（1）　半坡遺跡の仰韶文化共同墓域の分析

半坡遺跡の仰韶文化の文化層は早期前半，早期後半，中期，晩期に分けられ，それぞれに半坡類型，史家類型，泉護類型，半坡晩期類型に属する。検出された177基土壙墓は35号，46号，55号，91号，102号，107号などが早期後半に属するほか，ほとんどが早期前半のものである。73基の甕棺墓もすべて早期前半のものである（厳文明　1989a）。

検出された半坡類型の墓の分布はおおむね2つの区域に分けられている。1つは土壙墓を主として，同時期の集落跡の大環濠の北側に位置する。もう1つ

は甕棺墓を構成して，居住区内に散在している。踏査による地表観察とサンプリングの調査などによって，少なくとも大環濠の東南側もう1つの土壙を主体とする共同墓域が存在することが推定できる。さらに，現代の工事のために，検出された北部の共同墓域は不完全で，その一部は破壊されていた。この北区の共同墓域からは170基近くの土壙墓が発見されており，墓壙の配列は規則性がみられ，東部と南部でやや乱れているほか，縦横の並び方はかなり整然としたものである。頭位方向は基本的に一致しており，普通西方向から20度を超えてふれることはない。さらに，墓壙の配列などによって，いくつかの墓群のまとまりが認められる。例えば，西北部の152号～159号の8基の土壙墓で構成される墓群（第75図・③の左上部），西部の2号～7号，42号，47号，48号，68号土壙墓で構成される墓群（第75図・③の左中部）などがあり，全部で7つの墓群が数えられる。各墓群において，墓の数や配列方式などは同一ではなく，一般に，10基前後の土壙墓が列状になるものが多い。これらの墓群に埋葬された死者には，男性，女性，成人，未成人がみられ，年齢，性別による偏りはない。副葬品の器種，形態，装飾などの検討によって，各墓群の形成過程はおおよそ共通していることが明らかになった。半坡遺跡の仰韶文化共同墓域の全貌は現時点ではまだ不明瞭である。しかし，北区の墓域の構成によって，半坡遺跡仰韶文化共同墓域は3つの段階に区別できるといえる。すなわち，墓群→1つの墓域→共同墓域である。同時期の集落構成のあり方を参照にして，1つの墓群の死者たちは生前に1つの単位集団に所属することが推測される。そして，この3つのレベルの墓域構成は当時の社会集団の構造を反映しているものと推定できる。

　半坡遺跡の甕棺墓は一部が住居区内の北縁の近くに集中して，そのほかの群が住居域の中に埋葬されている（第77図）。これらの甕棺墓は，概して，5，6基が1組となっていて，いくつかの甕棺墓群を形成している。葬具としての甕，盆あるいは鉢の形態，装飾などによって，各甕棺墓群の間には年代的な相違がないと認められる。このようにして，土壙墓群と同様に，1つの甕棺墓群は当時の社会構成の単位集団を表わしていると考えられる。

（2） 姜寨遺跡第1期の
仰韶文化共同墓域の分析

　姜寨遺跡第1期では3カ所の仰韶文化共同墓域が検出されており，それぞれが集落跡の居住区を取り囲んだ大環濠の東側（I区），東北側（II区），東南側（III区）に位置する。踏査で行った地表観察とサンプリンクの調査などによって，大環濠の西北側（現代の姜寨村の所在地）と大環濠の北側よりやや東の所（II区の北側）ではもう2カ所の同時期の共同墓域が存在する可能性が高い。発掘された3カ所の共同墓域はほとんど破壊されておらず，保存状態が比較的良好である（西安半坡博物館ほか　1988）。

　姜寨遺跡第1期の文化内容は非常に豊富で，住居跡が120棟，灰坑（多数が貯蔵穴で，僅かにゴミ穴が含まれている）が297基，窯跡が3基，土器をつくる工房が1棟，家畜囲いが2カ所，溝が4条，土壙墓が174基，甕棺墓が206基検出され，さらに大量の遺物が発見された。ここで，住居跡，墓葬の資料を中心に検討すると，層位関係と伴出土器の器種，形態の変化などから，姜

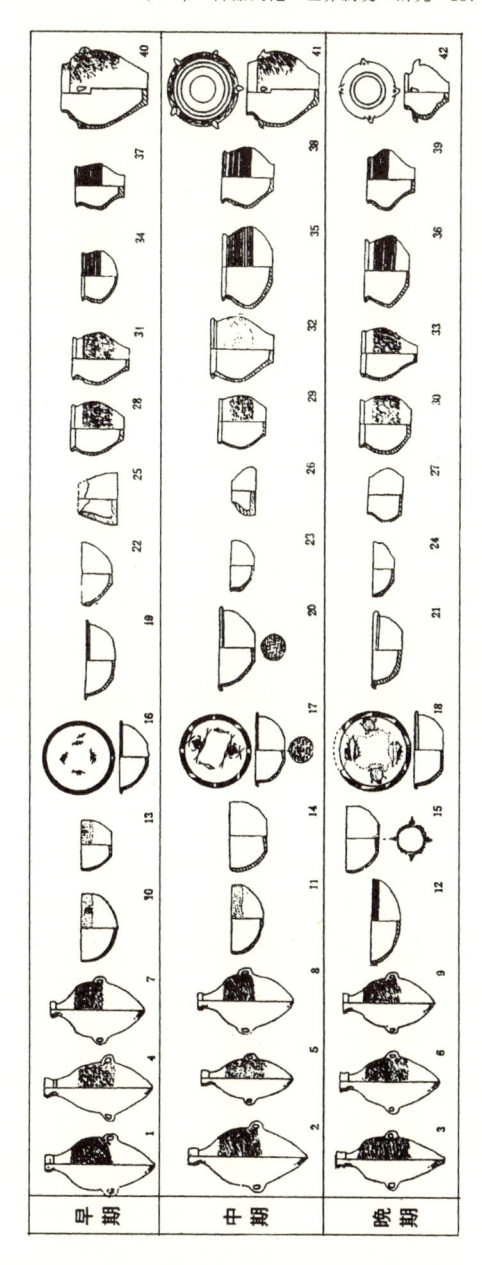

第93図　姜寨遺跡第1期の土器の変遷

寨遺跡第1期の文化層は3時期に分けられると考える（第93図）。この3段階を通じて，小口尖底瓶，鉢，盆，碗，盂，罐，甕など7つの主要な器種は，明確な器形上の継続性を示している。検出された3カ所の墓域では，早期，中期，晩期のそれぞれの時期に属するものが各墓域に含まれている。このような検討から，この3カ所の墓域の形成過程がほぼ同じであることが明らかになった。このことから，死亡時期が同じ，あるいは近接した複数の被葬者がそれぞれの墓域に埋葬されたことが明らかとなった。これらの被葬者は生前にそれぞれ同一の単位集団に配属していたことを物語っている。

姜寨遺跡第1期の共同墓域では，遺構の分布状態などより，それぞれが3つの墓群に分けることができる（第80図～第82図）。各墓群において，埋葬された死者には，男性，女性，幼児のいずれも含まれており，年齢，性別による大きな偏りがない傾向を看取することができる。そのうち，ⅠA，ⅠB区では，ほとんどのものが幼児の墓であり，これは限られた発掘調査面積のためかもしれない。ⅡA区もおおよそ同様な状況であったと考えられる。さらに，細分した3時期を基準にすると，各墓群の間には年代的な差異がない。そのため，各墓群の形成過程がおおよそ同じであったことが推定できる。以上のように，姜寨遺跡第1期の共同墓域では，半坡遺跡と同様に，墓群→1つの墓域→共同墓域の3つのレベルに分けられる。この3つのレベルの墓域構成は当時の社会集団の構造を反映しているものと推定できる。1つの墓群における時期的な変遷は必ずしもないが，一時期の土壙墓が集中的に列状に配置される傾向が認められる。その例証としては，ⅠB群の東部での早期に属する40号～43号の1組，ⅠC群の南部での晩期に属する53号，52号，36号，37号の1組，ⅢC群の東北部での晩期に属する90号，88号，162号，160号，156号の1組，ⅢC群の中部での165号，176号，161号，157号の1組などがある。死亡時期が同じ，あるいは近接した被葬者がある集団関係に基づいて，一定の規制に従ってそれぞれの墓群に埋葬されたことが明らかとなった。さらに，姜寨遺跡第1期の集落構成の基礎単位（住居跡群）の実態を参照にして，1つの墓群は同時期の集落構成の基礎単位と同様，1つの家族の墓地であったことが推測される。このようにして，墓群→1つの墓域→共同墓域の3つの墓域の構成は家族→拡大家族→氏族の3つの単位集団に反映されたと考えられる。

姜寨遺跡第1期の甕棺墓は52基が共同墓域内に散在するほか，残る154基が居住域内に分布している。これらの甕棺墓は一般的に10基前後が甕棺墓群を形成しており，共同墓域の墓群あるいは住居跡組群の中に分布している。土壙墓が3つの時期に細分されるのと同様に，甕棺墓も3つの時期に分けられる。1つ1つの甕棺墓の時期の判明は資料の制約もあって不可能であるが，甕棺墓群の間に年代的なずれがみられる。これらのことから，1つの甕棺墓群は1つの家族が一定の時間内に死亡した幼児を埋葬する墓域であったと推測される。

(3) 北首嶺遺跡の仰韶文化共同墓域の分析

北首嶺遺跡の仰韶文化共同墓域は遺跡の南部に位置し，検出された土壙墓と甕棺墓はほとんどこの一画に分布している。墓域からは土壙墳が381基，甕棺墓が66基検出されている。この共同墓の存続期間はかなり長くて，半坡類型から史家類型にかけて営まれている。そのうち北首嶺遺跡中期前半，すなわち，半坡類型に認定できるのは約90基，中期後半，すなわち，史家類型に認定できるのは87基である（王小慶 1993）。

北首嶺遺跡の仰韶文化共同墓域は存続時間がかなり長く，大多数の土壙墓の墓壙が不明瞭で，墓群などの単位の認定がかなり難しい。しかし，この墓域では，3～5基の同時期の土壙墓が1組となっていることが認められる。このグループとなる3～5基の土壙墓は，同一の層位にあって，頭位方向が一致し，1列に並んでいる。さらに，墓と墓の間隔もほぼ同じである。283号，284号，285号の土壙墓は頭位方向がすべて西に向き，0.5mの間隔で南北に1列になって，かなり整然と並んでいる（第84図の上）。この3つの土壙墓はともに現在の地表から深さ1.1mほどにある。そのほかに，285号土壙墓からは鉢2点，尖底瓶2点，罐1点，骨鏃3点，284号土壙墓からは鉢1点，尖底瓶1点，罐1点，骨鏃5点，装身具1点，283号土壙墓からは鉢5点，罐2点，尖底瓶1点が出土している。その中の鉢，罐，尖底瓶は形態，装飾が同じで，同時期のものであると認められる。このような事例は他にもみられる。半坡遺跡，姜寨遺跡第1期の状況を考慮すると，これらの同時期の1組の土壙墓は北首嶺遺跡仰韶文化共同墓域の構成の基礎単位であったと考えることができる。このように，北首嶺遺跡の仰韶文化共同墓域は半坡遺跡，姜寨遺跡第1期の共同墓域と共通した

構造を有すると認められる。

3　元君廟遺跡,横鎮遺跡,史家遺跡,姜寨遺跡第2期の仰韶文化共同墓域の分析

元君廟遺跡,横鎮遺跡,史家遺跡,姜寨遺跡第2期の仰韶文化共同墓域は二次葬を主体とする墓域であり,そのうち,横鎮遺跡,元君廟遺跡の仰韶文化共同墓域は半坡類型,姜寨遺跡第2期,史家遺跡の仰韶文化共同墓域は史家類型に属する墓域である。

(1)　元君廟遺跡の仰韶文化共同墓域墓分析

元君廟遺跡は陝西省華県にあって,秦嶺山脈の南麓に位置する。1958～1959年,北京大学により発掘調査が行われ,発掘調査の面積は800㎡である。ここからは500㎡の半坡類型に属する共同墓域が検出された。共同墓域の四方に設けら

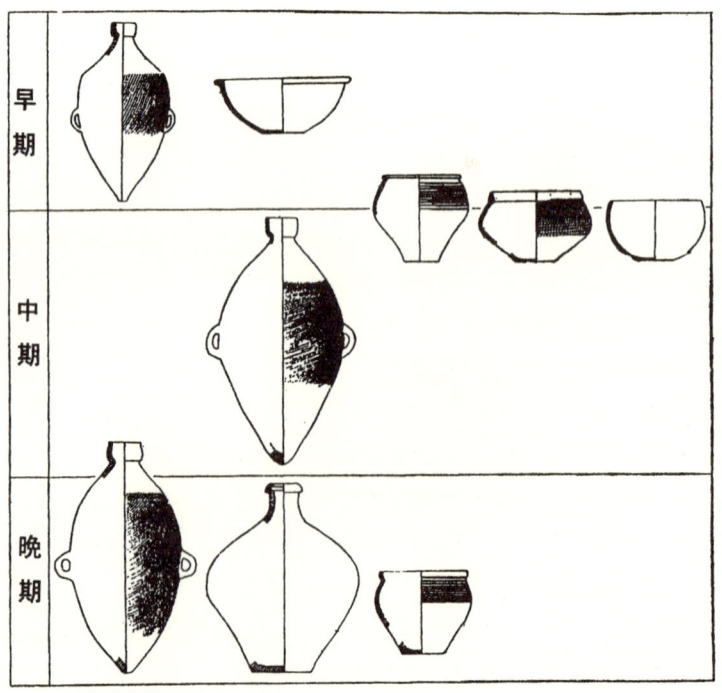

第94図　元君廟遺跡の土器の編年（北京大学歴史系考古学教研室　1983の図五より作成）

第4章　仰韶文化の埋葬制度の研究　161

れたトレンチから，この共同墓域の全体がすべて掘り出された（北京大学歴史系考古字教研究室　1983）。

元君廟遺跡の仰韶文化共同墓域からは57基の土壙墓が検出されており，438号，423号，460号，461号墓が史家類型期に属する。その他の墓はすべて半坡類型期に属するとみられる。発掘調査の担当者は層位関係と副葬品の器種，形態などの変化により，46基の土壙墓が3つの時期に細分されるとした（第94図）。他の7基の墓は，副葬品が欠如すること，層位状況が不明瞭なことから，編年が困難であった。この観察を基準に

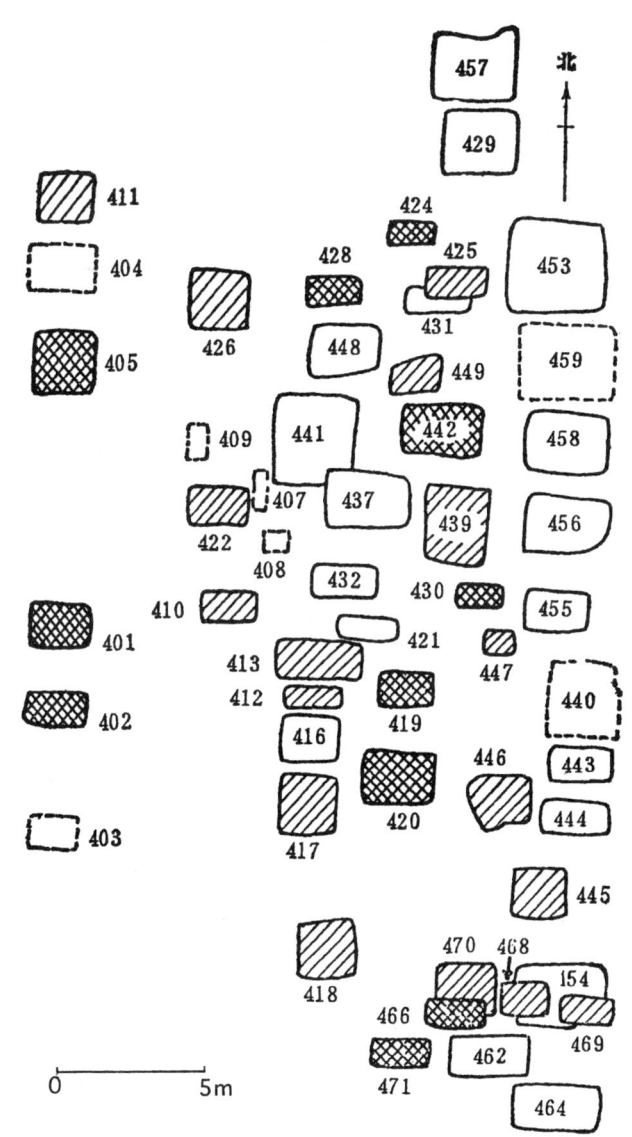

第95図　元君廟遺跡の仰韶文化共同墓域
数字は墓の番号，□ 早期の墓，▨ 中期の墓，▩ 晩期の墓(北京大学歴史系考古学教研究室　1983の図六より作成)

すると，元君廟遺跡の仰韶文化共同墓域はおおよそ東と西の2つの墓群に分けられる（第95図）。各墓群においては，墓壙が列状に分かれて南北方向に連なっていたことが認められる。さらに，各時期の墓群の分布に規則性がみられる。中期の東群は早期の東群の西側，晩期の東群は中期の西側に順々に移った。西群では時期の推移とともに同じような動きがみられる。この2つの墓群は文化内容，年代などの面ですべて同じであるが，しかし分布の空間は別々である。その原因は，死亡時期が同じ，あるいは近接した被葬者がその集団関係と規制

第6表 元君廟遺跡仰韶文化共同墓域の墓の構成

時 期	早 期		中 期		晩 期	
墓の種類	合葬墓	単人墓	合葬墓	単人墓	合葬墓	単人墓
A群（個数）	9	3	5	1	1	5
B群（個数）	2	4	7	2	3	1

によってそれぞれの墓群に埋葬されたことにあると考えられる。そして，この2つの墓群は2つの単位集団の埋葬地であったことが認定できる。さらに，各墓群において，同時期の2，3基の墓が列状に整然と並べられて1組となっていたとみられる。例えば早期の457・429の1組，458号・455号・456号の1組，443号・444号の1組，中期の469号・468号・470号の1組，412号・413号の1組，晩期の401・403号の1組，419号・420号の1組などがある。各組に埋葬された死者は5，6人前後で，概して，年齢，性別に偏りがない。このように，元君廟遺跡の仰韶文化共同墓域は3つの段階に分けられる。すなわち，1組の墓→墓群→共同墓域である。このような共同墓域の構造はおそらく当時の人間集団の構成を反映していると考えられる。同時期の姜寨遺跡第1期の集落構成のあり方を参考にして，元君廟遺跡の墓域の死者の人数，性別，年齢構成を考えたうえ，このような墓域構造は家族→大家族→氏族の3つの単位集団を反映していると推定できる。

　元君廟遺跡の共同墓域は合葬墓を主体とする墓域であり，合葬墓は28基で，

第7表　元君廟遺跡仰韶文化共同墓域の合葬墓の年齢, 性別構成

墓の番号	合葬の人数	幼児	15~18才	20才~ 男	20才~ 女	30才~ 男	30才~ 女	40才~ 男	40才~ 女	50才~ 男	50才~ 女	年齢不明の成人 男	年齢不明の成人 女	性別年齢不明	一次葬の有無
403	4	1										1	2		
404	6	1				1	1	1	1				1		すべて一次葬
405	12	2	1	1		2	2	2			1	1			1体の幼児
411	5	1	1			2		1							
413	2			1	1										すべて一次葬
416	8	1		1	1	1	2	2							
417	23	2	1	2	1	10	3	2		1		1			
418	5					3	2								30才の女性1体
425	3	1				1							1		成人女性1体
426	25	7		1	1	2	5	3		1	1			4	
429	2	2													
439	8	3				1		1	1	2					
440	11	1		1	3	1			1	2	2				50才女性1体と20才女性1体
441	6			3		1						1		1	
443	2				1	1									
444	6	1			1		1	1	2						
445	7	2				1	1			2	1				
446	12	2			3	3	1		1			1	1		
449	3									2	1				
454	9	2		1	3									3	
455	4	1				1	2								
456	7		1	2	1	1	2								50才の男性2体
457	3				1		2								30才の女性1体

全体の3分の2を占めていた。そのうち，一次葬の合葬墓は2基で，一次葬の人骨と二次葬の人骨との合葬墓が8基あり，二次葬のみの合葬墓は16基ある。二次葬の人骨は，一次葬と見間違えるほど入念に骨格を仰臥伸展位に配列している。第6表に示したように，早，中，晩期3つの時期において，A，B群では合葬墓，単人墓の両方がある。各合葬墓の死者の年齢，性別の構成は第7表に示している。そのうち，一次合葬の404号墓は6人が埋葬されて，死者の年齢構成からみると，3世帯の家族の合葬墓であったと推定できる。一次葬の人骨と二次葬の人骨との合葬墓の中では，一次葬の死者は405号墓の幼児1体と456号墓の50才の男性2体ほか，すべて女性である。すなわち，多くの場合は，女性の死亡をきっかけに二次葬を行ったことが明らかになった。この28基の合葬墓の中で，男性が多いのは13基，女性が多いのは3基，男性と女性が同じものは2基，同性合葬は10基ある。全体的にみると，男性が多いものが多数を占めている。男女の比率が著しく不均衡な状態を示す墓がみられる。例えば，456号墓は男性が6体，女性が1体，417号墓は男性が16体，女性が4体埋葬されている。このようなあり方から，死亡者の性別，年齢が偶然性を考えた上で，当時の人口構成は男性のほうが多い可能性が高いと推測される。

（2） 横鎮遺跡の仰韶文化共同墓域の分析

横鎮遺跡は元君廟遺跡の東10km離れた所に位置する。発掘調査された仰韶文化共同墓域は横鎮遺跡の遺跡の東部にあり，面積が約200m²である。ここからは3つの大型二重埋葬坑と8基の二次葬の土壙墓が検出されている。他の発掘調査区域の状況などから，第3号二重埋葬坑の南半分はすでに破壊されていたが，この仰韶文化共同墓域の全貌がほとんど明らかにされた。

横鎮遺跡の仰韶文化共同墓域から検出された墓はすべて同じ層位にあって，各墓が切り合わずに整然と配列されている。ほとんどの墓は鉢，尖底瓶，罐などの副葬品を伴っていた。これらの副葬品の形態的な変化に基づいて，元君廟遺跡の3時期に細分した基準を参考とし，横鎮遺跡の仰韶文化共同墓域を3時期に区分できる（第96図）。早期に属するのは第1号大型二重埋葬坑と52号墓，中期に属するのは第3号大型二重埋葬坑と53号墓，晩期に属するのは第2号大型二重埋葬坑である。さらに細分すると，各墓の年代順序は第1号大型二重埋

第4章 仰韶文化の埋葬制度の研究 165

早期

中期

晚期

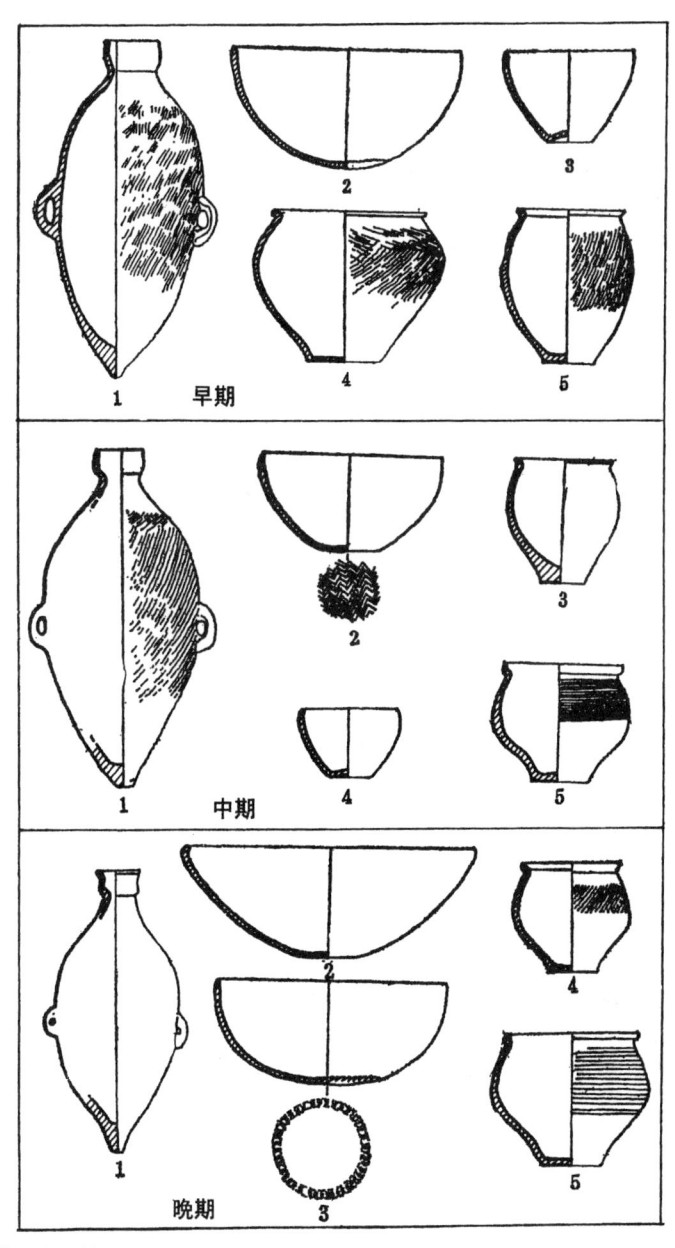

第96図 横鎮遺跡の土器の編年（厳文明 1988の図二〜図四より作成）

葬坑→52号墓→第3号大型二重埋葬坑→53号墓→第2号大型二重埋葬坑である。この3つの時期を基準にして，墓域は配置の企画性がみられる。当時の墓は最初に北から南の順序に配置され，南のほうが墓域の限界になり，西のほうに移ったとみられる。

横鎮遺跡の仰韶文化共同墓域の特徴としては，3つの大型二重埋葬坑が南北方向に配置されたことが挙げられる。これらの大型二重埋葬坑はいずれも複数の方形の墓坑で構成され，すべての墓坑は西頭位の二次合葬墓で，人骨はほぼ仰臥伸展位であり，副葬品は鉢，尖底瓶，罐が1セットで被葬者の足の付近に置かれている。そのうち，第1号，第2号大型二重埋葬坑は保存状態が完全で，それぞれ44体，41体の人骨が検出された。第3号大型二重埋葬坑は全貌が不明であるが，規模の面から埋葬人数は第1号，第2号とほぼ同じであろうと推定される。1つの大型二重埋葬坑は5基前後の墓坑で構成され，各墓坑内に5，6体の遺体が埋葬されていた。横鎮遺跡の共同墓域は1時期に，大型二重埋葬坑1基が存在する。この大型二重埋葬坑は共同墓域と同じレベルの単位であったことが指摘される。このように，横鎮遺跡の仰韶文化共同墓域は2つの段階に分けられる。すなわち，墓坑→大型二重埋葬坑である。横鎮遺跡の副葬品の型式学の研究などにより，横鎮遺跡の仰韶文化共同墓域の存続時間は100～120年前後と推測されている。その推定を認めれば，当時の集団規模と各墓坑の人数などを総合的に考えると，1つの墓坑は1つの家族の合葬墓であると推定される。さらに，この大型二重埋葬坑は1つの大家族の集中合葬墓と推測できる。そのほかに，このような大型二重埋葬坑の存在は，一定の時間において，各家族の個別意識を超えた合葬儀礼が行われたことを示唆している。

(3) 史家遺跡の仰韶文化共同墓域の分析

史家遺跡が発見されて以後，検出された43基の土壙墓の編年に関する研究は研究者の注目を集め，分析方法の違いや，資料認識の違いなどもあって，その解釈で激しく論争が行われた。これまでにおおよそ7種の見解が提示されている。筆者は史家遺跡の層位の状況，墓の切り合い関係と副葬品の形態の変化などについての慎重な分析研究をもとにして，史家遺跡の35基の墓が前，後両期に分けられると考えている。他の8基の墓は，副葬品が欠如すること，層位状

況が不明なことから，編年が困難である（王小慶 1993）。

史家遺跡の仰韶文化墓地では，単体一次葬墓が3基検出されたほか，すべての墓坑は複数の遺体の二次合葬墓である。埋葬された遺体数は，少ないもので4体，多いもので51体が数えられ，平均して20体前後を合葬している。第8表に示したように，40基の合葬墓の中では，男性が多い墓が29基，女性が多いのは6基，男性と女性が同数のものが3基，男性の同性合葬墓が1基ある。その

第8表　史家遺跡の仰韶文化共同墓域の合葬墓の年齢，性別構成

墓の番号	遺体数	男性 （青年・壮年・老年）	女性 （青年・壮年・老年）	未成人	性別不明
1号	15	10（0：10：0）	5（1：4：0）		
2号	8	5（0：5：0）	3（1：2：0）		
3号	23	8（0：6：2）	11（0：10：1）	4	
4号	6	2（0：2：0）	4（0：4：0）		
5号	51	32（0：32：0）	18（1：17：0）	1	
6号	30	24（0：24：0）	4（0：4：0）	2	
7号	13	5（1：4：0）	6（0：6：0）	2	
8号	28	19（0：17：2）	4（0：4：0）	4	1
9号	24	10（0：10：0）	6（0：6：0）	7	1
10号	20	13（0：13：0）	6（1：5：0）		1
11号	25	14（0：13：1）	11（2：7：2）		
12号	17	15（0：14：1）	2（0：2：0）		
13号	8	7（0：6：1）	1（0：1：0）		
14号	13	4（0：4：0）	4（1：3：0）		5
15号	6	5（0：4：1）	1（0：1：0）		
16号	8	6（0：6：0）	2（0：2：0）		
17号	18	11（0：11：0）	6（0：6：0）	1	
18号	18	11（2：9：0）	7（0：7：0）		
19号	20	13（0：13：0）	5（2：3：0）	2	
20号	18	14（0：13：1）	2（0：2：0）	2	

21号	4	2（0：2：0）	2（0：2：0）		
22号	5	5（0：5：0）			
23号	9	4（0：4：0）	5（0：5：0）		
24号	20	11（0：10：1）	3（0：3：0）	2	4
25号	26	16（0：16：0）	9（0：9：0）	1	
26号	27	17（0：17：0）	10（0：10：0）		
27号	28	19（0：19：0）	7（0：7：0）	2	
28号	29	12（0：12：0）	14（13：1：0）	3	
29号	11	9（0：9：0）	2（0：2：0）		
30号	16	8（0：8：0）	8（1：7：0）		
31号	14	12（1：11：0）	2（1：1：0）		
32号	11	6（0：6：0）	5（0：5：0）		
33号	13	6（0：6：0）	6（0：6：0）	1	
34号	32	12（2：10：0）	15（5：10：0）	5	
36号	13	6（0：6：0）	4（0：4：0）	2	1
37号	15	8（0：8：0）	5（1：4：0）	2	
38号	6	3（0：3：0）	3（0：3：0）		
39号	21	18（3：13：2）	3（1：2：0）		
42号	16	13（1：9：3）	3（1：2：0）		
43号	42	24（1：23：0）	11（2：9：0）	7	

うち，男性が女性の2倍以上を占める墓が12基ある。さらに，この墓域から検出された730体の人骨中，男性・女性・未成人・性別不明はそれぞれ441体・224体・52体・13体である。成人男女の比率は1.96：1で，著しく不均衡である。この比率は当時の人々が意識的に人口の男女比率を統制していた可能性が高いことを示唆している。

　史家遺跡の仰韶文化共同墓域では，墓坑の分布状況に疎密が認められる。墓域の東部では墓が密集して，切り合い，重複関係が著しい。逆に，墓域の西部では，早期から晩期にかけてまばらに散在する分布状態になっている（第97図）。このような墓坑の分布は，当時，埋葬空間の占有性が一定期間は意識されていたことがうかがえる。史家遺跡の仰韶文化共同墓域では，墓坑が意識的に配列

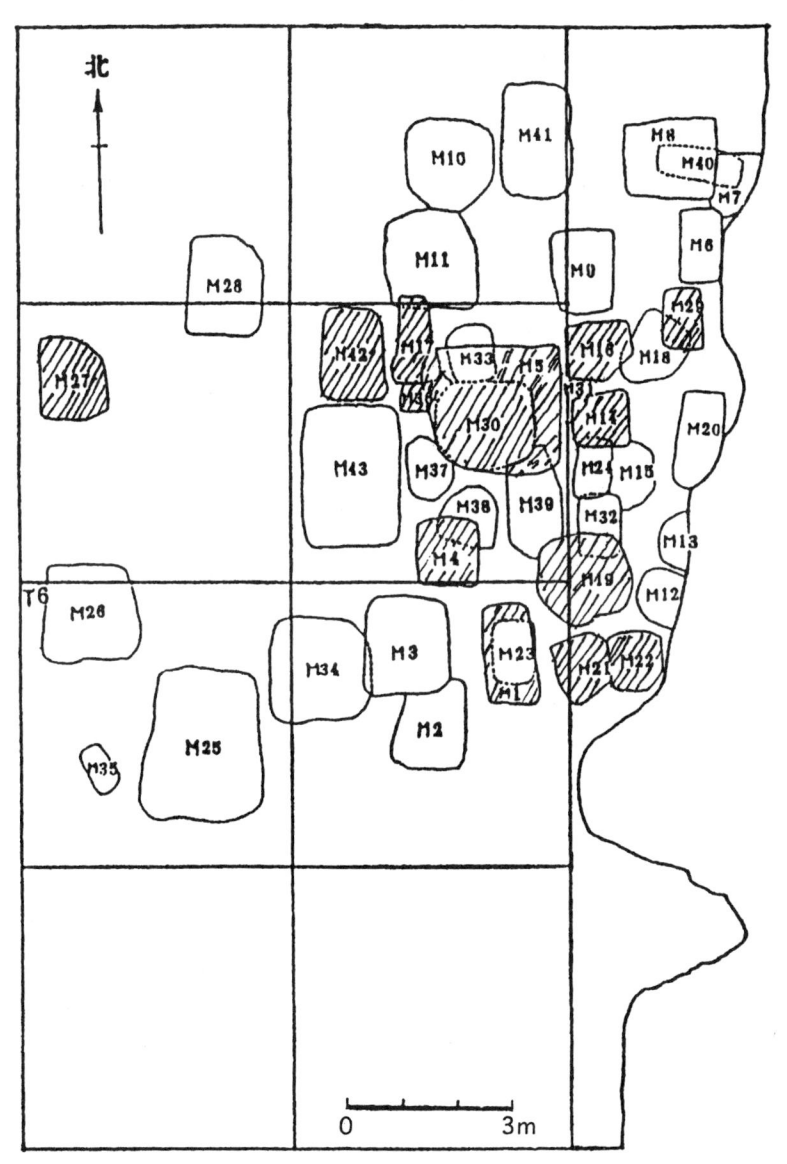

第97図　史家遺跡の仰韶文化共同墓域
☐ 早期の墓, ▨ 晩期の墓（西安半坡博物館　渭南県文化館　1978の図二より作成）

される元君廟遺跡，横鎮遺跡のような墓制をみることができない。2, 3基の墓が1組となるあり方も認められない。このように，史家遺跡の仰韶文化共同墓域は1つ1つの二次合葬墓から構成されている。しかし，史家遺跡の1つの墓坑に埋葬された遺体数は，一般に20体前後で，多いものでは51体に達する。このような史家遺跡の二次合葬墓は，おそらく横鎮遺跡の大型二重埋葬坑にみられた各家族の個々のまとまりの意識を超えた関係で，一定期間合葬し続けたものであろうと推測される。

(4) 姜寨遺跡第2期の仰韶文化共同墓域の分析

姜寨遺跡第2期仰韶文化共同墓域において，最も重要な点は半坡類型から史家類型にかけて埋葬制度の変遷の脈絡をはっきり提示したことである。姜寨遺跡第2期の下層では，埋葬制度だけでなく，土器の器種，形態，文様などのほとんどが半坡類型の姜寨遺跡第1期から受け継いだものである。この時期に，姜寨遺跡の東側，黄河東岸の仰韶文化後崗類型，東庄類型と隣接した元君廟遺跡，横鎮遺跡では，土器の器種，形態，文様などの面で半坡類型の特徴を踏襲するとともに，墓制に著しい変化が生じている。後崗類型，東庄類型で発生した多人二次合葬墓は元君廟遺跡，横鎮遺跡の仰韶文化半坡類型の共同墓域の主体になった。姜寨遺跡第2期下層の時期になると，東庄類型の後継者としての廟底溝類型の文化が西へ拡張し，関中地区仰韶文化の文化内容が急激に変わってしまい，史家類型が登場する。そして，史家類型の文化特徴の1つとして，多人二次合葬墓が埋葬制度の主体になっていたことをあげることができる。

姜寨遺跡第2期では，住居跡が7棟検出されている。この時期の集落構成の全貌ははっきり分かっていないが，この7棟の住居跡の配置から第1期の中心広場が引き続き集落の中心であったことが推測される(蘇乗埼 1981)。姜寨遺跡第2期の共同墓域は，この集落の中心地に配置されていたことが認められる。また，関中地区仰韶文化集落構成の分析により，この時期の集落構成は，一般的に，広場を中央に，住居が出入口を広場に向けて，その周りを取り囲む規則的な求心配置をとる。個々の住居から集落まで2, 3のレベルの単位集団が区別できる。また，大多数の集落の周囲に防御的な性格の周溝をめぐらしている。集落中心の広場は各氏族が公共行事あるいは儀礼・祭祀を行った場所であると

考えられる(第3章参照)。半坡類型の姜寨遺跡第1期に,共同墓域は居住区の外側に位置し,両者が居住区を囲む周溝によってはっきり区分されている。史家類型の第2期に,埋葬方式に著しい変化を生ずるとともに,共同墓域も居住区外から居住区内の公共行事あるいは儀礼・祭祀を行う場所である中心広場に移動する。このように,姜寨遺跡第1期から第2期への共同墓域配置の変化は,関中地区仰韶文化埋葬制度の変遷を理解する上で重要な手がかりを提供してくれた。同様な事例は北首嶺遺跡でも認められる。これらの墓制のあり方によって,史家類型期に,葬礼を中心に,公共行事あるいは儀礼・祭祀を行ったことが推測される。姜寨遺跡第2期,史家遺跡で検出された多人二次合葬墓,さらに,横鎮遺跡でみられた大型二重埋葬坑はこのような行事を行った遺構であろうと考えられる。

4 関中地区仰韶文化の埋葬制度に関する問題

関中地区仰韶文化の埋葬は土壙墓と甕棺墓を主体としている。土壙墓は成人を対象とした基本的な埋葬であり,甕棺墓は主に幼児を対象とする埋葬である。同一の墓域内に,しばしば多種の葬法が認められるが,そのうちの1種が基本となる葬法であり,少数ずつみられるその他の葬法は,一般に非正常死亡者の埋葬と考えられる。例えば,半坡遺跡の仰韶文化共同墓域では,葬法はほとんど単身仰臥伸展葬であるが,ほかに俯臥葬が15例,屈葬が4例検出された。この19基の墓はいずれも副葬品がみられない。そして,単身仰臥伸展葬は頭位がすべて西向きであるのに対して,これらの墓は北か南向きである。さらに,屈葬の83号墓の遺体は右足骨を欠いている。このような埋葬のあり方から,これらの死者は非正常死亡の可能性が高いと推測される。

関中地区仰韶文化の土壙墓の頭位方向はほとんど西向きである。これに関しては民族学の事例を参照して,様々な解釈がある。例えば,霊魂が故郷に帰るという信仰があり,頭の西向きは,当時の人々が自分の故郷は西にあると思っていたからであるという説,当時の人々は霊魂の世界があり,人が死んでから霊魂はその世界に行くと考え,頭をその世界の方向に向けていたという説,人の死亡を日が暮れるのと同じように考え,西向きとしたのかもしれないとする説(王仁湘 1989)など様々である。こられの解釈はいったいどれが正しいか,

判断が難しいが、いずれにせよ、関中地区仰韶文化の墓の頭位の西向きは原始的な宗教信仰と関連したものであるといえる。このように、関中地区で仰韶文化を営む人々は、同じ習俗、あるいは原始的な宗教信仰をもっていたことが明らかにされたといえる。

　関中地区仰韶文化前期の共同墓域において、多数の墓が墓坑の規模、副葬品の構成、埋葬施設などの点ではほぼ同じ様相をみせ、大きな相違がない。しかし、一方、個々の例としては、共同墓域内に特別な施設、特殊な副葬品を伴う墓が存在している。例としては、半坡遺跡の152号墓、元君廟遺跡の458号墓などが挙げられる。これらの墓は墓坑の規模、副葬品の構成、埋葬施設などの面では、墓域の主体となっていた墓と大きな格差が認められるが、後世の龍山文化のような権威、あるいは地位の高さを象徴するものは全く所有していない。したがって、当時の社会集団内で、一般の共同体成員との間の格差は、まだ質的な差にまで発展していないといえる。これらの少数の特殊な墓はおそらく当時の社会集団内に特殊な能力をもつ人か、血縁や信仰などの面で特別な地位にある人の埋葬地と推定される。共同墓域内にこのような特別な施設を伴う墓の存在を許すことは、社会集団内部の階層化が顕在化し始めたことを認めることができる。これは当時の社会集団において階層化する動きが発生していることを暗示している。仰韶文化の晩期に至ると、関中地区において、資料の制約もあって埋葬制度の実態がまだ不明瞭であるが、周辺地区の仰韶文化晩期の資料を検討すると、共同墓域内に墓坑の構造、規模、副葬品の内容、埋葬施設のあり方などで不均衡がみられ、当時の社会集団内部の分化あるいは階層化が出現してきたことを物語っている。それは当時の社会が階層化社会に向かい、さらに高度な段階へと発展しようとしていたことを反映しているのである。

　関中地区仰韶文化の埋葬制度において、特に注目されたのは多体二次合葬墓である。黄河流域において、二次葬は関中地区仰韶文化の半坡類型の早期に属する半坡遺跡、姜寨遺跡第1期、北首嶺遺跡中期前半などに最も早く出現していた。この時期では、二次葬は墓域全体からみると比較的少なく、一次葬の墓が主流となっている。半坡類型の晩期の元君廟遺跡、横鎮遺跡、姜寨遺跡第2期下層、さらに史家類型の史家遺跡、姜寨遺跡第2期上層になると、この特殊な埋葬習俗は一層発展し、多くの場合、20体前後、最も多い例で84体の多体二

次合葬墓が出現する。埋葬方式も大きく変化している。泉護類型以後，二次合葬墓は関中地区で認められない。他方，関中地区西側の黄河上流域に分布する馬家窯文化において二次合葬墓が登場する。土器の器種，器形，文様などに関する型式学的分析を通じて，史家類型時期から，関中地区仰韶文化の中でいくつかの新たな文化要素が出現することがうかがえる。これらの新たな要素は土器の属性の中にはっきり現れている。例えば，第5章で詳しく論じるように，その器形，製作方法の大きな変化，彩絵模様の変化，新たな器種の出現などがある。この時期の文化変容は，黄河東岸の廟底溝類型仰韶文化が西へ拡張した結果であると考えられる。ことに姜寨遺跡第2期の下層と上層における葬制の大きな変化は，廟底溝類型仰韶文化がこの時期から関中地区に進出したことを反映している。その後，この影響が徐々に強くなっていく一方で，関中地区仰韶文化の地域的特徴が次第に隴山西側へ拡張し，さらに，黄河上流域において馬家窯文化に変身していたと考えられる。これは，土器の型式学的なあり方からみると，鉢，瓶，罐，盆の4つの主要な器種の上に，最もはっきりと現れている。このような文化の変化は葬制においても認められる。

　現在の段階では，二次合葬墓は共同墓域内に一次葬と併存しており，これらの墓の間にどのような有機的関係があるのか，まだ不明である。しかし，少なくとも関中地区の二次合葬墓については，ある段階において，一定の葬法が成立し，その社会における葬送儀礼の中で重要な役割を果たしていたものと考えられる。このように，二次合葬墓は関中地区仰韶文化の埋葬制度の中で重要な位置を占めていたものと考えられる。その葬法は，最終段階の埋葬に際して，前段階の埋葬から骨化を待って行われたものであり，当初から予定されたものであった。すなわち，前段階の埋葬が，被葬者が属していた社会の構成員によって記憶され，識別されていることである。横鎮遺跡の例では，墓域内において墓が相互に切り合う，重複関係は他の遺跡に比べて非常に少ない。これはおそらく一次葬が死者の後継者たちに記憶ないし把握されていて，数年を経過した後で，一斉に改葬したものと考えられる。このような改葬は少なくとも3回行われたことが認められる。そして，横鎮遺跡の1つの大型二重埋葬坑に合葬した人骨は同じ血縁関係に基づいて集められたものであり，小坑のそれはより強固な血縁関係を示していると考えられる。

ま と め

　以上の分析を通じて，関中地区仰韶文化の墓域は，多くが居住区の近くに位置し，一般的にこれらはある社会集団の共同墓域であることが明らかにされている。墓域内の墓坑の配置関係などによって，死者がある規範にしたがって，自分の所属する単位集団の墓域に埋葬されていたことが分かった。晩期になると，前期に比べて若干の変化が生じたことが認められている。その変化から，社会分化，あるいは階層化が著しくなったと推測できる。

第5章 仰韶文化の地域性と時期性

はじめに

　関中地区は仰韶文化が最も発達した地域であり、50年代の西安市半坡遺跡(中国科学院考古研究所　1963)の発掘調査をはじめに、仰韶文化の発掘調査と研究が進んでいて、すでにかなりの成果をあげるまでになっている。これまでに、仰韶文化に属する遺跡が約600カ所発見され、本格的な発掘調査を行ったのが20カ所ぐらいである。これらの発掘調査を通じて、この地域の仰韶文化の基本的な性格が明らかにされたのである。以下、これらの発見を基礎にして、土器の属性としての器種、器形、文様などの型式学の分類を通じて、土器を中心に、関中地区の仰韶文化の文化特徴を総括する。その検討に基づいて、関中地区の仰韶文化の文化様相は地域的なものと外来的なものとの2つのグループに分類される。この2つのグループの変遷について検討し、関中地区の仰韶文化の成立、拡張、変容などの発展過程を追求することとしたい。

1　関中地区仰韶文化の成立

　これまでの発掘調査によると、関中地区における最も古い新石器時代文化は老官台文化である。老官台文化は1959年陝西省華県老官台遺跡で初めて明らかにされたが(北京大学考古学研究室華県報告編写組　1980)、1970年代以後、陝西省臨潼県白家(Baijia)遺跡(中国社会科学院考古研究所　1994)、渭南市北劉遺跡(西安半坡博物館ほか　1982, 1986)、白廟(Beimiao)遺跡(西安半坡博物館　1983a)、零口(Lingkou)遺跡(鞏啓明　1997)、宝鶏市北首嶺遺跡(中国社会科学院考古研究所　1983)、南鄭(Nanzheng)県龍崗寺(Longgangsi)遺跡(陝西省考古研究所漢水隊　1988)、甘粛省秦安県大地湾遺跡(甘粛省博物館文物工作隊　1981、甘粛省博物館文物工作隊　1982、甘粛省博物館文物工作隊　1983)、天水(Tianshui)市西山坪(Xishanping)遺跡(中国社会科学院考古研究所甘粛工作隊　1988)、師趙村(Shizhaocun)(中国社会科学院考古研究所甘粛工作隊　1990)遺跡などの発掘調査

が蓄積されるにつれて，その文化内容はより鮮明になってきた。現在までに報告されている老官台文化に属する遺跡は20カ所ほどあり，これらの資料によって，老官台文化は関中地区に中心をおき，仰韶文化に先行する，独自の諸特徴を備えた新石器時代早期後半の文化であることが明らかになった。老官台文化の分布範囲は関中地区を中心として，北山が北限，漢江流域が南限，潼関が東端，隴山西側の天水地区が西端となっている。C14年代測定法によって，老官台文化の絶対年代は7,800年B.P.～7,000年B.P.の間に相当することが明らかにされている。

　老官台文化の遺跡の分布密度は仰韶文化に比べて非常に低く，遺跡の面積も小さく，仰韶文化のような数万m²を超える遺跡は認められない。老官台文化の土器はすべてろくろを使用せず，手で成形されている。土器の成形方法は，紐作り（巻上げあるいは輪積み）を主として，いくつかの粘土板を重ねて貼り付ける成形技法などもみられる。土器は縄を巻き付けた叩き板を用いて押しつけたり，叩いたりして調整する。そのために，ほとんどの土器の表面の体部には交錯あるいは重複した縄文が施されている。焼成温度が低いために，土器の色調は均一ではなく，主に褐色と灰褐色を呈しており，灰色，黒色の斑状のものなどもみられる。老官台文化には三脚器や圏足器（台付土器）が多く，平底の土器は少ない。器形は平底碗（第98図・18, 22)，圏足碗（第98図・7, 8, 13, 21)，仮圏足の碗（中実の台部を張り付けた碗，第98図・14, 17)，三脚鉢（第98図・3, 4），丸底鉢（第98図・1, 2)，三脚罐（第98図・5, 6, 9, 10, 19, 20, 23, 24, 25)，平底罐（第98図・16)，小口壺（第98図・11, 12）などを主とする。器面の文様としては，体部の縄文以外，口唇部，口縁部，頸部などに刺突文，貼付文，劃文，押捺した鋸歯文などがみられる。このほか，少量の彩文土器も検出されている。彩文土器は鉢の口縁部に沿って紅色を一周，塗彩したものであるが，一部には鉢の内面に簡単な彩文，例えば円点文，波折文，条線文などを加えた例も認められる。老官台文化の石器は打製を主とし，磨製石器と局部磨製石器もみられる。有孔石器はみつかっていない。石斧，石包丁，石鏃，スクレーパー，チョッパーなどのほか，若干の細石器が伴っている。老官台文化では，住居跡の発見例がまだ少なく，6棟のみである。この6棟の住居跡はすべて円形の竪穴式のものであり，面積が小さく，6m²前後である（第67図）。一般的に，

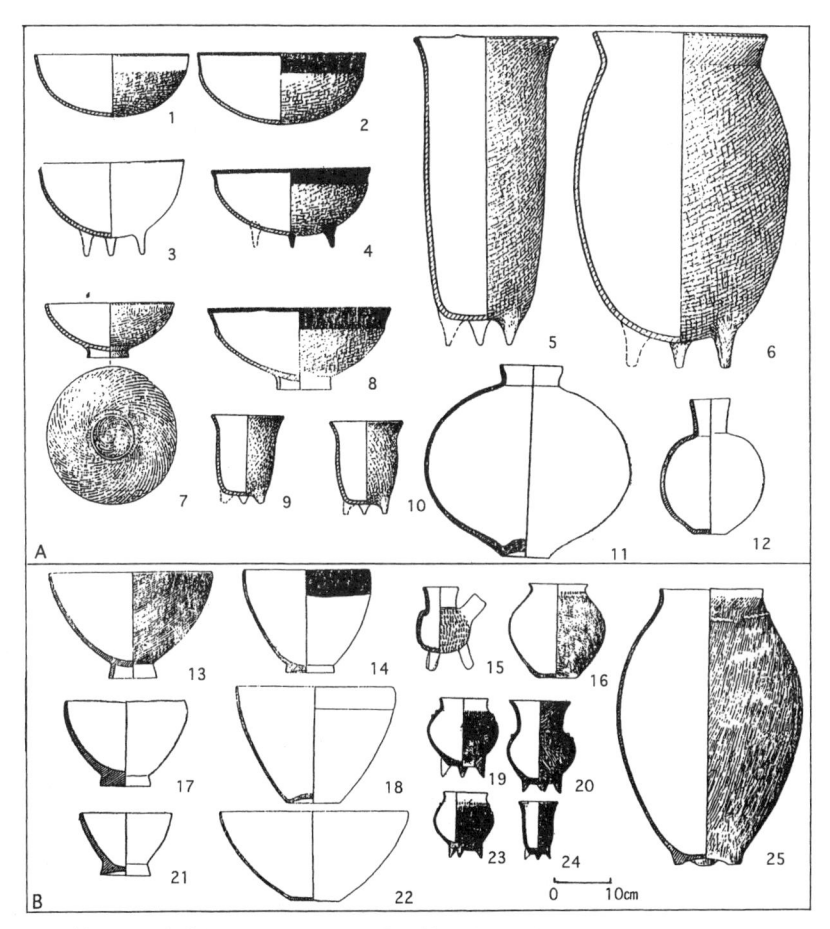

第98図 老官台文化の土器（出典は第11表に示す） A 早期 B 晩期

　地下0.8mほどの深さに掘り込まれ，床面には特別の貼り床，加熱はしておらず，傾斜した長い出入り通路がついている。炉跡は平面プランがおおよそ円形を呈して，周壁の近くにあって，多数は赤くなった焼け面であり，ごく一部が炉坑を有する。老官台文化の墓は土壙墓を主として，ほとんどの墓坑が単身仰臥伸展葬であるが，ごく一部に多体二次合葬も認められる。頭位方向はほとんど西より北の方向に向いている。そのほか，甕棺墓も検出されており，被葬者はすべて未成人である。

これまでに発掘調査された老官台文化の各遺跡の資料について，層位的な関係と土器の器種，形態，文様などの変遷を検討した結果，老官台文化は早，晩期の2時期に分けられる。早期に属するものは白家遺跡，白廟遺跡，北劉遺跡早期，大地湾遺跡第1期，西山坪遺跡第1期などがあり，C14年代は7,800年Ｂ.Ｐ.～7,300Ｂ.Ｐ.年の間に位置づけられる。晩期に属する遺跡の資料としては老官台遺跡，元君廟下層，北首嶺遺跡早期，西山坪遺跡第2期などがあり，C14年代は7,300年Ｂ.Ｐ.～7,000年Ｂ.Ｐ.の間に相当する。両時期の文化特徴は土器にはっきり現れている。早期の土器（第98図・1～12）は夾細砂質の丸底または三脚の鉢，三脚筒状深罐，圏足が付いた碗を主とする。このほかに，球状の体部をもつ壺や杯などもみられる。これらの土器は器壁がやや厚くて，すべて夾砂土器であり，泥質土器は認められない。ほとんどの土器の体部には，細縄文が施文されているが，これは文様が交錯あるいは重複している。一部の土器の口唇部は押捺した鋸歯文で飾られている。さらに，鉢の口縁部外面に，帯状に紅色を塗彩した簡単な彩文土器が少量検出されている。晩期になると，土器の器壁は早期より薄くなり，夾砂土器の以外，泥質土器も検出されている（第98図・13～25）。夾砂土器では，外面全体に細縄文を施した各種の三脚器が最も特徴的である。これには短い三脚が付いた大型の卵形の深罐，広口で丸い体部をもつ三錐形脚の小型罐，広口で筒状の体部をもつ三脚杯がある。そのほか，刺突文で飾った把手付きの三脚罐や，縄文を施した小型平底罐などもみられる。泥質土器では，広口の小平底または仮圏足の鉢を主とする。これらの晩期の土器の特色としては，砂質の土器の外面に細縄文を施され，かつその口唇部，口縁部に別の文様を加えていることである。早期と同じように口唇部は押捺した鋸歯文で飾られているほか，口縁部に円圏，円点，半月形の堆文（貼付文），印文，劃文をめぐらしたものも出土している。また，砂質土器の体部上半に，複数の組をなすように配された突起文を加えた例もみられる。泥質土器の鉢は，口縁部が意識的に薄く削られ，そこに常に細密な刺突文が施されている。このほか，少量の彩文土器も検出されている。一般にそれは鉢の口縁部に沿つて紅色をひとめぐり塗彩したものであるが，一部には，鉢の内面に簡単な彩文，例えば円点文，波折文，条線文などを加えた例もみられる。

第9表　老官台文化前期，晩期，半坡類型の層位的な関係

	老官台文化前期	老官台文化晩期	半坡類型	文　　献
北首嶺遺跡		下層	中層	中国社会科学院考古研究所 1983
大地湾遺跡	1期		2期	甘粛省博物館文物工作隊 1983
西山坪遺跡	1期	2期		中国社会科学院考古研究所甘粛工作隊　1988
龍崗寺遺跡		第3層	第4層	陝西省考古研究所漢水隊 1988

　北首嶺遺跡，大地湾遺跡，西山坪遺跡などで検出された層位的堆積関係により（第9表），各遺跡のC14年代を検討した結果，老官台文化前期→老官台文化晩期→仰韶文化半坡類型といった前後関係が明らかにされた。さらに，文化内容についてみても，関中地区の仰韶文化が老官台文化から発展したことは明確な事実である。老官台文化の住居跡は現在までに6棟しか検出されていないが，関中地区の仰韶文化の各型式の住居跡と比べると，□A式の前身であったことが認められる（王小慶　1998）。後者の場合は建築技法においていくらか変化が生じている。例えば，平面プランが定型化し，面積がやや大きくなる。床面は丁寧に整えられ，炉坑をもつ炉跡が一般的になるといった特徴がある。葬制において，老官台文化の土壙墓の単身仰臥伸展葬，多体二次合葬，死者の頭位方向，未成人に対する甕棺葬などは，関中地区における仰韶文化早期の半坡類型の中ですべて認められる。そのほか，老官台文化と同様な打製石器，磨製石器は半坡類型の遺跡でしばしばみられる。両文化の遺跡で出土するスクレーパー，チョッパー，石斧，石包丁，石鏃などは石材，加工技法，形態などの点でよく一致する。ただ，半坡類型では，磨製石器の割合が著しく増加し，穿孔石器も大量に出現する。さらに，鉢，碗，罐といった老官台文化の代表的な土器の器種は，半坡類型の中で主要な器種として継続的に存在する。多くの半坡類型の代表的土器は，形態，文様などの点で固有の特徴をもっているほか，老官台文化

の器種から発展したのであることが確認される。老官台文化の彩文土器，口縁部に沿って紅色を塗彩した鉢，内面に円点文，波折文，条線文など簡単な彩文を加えた鉢が半坡類型の遺跡で大量に出土している。

　老官台文化と関中地区における仰韶文化前期の半坡類型との間に密接な継承関係が土器の上にはっきりと現れている。この両文化の系統的な脈絡は土器の胎土，成形・調整技法，焼成，器種構成，形態，装飾意匠など様々な特徴に認められる。

　A　胎土

　老官台文化前期の土器はすべて夾砂土器である。晩期になると，大部分の土器は夾砂土器であるが，食器の鉢，碗の一部は水簸されたきめの細かい粘土を胎土とする泥質土器が出現する。さらに，半坡類型の時期になると，土器製作時に意識的に胎土の選択が行われる。すなわち，盛食器としての鉢，碗，盆，小罐はほとんどのが泥質土器であり，炊器の胴張りの罐，甑，貯蔵器としての甕，尖底瓶，壺などはすべて夾砂土器であるということであり，明確な胎土の違いが認められる。

　B　成形・調整技法

　老官台文化の土器は，ほとんどが紐作り（巻上げあるいは輪積み）によって成形されたものである。成形の工程は，まず先に底部，体部，頸部などを別々に作り，後でこれらを接合している。その接合痕は，横方向の突出した筋状の痕跡として土器の内外面に明瞭に認められる。三脚器(鉢，罐)や圏足器（鉢，碗）は，鉢，碗，罐の形を成形した後，脚の部分を取り付けたものである。この脚の部分はすべて粘土板を重ねて貼り付けることによって成形したもので，断面にいくつかの層が重なってみられる。成形された土器はその痕跡を消してしまい，一般に，木や骨の板で内外面を削って調整加工を施した痕が残されている。この削痕は幅が5㎜前後で，器面，特に内面でよくみられる。次に，縄を巻き付けた叩き板を用いて押しつけたり，叩いたりして調整する手法が盛んにみられる。この場合，ほとんどの土器の表面に交錯したり重複した縄文が施文されている。さらに，一部の土器は縄文が施された後に外面全体を磨いている。晩期から，鉢，碗などの盛食器の口縁部には意識的に薄く削られたものが出現する。

老官台文化の土器の成形・調整技法はすべて半坡類型に踏襲されていたことが半坡類型の遺跡の資料により確認される。そして，この半坡類型の時期になってから，成形・調整技法の面においていくつかの変化が認められる。まず，「回転台」を用いる調整が新たに出現する。半坡類型の土器の体部上半や口縁部には，輪紋（土器を回転調整する時に生じる擦痕）が認められ，回転台を利用する調整技術が出現していたことがうかがえる。次に，老官台文化の土器と同様に，この時期の土器は縄を巻き付けた叩き板を用いて押しつけたり，叩いたりして調整している。半坡類型では土器の体部のみ縄文が施文される。そして，老官台文化と比べると，半坡類型の縄文は細かく，普通，細縄文と呼ばれる。また，半坡類型においては，老官台文化にみられた粘土板を重ねて貼り付ける成形方法は認められない。

C 焼成

現在までに，老官台文化の土器焼成用の窯跡はまだ確認されていない。土器の色調は均一ではなく，表面に斑状の灰色，黒色などもみられるなどのことから，老官台文化早期の土器の焼成温度が低く，特別な施設を設けない露天での簡単な焼成法であった可能性が強い。半坡類型になってから，土器の焼成技法は一段と発展し，土器を焼成する窯跡が集落跡近くに常に検出される。焼成方法は器種によって異なっている。多くの場合，盛食器としての鉢，碗，盆，小罐，貯蔵器の尖底瓶などは酸化焔焼成を主として，赤色を呈し，炊器の胴張りの罐，甑，貯蔵器としての甕，壺などはすべて還元焔焼成で，灰褐色を呈する。焼成温度は950℃～1,050℃前後に測定されている。

D 器種構成

老官台文化の器種構成は比較的簡単で，鉢，碗，罐，壺の4つの器種を主体とする。この4つの器種は仰韶文化まで継続して用いられている。半坡類型の時期になると，盆，盂，瓶などの新しい器種が加わる。

E 形態

老官台文化の土器器種は半坡類型にも受け継がれており，形態の上では緩やかな変化をみせながら連続性を維持していたことが認められる。それは第99図の器種構成の変遷図に明確に示されている。そのほか，形態的な面からみると，半坡類型に新たに出現した盆，盂，瓶は老官台文化の碗，壺から分化したもの

182

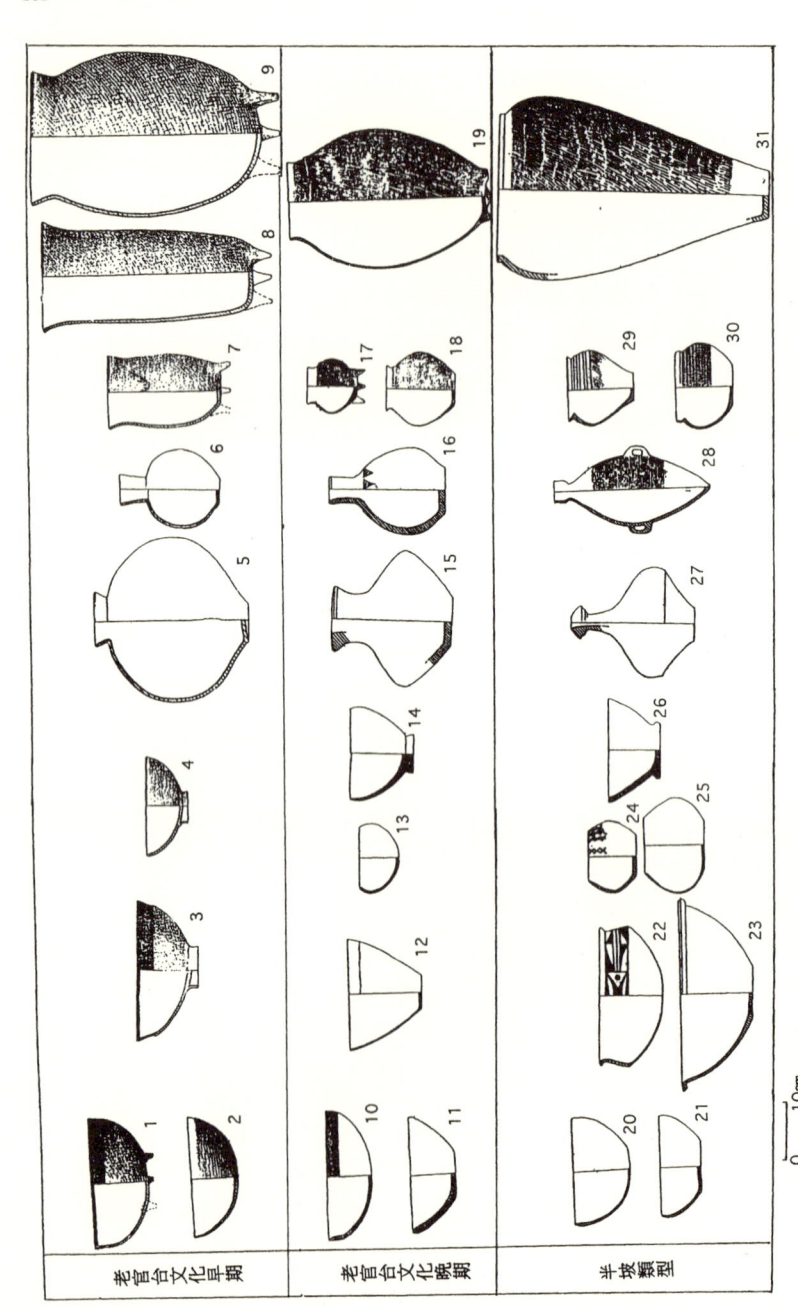

第99図 老官台文化の土器と半坡類型の土器（出典は第11表に示す）

であることが認められる。

　老官台文化早期の鉢は三脚が付いたものが多い。丸底のものはやや少なく，平底のものはほとんどみられない。晩期の土器は，三脚が付いたものが減少し，丸底の土器が増え，平底のものが初めて出現する。半坡類型の時期になると，三脚の土器が消滅し，丸底あるいは平底の土器となる。他の形態的特徴，例えば，口唇部，口縁部，体部などの形態はほぼ変化せずに継続している。

　鉢と同様に，碗の形態的な変遷は底部に集中している。老官台文化の早期に，圏足碗が多く，仮圏足碗が少ない。晩期では，仮圏足碗が増加して，平底碗も発達する。半坡類型の碗はほとんどが平底または仮圏足のものであり，圏足のものは認められない。その他，老官台文化早期の碗は体部が浅く，口縁部は直立している。晩期では，体部が深くなり，口縁部が内湾したものがみられる。半坡類型の時期になってから，碗はすべて口縁と体部が斜めに大きく広がる形になるほか，老官台文化の碗をもとにして，盆と盂が出現する。すなわち，老官台文化の碗よりはもっと大きくなり，口縁部が外反ないしは外折し，盛食器の盆が出現する。老官台文化晩期の口縁部が内湾する碗に比べると口縁部はさらに内湾し，胴張りの平底の器形になり，同じような盛食器の盂も登場する。

　老官台文化から半坡類型にかけて，壺の形態は体部の最大径が下部に移り，頸部が短くなる傾向がある。さらに，半坡類型では最も特徴的な小口尖底瓶が出現する。この器種は老官台文化の長頸壺より分化し，器形が長く，底部が尖底となった新器種である。

　罐類と甕類は，同じような形態的変遷がみられる。老官台文化の早期において，罐と甕はすべて三脚土器である。晩期からは小型罐に平底のものが出現する。半坡類型では三脚をもつ罐と甕は消滅する。

　F　装飾意匠

　老官台文化から仰韶文化半坡類型への継続的な関係は彩文の発達にはっきりと認められる。老官台文化の早期から彩文土器が登場する。その時期に，彩文土器は少ない。意匠も簡単で，鉢の口縁部外面に帯状に赤色を塗彩したものがみられる。晩期でも，彩文土器はまだ少なく，鉢の口縁部に沿って赤色顔料を塗彩したもののほか，鉢の内面に簡単な彩文，例えば円点文，波状文，条線文などを施した例がみられる。半坡類型期になってから，彩文土器は老官台文化

の意匠をすべて継承し，さらに発達する。彩文土器の量は著しく増え，意匠も多様になる。赤色の彩文のほか，黒色の文様もよくみられる。施文対象は鉢だけではなく，盆，壺，盂などに彩文が認められる。彩文のほか，老官台文化の縄文，刺突文，貼付文，劃文などは半坡類型でもよくみられる。

以上述べたように，分布地域，層位，年代のいずれからみても，あるいは土器の型式学的検討からしても，老官台文化と仰韶文化半坡類型との間には密接な継承関係が認められる。さらに，関中地区の仰韶文化が老官台文化から発展したことも明白な事実である。仰韶文化のこの地域での起源，すなわち，仰韶文化が他の地域においてではなく，関中地区で出現，成立したことが基本的に明らかになったといえる。

2 関中地区仰韶文化の文化様相と編年

関中地区において，50年代に行われた西安半坡遺跡における発掘調査をはじめとして，仰韶文化の発掘調査と研究が進み，これまでにかなりの成果をあげてきている。すでに，仰韶文化に属する遺跡は約600カ所発見され，本格的な発掘調査を行った遺跡20カ所ほどになる。これらの発掘調査の成果は我々が関中地区の仰韶文化の文化内容を知る上で信頼すべき資料を提供した。以下，半坡遺跡，泉護遺跡，史家遺跡，姜寨遺跡，福臨堡遺跡の資料に基づいて，関中地区の仰韶文化の様相と編年についてふれることにしたい。

(1) 半坡遺跡

発掘調査の担当者は半坡遺跡における文化層は前期と後期の2時期に分けられると指摘している(中国科学院考古研究所 1963)。厳文明氏は半坡遺跡の層位関係，遺構の切り合い，出土土器の型式学的な変遷などについての分析により，半坡遺跡の仰韶文化は早期，中期，晩期の3つの時期に区分でき，それぞれが半坡類型，廟底溝類型，半坡晩期類型に属するという結論を出している(厳文明1989a)。筆者は，厳文明氏の分析を踏まえ，報告書に報告された半坡遺跡の堆積順序を基準にして，姜寨遺跡，史家遺跡などの資料を参考にして，半坡遺跡の仰韶文化の変遷は4つの時期に分けることができると考える。この4時期を通じて，鉢，盆，碗，小口尖底瓶，盂，罐，甕などの7類の主要な器種に，はっきりとした器形上の時期性が認められる(第100図)。そして，第1期，第2期，

第5章　仰韶文化の地域性と時期性　185

第10表　関中地区の仰佃文化典型的な遺跡の編年

第1期 (6800年B.P.～6240年B.P.)	第2期 (6140年B.P～6000年B.P.)	第3期 (5820年B.P.～5285年B.P.)	第4期 (5000年B.P.)	文　　献
半坡遺跡第1期	半坡遺跡第2期	半坡遺跡第3期	半坡遺跡第4期	中国科学院考古研究所　1963
		泉護第1期		黄河水庫考古工作隊華陰分隊　1959a 黄河水庫考古工作隊華陰分隊　1959b
	史家遺跡			西安半坡博物館 渭南県文化館 1978
姜寨遺跡第1期	姜寨遺跡第2期	姜寨遺跡第3期	姜寨遺跡第4期	西安半坡博物館他 1988
		福臨堡遺跡第1期	福臨堡遺跡第2期　福臨堡遺跡第3期	宝鶏市文物工作隊 陝西省考古研究所 1993

第3期はそれぞれが半坡類型，史家類型，泉護類型に属し，いわゆる「半坡晩期類型」は半坡遺跡第4期を代表とすると考える。

（2）　泉護遺跡

　泉護遺跡は陝西省華県にあって，秦嶺山脈の南麓に位置する。1958～1959年，北京大学歴史系考古専業により発掘調査が行われ，発掘面積は400㎡ほどである。この遺跡の文化層は2つの時期に分けられ，発掘調査の担当者は第1期が仰韶文化廟底溝類型時期に属すると指摘している（黄河水庫考古工作隊華陰分隊1959a，黄河水庫考古工作隊華陰分隊　1959b）。

（3）　史家遺跡

　史家遺跡の文化内容は独特の特徴を備えており，土器では，口縁部が内湾した鉢，葫蘆瓶（瓢形壺，口絵6・3，4），有蓋の小罐などが特徴的であり，埋葬

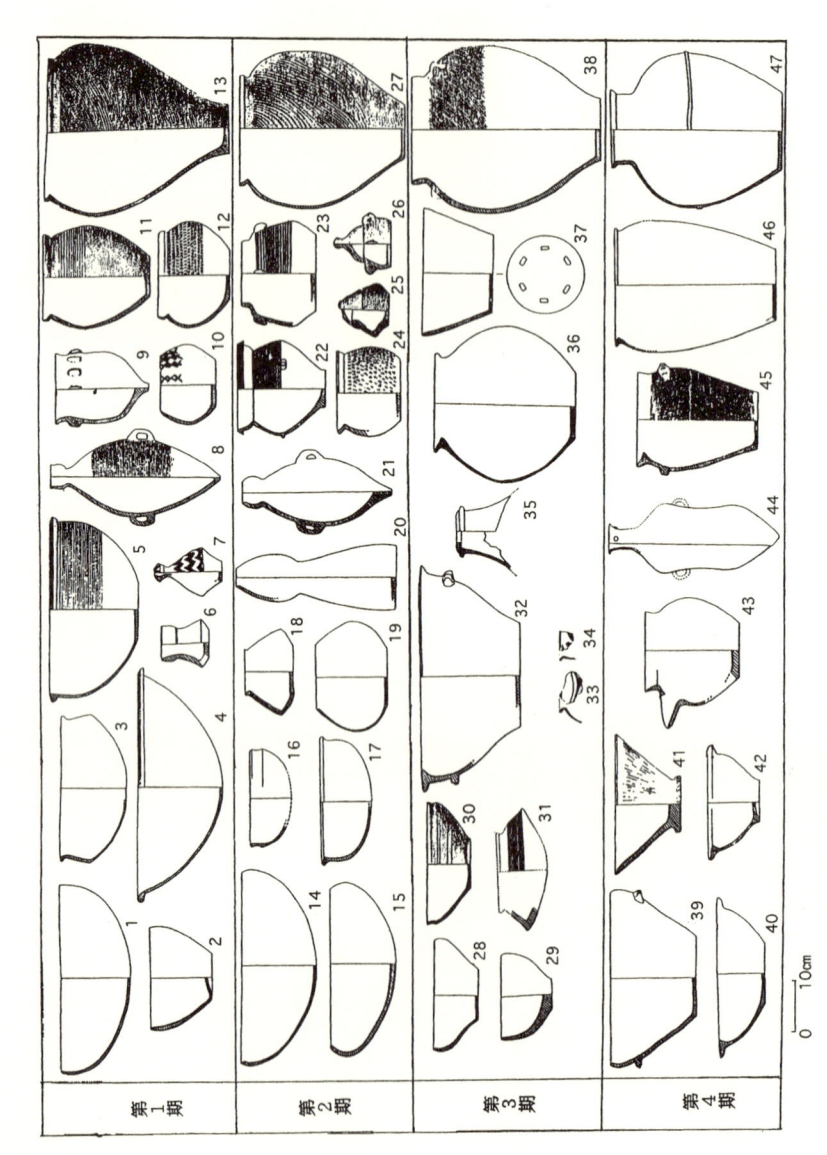

第100図 半坡遺跡の仰韶文化の土器型式編年図（出典は第11表に示す）

方法では，多体二次合葬墓が普遍的に存在する。他の仰韶文化諸類型と比べると，独特な特徴をもっていることから，発掘担当者は仰韶文化の新たな類型とみるべきと考え，史家類型という名称を与える（西安半坡博物館　渭南県文化館　1978）。

(4)　姜寨遺跡

　文化層は第1期から第5期に分けられ，第1期から第4期の4時期は仰韶文化に属する。そのうち，第1期と第2期の文化内容が特に豊富である。文化内容の面からみると，これらの4期の文化内容は，連続した継承関係をもっていることが明らかである。姜寨遺跡の発掘調査の担当者は姜寨遺跡第1期が半坡類型に，第2期が史家類型，第3期が廟底溝類型に，第4期が半坡晩期類型に属すると考えた（西安半坡博物館ほか　1988）。

(5)　福臨堡遺跡

　福臨堡遺跡は宝鶏市の西の渭河の北岸の段丘にあって，1984年と1985年に，宝鶏市文物工作隊と陝西省考古研究所によって発掘調査が行われた。発掘面積1,300㎡余りである。発掘調査の担当者は福臨堡遺跡の仰韶文化の文化層を3つの時期に分け，第1期が廟底溝類型，第3期が半坡晩期類型に属した。第2期については，その年代が第1期と第3期の間に位置し，文化様相が他の仰韶文化諸類型と若干異なっていることから，「福臨堡2期類型」という新しい仰韶文化類型を命名すべきと考えた（宝鶏市文物工作隊　陝西省考古研究所　1993）。しかし，半坡遺跡，姜寨遺跡の資料と比べると，福臨堡遺跡第2期は半坡遺跡第4期，姜寨遺跡第4期などと類似しており，半坡遺跡第4期，姜寨遺跡の第4期の早期段階に相当すると考えるべきであろう。

　以上の5つの代表的な遺跡の資料により，関中地区の仰韶文化は4つの時期に分けることができる。この4時期の特徴は土器の型式内容にはっきりと現れている。

　第1期を代表するのは半坡遺跡第1期，姜寨遺跡第1期，さらに下孟村遺跡1期（陝西省考古研究所漢水隊　1960，同　1962），北首嶺遺跡中期前半（厳文明　1989a），元君廟遺跡上層（北京大学歴史系考古学教研室　1983），横鎮遺跡（中国社会科学院考古研究所陝西工作隊　1984），銅川市李家溝遺跡早期前半（西安半坡博物館　1984a，趙輝　1986）などの資料がある。この時期の典型的な土器の器種構成

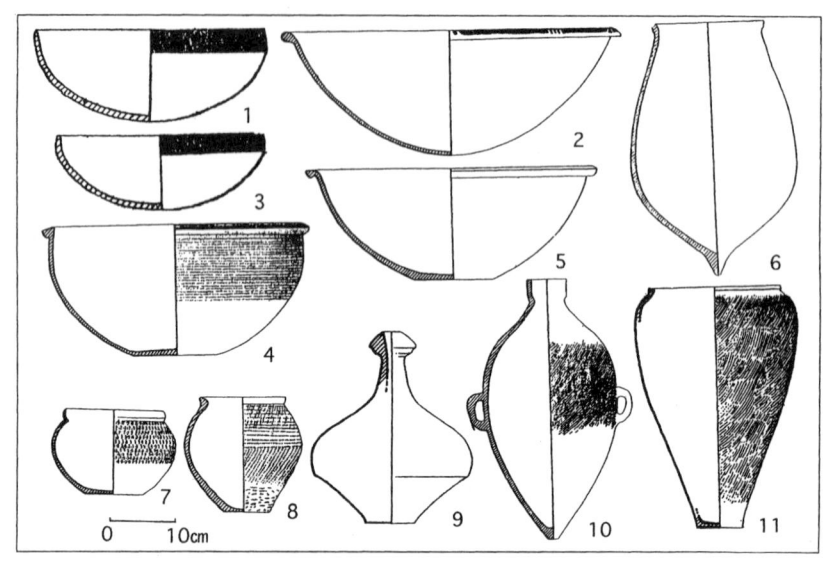

第101図　関中地区の仰韶文化第1期の土器（出典は第11表に示す）

としては、「紅頂鉢」と呼ばれる口縁部外面に赤色顔料を塗彩した直口で浅い丸底ないしは平底の鉢（第101図・1、3）、口縁部が外反し、体部が浅い、丸底ないしは小さな平底の盆（第101図・2、5）、体部が深くて弦文がある盆（第101図・4）、小口細頸胴張りの壺（第101図・9）、直口尖底瓶（第101図・10）、口縁部が外折し、体部上半に弦文が施された広口罐（第101図・8）、外面全体に縄文が施された口縁部が内湾し、深い体部で小平底の甕（第101図・11）、広口尖底罐（第101図・6）などがある。器表は無文のほか、主要な文様としては縄文、細縄文、弦文、貼付文などがある。また、指先で押されたような刺突文はこの時期にきわめて特徴的な文様である。彩文土器はすべて酸化焔焼成した紅色土器で、数量は余り多くない。1992年に我々が発掘調査した銅川市瓦窯溝遺跡の場合では、この時期の彩文土器は土器全体の5～6％を占めている。ほとんどの彩文土器は紅色土器に黒彩を塗彩したもので、動物の姿を描いたものが多い。最も基本

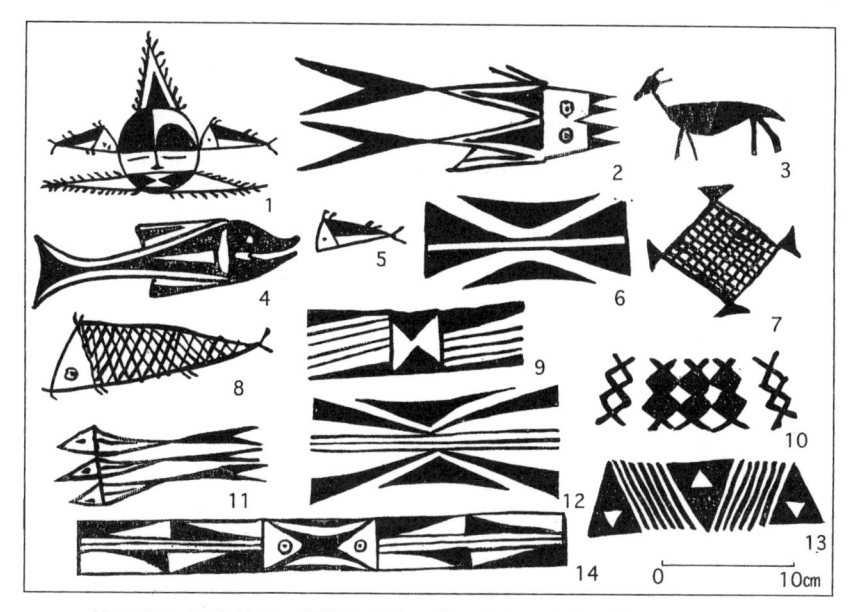

第102図　関中地区の仰韶文化第1期の彩文（出典は第11表に示す）

になるモチーフは魚文と変体魚文である（第102図）。その意匠には例えば人面魚文（口絵1，2，第102図・1），写実魚文（口絵3，第102図・2，4，5，8，11），各種の直線，三角形を基本として図案化した変体魚文（口絵4，第102図・14），魚文から変化した対頂三角文（第102図・6，9，12）などの多様な文様が表現される。そのほか，シカ文（口絵5，第102図・3），交叉ジグザグ文（第102図・10），魚網状文（第102図・7）などもみられる。これらの彩文は一般に，鉢，盆類の口縁部，体部上半の外面，小口細頸胴張り壺の体部上半に施される。一部の鉢，盆の内面には彩文を施した例もみられる（口絵1，2，5）。C14年代測定法によって，この時期の年代は6,800年B.P.～6,240年B.P.である。

　第2期に属する遺跡は第10表に掲載した遺跡以外に，北首嶺遺跡中期後半（厳文明　1989a），李家溝遺跡早期後半（西安半坡博物館　1984a，趙輝　1986），淅川県下王崗遺跡の仰韶文化2期（河南省文物研究所ほか　1989），秦安県王家陰窪（Wangjiayinwa）遺跡の仰韶文化第一類型（甘粛省博物館文物大地湾発掘小組　1984），南鄭県龍崗寺遺跡の仰韶文化晩期（陝西省考古研究所　1990），藍田

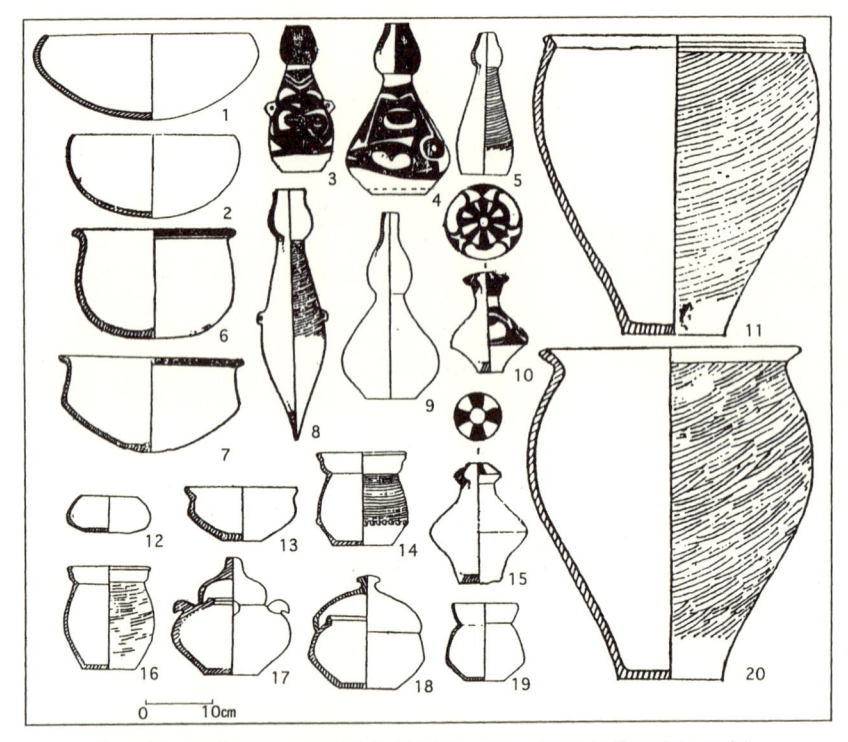

第103図　関中地区の仰韶文化第2期の土器（出典は第11表に示す）

　(Lantian)県泄湖(Yiehu)遺跡の第8層(中国社会科学院考古研究所陝西六隊1991)，銅川市呂家崖遺跡(陝西省考古研究所，西北大学文博学院　1993)などの遺跡がある。この時期を代表する土器には口縁部が内湾し，体部がやや深い丸底ないしは平底の鉢(第103図・1，2)，口縁部が外反し，体部が深い，丸底ないしは小平底の盆(第103図・6)，外反口縁部で屈曲する体部をもつ平底ないしは丸底の盆(第103図・7，13)，葫蘆口痩身尖底瓶(瓢形口縁で長胴尖底の壺，第103図・8)，葫蘆瓶(口絵6・3，4，第103図・3，4，5，9)，小口細頸の屈曲する体部をもつ壺(第103図・10，15)，蓋がついた直口平縁胴膨りの小型罐(第103図・17，18)，広口高頸胴膨りの小型罐(第105図・14，16，19)，甕(第103図・11，20)などがある。この時期の罐類，甕類は体部の最大径が第1期よりやや下位に移る。文様は細縄文，弦文，指先で押圧したような刺突文，貼付文，彩文などが

ある。彩文土器の量は第1期より増え，1991年に我々が発掘調査した銅川市呂家崖遺跡の場合では，この時期の彩文土器は土器全体の10%前後を占めている。この時期の彩文土器はすべて紅色泥質のもので，彩文の大部分は黒色のものであるが，赤色の彩文も認められる。各種の直線，三角形を組み合わせた彩文とともに，円点文，弧線文，弧線三角形文を組み合わせた文様（口絵6）が新たに出現する。各種の魚文，シカ文などのほか，鳥文も登場している（第104図）。さらに，魚文と鳥文が一緒になった図案の彩文（口絵7，第104図・2）も検出されている。C14年代測定法によって，この時期の年代は6,140年B.P.～6,000年B.P.と推定される。

　第3期の資料は第10表に示した各遺跡のほか，下孟村遺跡2期（陝西省考古研

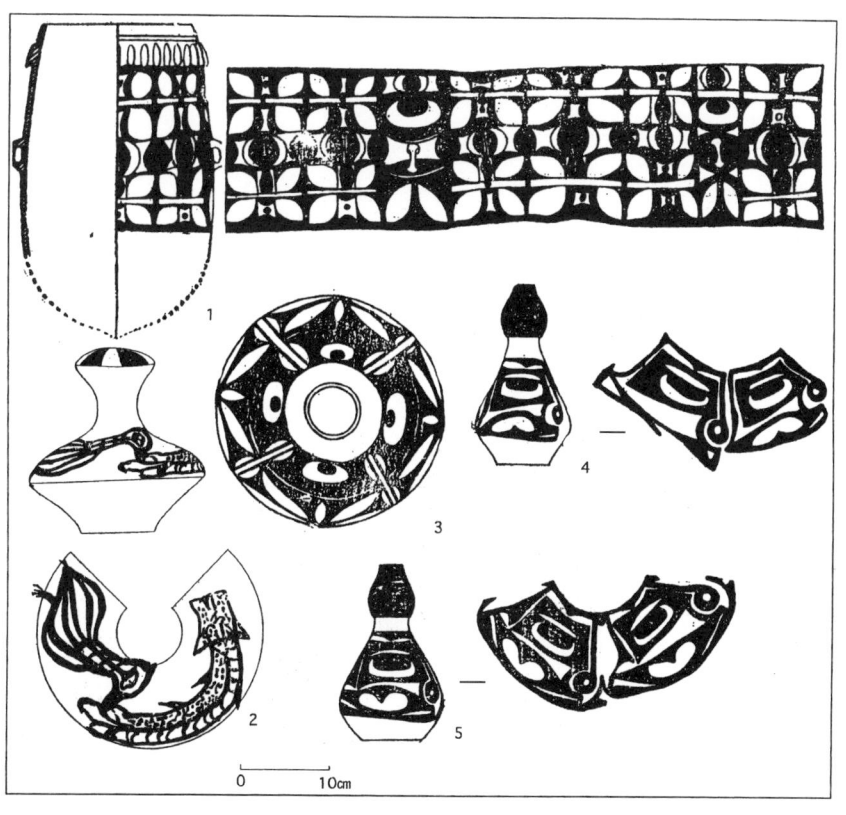

第104図　関中地区の仰韶文化第2期の彩文（出典は第11表に示す）

究所漢水隊　1960，陝西省考古研究所漢水隊　1962)，北劉遺跡晩期(西安半坡博物館ほか　1982，同　1986)，李家溝遺跡中期(西安半坡博物館　1984a，趙輝　1986)，華陰県西関堡(Xiguanbao)遺跡(中国社会科学院考古研究所陝西工作隊　1989)，西安市南殿村(Nandiancun)遺跡仰韶文化早期(西安半坡博物館　1984b)，岐山(Qishan)県王家咀(Wangjiazui)遺跡(西安半坡博物館　1984c)，案板遺跡第1期(西北大学歴史系考古専業八一級実習隊　1985，西北大学歴史系考古専業　1987，西北大学歴史系考古専業実習隊　1988，西北大学文博学院考古専業　1992)，泄湖遺跡の第7層(中国社会科学院考古研究所陝西六隊　1991)などでも検出されている。この時期の土器典型的な器種としては，口縁部が内湾し，内湾した体部をもつ鉢ないしは碗(第105図・1，5，6)，口縁部が外反した内湾した体部の盆(第105図・2)，体部がやや深い盆(第105図・6，7)，口頸部がすぼまった双唇小口尖底瓶(第105図・9，10)，小口平底瓶(第105図・3)，口縁部が内湾した胴張りの罐(第105図・8)，釜(第105図・4)，竃(第105図・12)，大口缸(把手付き筒状深罐，第105図・11)などがある。文様は細縄文，弦文，貼付文を主として，指先で押したような刺突文がこの時期には認められない。彩文土器の数量は第2期とほぼ同じで，やはり黒彩を主として，少量の赤彩および黒彩と赤彩を併用し

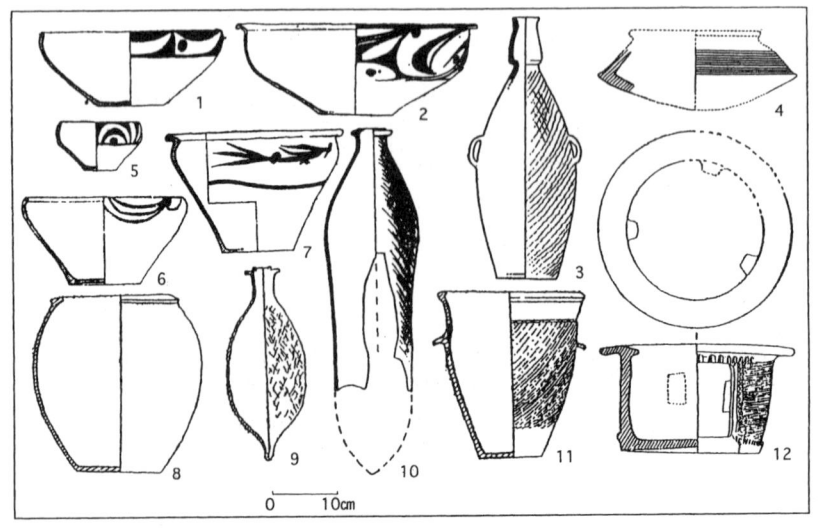

第105図　関中地区の仰韶文化第3期の土器（出典は第11表に示す）

た例がみられる。そのほか，白色スリップを地色とした彩文土器も出土している。彩文の文様は条線文，円点文，弧線文，弧線による三角形文，渦文，格子目文などが画かれている（口絵8，第105図・1, 2, 5）。また，鳥文などの動物の意匠もよくみられる（口絵9，第105図・6, 7）。C14年代測定法によって，この時期の年代は5,820年B.P.～5,285年B.P.と推定されている。

第4期に属するものは第10表に掲げたもの以外，臨潼県義和村（Yihecun）遺跡（李仰松 1965），南殿村遺跡仰韶文化晩期（30），案板遺跡第2期（西北大学歴史系考古専業八一級実習隊 1985，西北大学歴史系考古専業 1987，西北大学歴史系考古専業実習隊 1988，西北大学文博学院考古専業 1992），泄湖遺跡の第6層（中

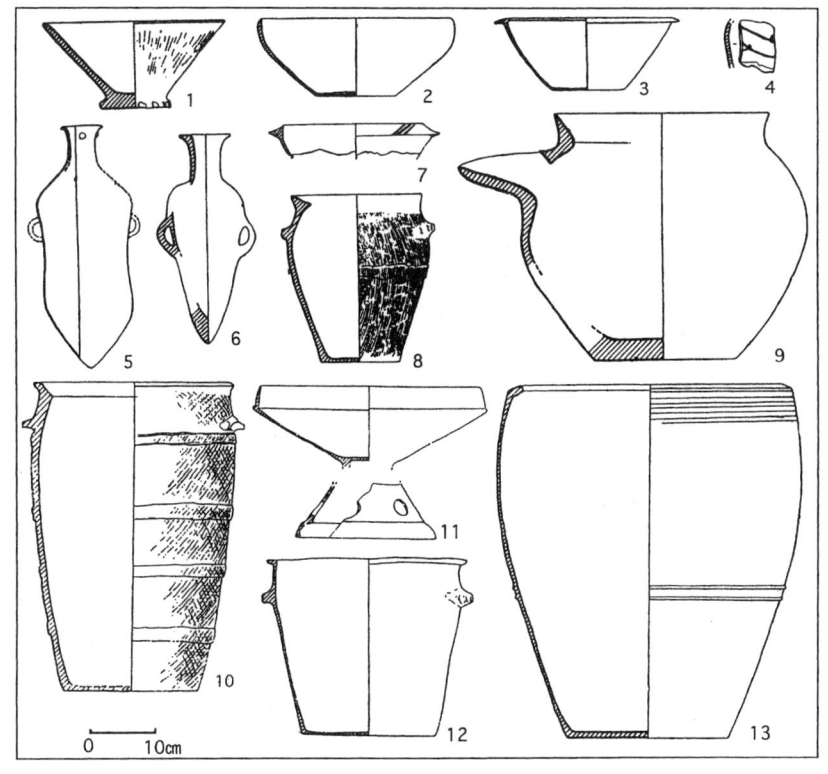

第106図 関中地区の仰韶文化第4期の土器
（中国社会科学院考古研究所 1984の図一二・3より作成）

国社会科学院考古研究所陝西六隊 1991)などで認められる。この時期の土器は第1期～第3期と同様に, 酸化焔焼成した紅色土器を主とするが, 還元焔焼成した灰褐色土器の占める割合が第1期～第3期のものに比べて著しく増加して, 約全体の6分の1ほどである。この時期の典型的器種には口縁部が内湾した深鉢(第106図・2), 口縁と体部が斜めに大きく広がった碗(第106図・1), 外折した幅広い鍬形口縁と真直にひろがる体部をもつ盆(第106 図・3), 広口長頸尖底瓶(第106図・5, 6), 口縁部が内湾した深い体部の大型平底罐 (第106図・13), 厚い口唇をもつ筒状の甕(第106図・10), 注口付き胴張りの罐(第106図・9), 鶏冠形把手がついた筒状罐(第106図・12), 圏足に透孔のある豆(高杯, 第106図・11)などがある。文様は縄文と貼付文が最も多く, その次に籃文, 細縄文などがある。そのほか, 少量の方格文とごく少量の彩絵文(第1期～第3期の土器焼成の先に塗彩した彩文と違い, 土器焼成後に塗彩した文様)も検出されている。この彩絵文には, 赤色の地色に赤彩を施したものと, 赤色の地色に白色顔料を塗彩したものの2種類があるだけで, その装飾意匠も簡単であり, 条線文, 円点文, 波状文の3文様があるにすぎない。C14年代測定法によって, この時期の年代は5,000年B.P.前後と推定される。

　土器の型式的な変遷で捉えられる4期区分は集落構成, 埋葬制度などの面においても認められる。半坡遺跡, 姜寨遺跡などの出土資料により, 第1期の集落跡はいずれも居住区, 共同墓域, 土器焼成の窯区によって構成されている。居住区の周囲には環濠が掘られており, 環濠の外側に共同墓域と土器を焼く窯が配置され, 集落構成はパターン化していたようである。居住区の中央に広場をおき, 住居跡は出入口をすべて中央広場に向けて, 広場を取り囲む規則的な求心配置をとり, 個々の住居から集落までいくつかのレベルの単位集団に対応する遺構のあり方が識別できる。共同墓域は環濠の外側に位置し, その変遷を検討すると, 同時期の墓域の中にもいくつかの墓群の存在が認められる。住居跡のまとまりに反映される当時の単位集団の構成は墓地のあり方からも裏づけられる。このような集落構成は凝集・封閉式の集落構成と呼ぶことができる。第2期の集落構成は第1期とほぼ同様であるが, 若干の変化が生じている。瓦窯溝遺跡の資料から, この時期においては, 集落内部に若干の格差があると考えられる。第3期と第4期の集落構成はまだ不明瞭である。しかし, 北首嶺遺

第5章 仰韶文化の地域性と時期性 195

跡，半坡遺跡，案板遺跡などで検出された超大型住居跡の規模，室内の出土遺物の種類などにより，周辺地区の同時期の仰韶文化の資料と比べると，この時期から，凝集・封閉式の集落構成が変容を開始し，集落内部および集落と集落の間で社会分化あるいは階層化をとげ始めたことが推測される。

埋葬制度の面においては，半坡遺跡，姜寨遺跡などの資料により，第1期の埋葬には土壙墓と甕棺墓の2種類がある。土壙墓は単身仰臥伸展葬を主としており，ほとんどが居住区を囲う環濠の外側に分布する複数の墓域に位置する。各共同墓域での墓壙の配列に規則性がみられ，いくつかの墓群が存在することが認められる。甕棺墓はすべて未成人の埋葬であり，大部分が居住区内に検出されており，一般的に，5，6基が1組となっていくつかの甕棺墓群を形成している。元君廟遺跡，横鎮遺跡の資料により，第1期の終末頃からは，多人二次合葬を主体とする共同墓域が出現したとみられる。これら二次葬の埋葬方法の特徴は，普通，頭部を西に向けた仰臥伸展位に準じて人骨が並べられ，足下に1セットの副葬品が置かれていることであ

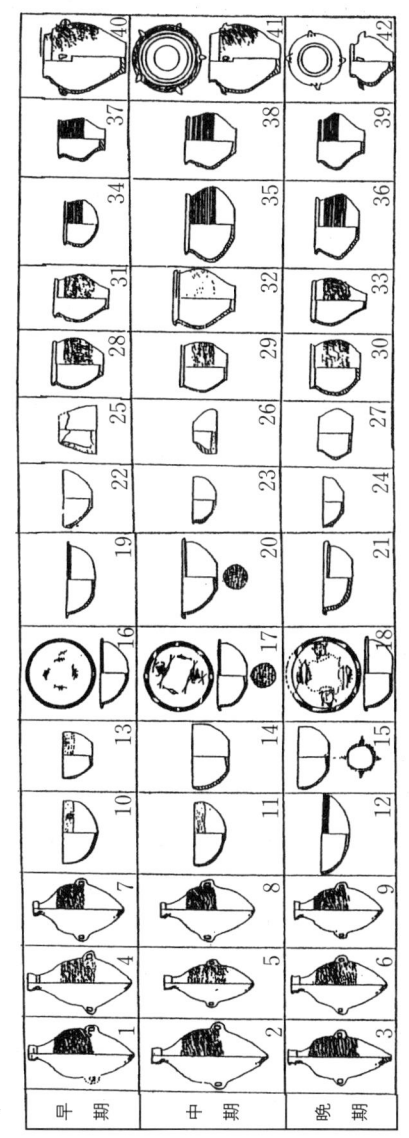

第107図 半坡類型の土器型式編年図（趙春青 1996の図一より作成）

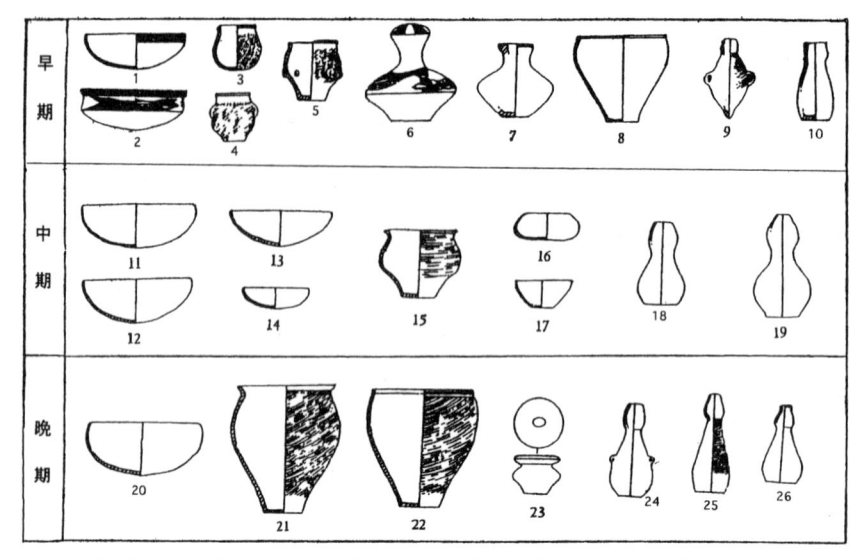

第108図　史家類型の土器型式編年図（王小慶　1993の図七より作成）

る。第2期の土壙墓は第1期と同様に共同墓域に集中するが，多数の甕棺墓も共同墓域に分布している。土壙墓は多人二次合葬墓を主として，埋葬方法の面では第1期終末のものと比べて変わっている。この時期の多人二次合葬墓は，人骨が列をなし，上に積み上げられたように重層して埋置されるものである。各人骨配列状態はほぼ同じパターンである。すなわち，頭骨が中心部に置かれ，両側に四肢骨が並べられる。残りの部分の骨は頭骨の下と四肢骨の内側に置かれている。第3期と第4期の共同墓域の検出例はないが，これまで報告された資料では，この時期の埋葬は土壙墓と甕棺墓が継続しており，土壙墓は単身仰臥伸展葬が主であり，多人二次合葬墓は認められない。

　以上の4時期の編年は，関中地区における仰韶文化の出現，発展，変容の過程を正確に示すものである。各時期の最初に発見された代表的な遺跡によって，それぞれが半坡類型，史家類型，泉護類型，半坡晩期類型と命名された。さらに，典型的な遺跡の層位的な関係と土器の器種，形態，文様などの変遷の分析に基づいて，各類型についての時期細分が可能である。半坡遺跡，姜寨遺跡，元君廟遺跡，横鎮遺跡の資料により，半坡類型が3時期，史家遺跡，北首嶺遺

第5章　仰韶文化の地域性と時期性　197

第109図　泉護類型の土器型式編年図（宝鶏市文物工作隊　陝西省考古研究所　1993の図139より作成）

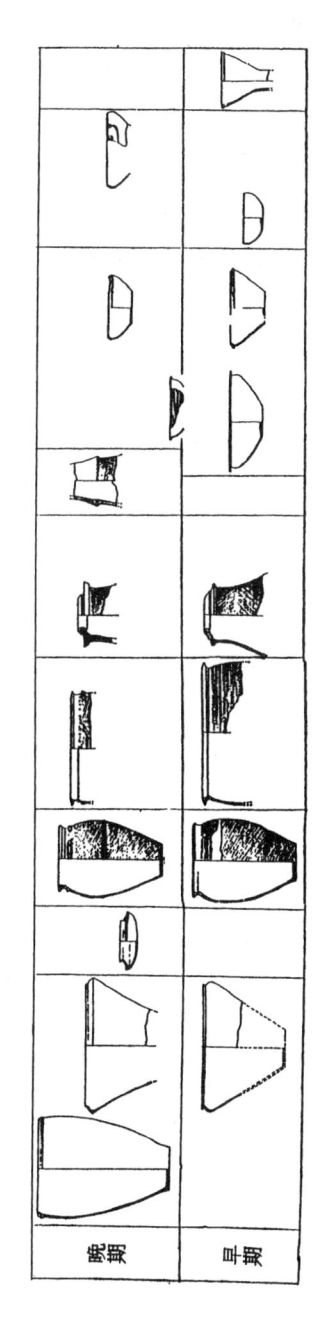

第110図　半坡晩期類型の土器型式編年図（宝鶏市文物工作隊　陝西省考古研究所　1993の図139より作成）

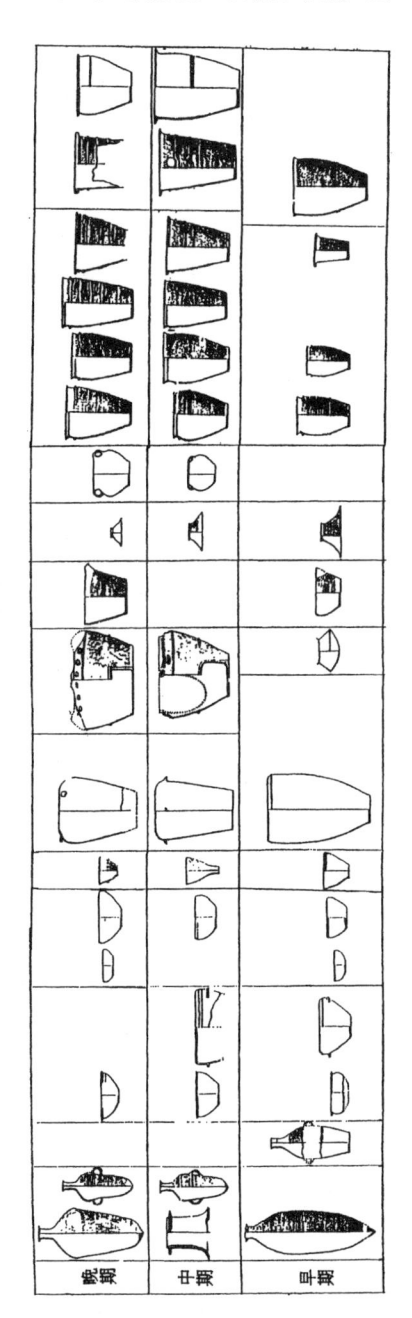

跡。姜寨遺跡の資料により，史家類型が3時期(王小慶 1993)，案板遺跡，福臨堡遺跡の資料により，泉護類型が2時期，半坡晩期類型が3時期に分けられる。第107図から第110図に示したように，時期的な変遷を通じて，小口尖底瓶，鉢，盆，碗，盂，罐，甕など7つの土器の主要な器種は，はっきりとした器形上の継続性を示している。

3 関中地区仰韶文化の地域的な特徴と外来要素

これまでの分析を通じて，関中地区の仰韶文化の出現，発展，変容の時期的変遷が明らかになった。各段階においての文化要素，特に土器の器種，形態，文様の変遷と同時期周辺地区の仰韶文化の文化様相の推移と比較すると，関中地区の仰韶文化の文化要素は地域的な特徴と外来要素の2つのグールプに分類することができる。ここでは，この2つグールプの組み合わせが時期的にどのように変化したのかを分析することによって，関中地区の仰韶文化の成立，拡張，変容などのプロセスを検討したい。

分布地域，層位，年代のいずれからみても，特に土器の型式学的観察から，老官台文化と仰韶文化半坡類型との間には密接な継承関係があったことが明らかである。さらに，半坡類型が老官台文化から発展したことも明白な事実である。関中地区の仰韶文化の当地起源，すなわち，関中地区の仰韶文化は他の地域においてではなく，同じ地域の中で発生したと考えられる。このことから，半坡類型期に，関中地区の仰韶文化の地域的な特徴は老官台文化から相続したものであると認められる。半坡類型の土器の典型的な器種である「紅頂鉢」と呼ばれる口縁部の外側に沿って赤色顔料を塗彩した直口浅い丸底ないしは平底の鉢，口縁部が外反し，体部が浅い，丸底ないしは小平底の盆，体部が深くて弦文がある盆，小口細頸胴張りの壺，直口尖底瓶，口縁部が外折し，体部上半に弦文が施された広口罐，外面全体に縄文が施された口縁部が内湾した小平底の甕などはすべて老官台文化から直接相続したもの，あるいは老官台文化の同じ器種のものから分化したものである。装飾意匠の面では，半坡類型における最も特徴的な装飾要素は刺突文と各種の魚文と変体魚文の彩文である。これらの文化要素は半坡類型になってから登場したのであるが，分布範囲が関中地区およびその周辺地域だけで，鮮明な特色をもっており，半坡類型の地域的な特

徴の1つとすることができる。

　半坡類型は関中地区において，老官台文化を前身として登場した後，周辺地区に拡張し，強い影響を及ぼした。半坡類型の分布範囲は老官台文化より大きく，関中地区を中心として，東は黄河東岸の豫西・晋南地区に，西限は隴山西側の隴東地区に，北は陝北地区，南限は秦嶺南麓の漢江上流域に至る。さらに，半坡類型の地域的な特徴はこの分布範囲内だけでなく，もっと広い範囲に影響を及ぼしている。河南省長葛 (Changge) 県石固 (Shigu) 遺跡の仰韶文化早期の文化内容から，半坡類型の地域的な特徴としての小口細頚胴張りの壺，口縁部が外反し，体部が浅い小平底の盆などが検出されており，半坡類型の影響が及んだ範囲は東方では豫東・翼南地区である (戴向明　1998)。北では，内蒙古自治区の中・南部の発掘調査によって，紅頂鉢，直口尖底瓶，直線，直線三角の彩文がついた口縁部が外反した体部が浅い小平底の盆などが出土しており，この地域の仰韶文化早期の文化内容には関中地区の半坡類型から強い影響を受けたことが明らかにされている (雀旋　1994)。さらに，南限については，河南省淅川県下王崗の資料により (河南省文物研究所ほか　1989)，関中地区の仰韶文化は漢江中流域まで進出していたことが確認されている。

　半坡類型と同時期の仰韶文化地方類型は豫東・翼南地区に分布する後崗類型である。後崗類型は河南省安陽市後崗遺跡の発掘調査 (中国科学院考古研究所安陽発掘隊　1971) によってこの名称が与えられた。後崗類型土器の典型的な器種としては，口縁部の外側に沿って1条の赤色帯を塗彩し，口縁部が内湾した深い丸底ないしは平底の鉢 (第111図・5，10)，口縁部が外折した浅い丸底あるいは平底の盆 (第111図・3)，広口小底罐 (第111図・2)，小口球形胴の平底罐 (第111図・9)，小口細頚で強い胴膨らみの瓶 (第111図・7)，外反した口縁をもつ丸底の鼎 (第111図・4)，広口丸底の缸 (第111図・11) などがある。器面は無文のものが多いが，文様としては，線文，弦文，劃文，貼付文，刺突文と彩文などがみられる。彩文土器の量はあまり多くなく，主に紅色土器に赤色顔料を塗彩したもので，黒色を塗彩した例は比較的少ない。彩文のデザインはごく簡単で，口縁部の外側に幅広の1条の帯状をめぐらしたものが代表的である。そのほか，3〜4条が1組になった平行縦線文，2方向から直角に交わる平行斜線文，波状文，同心円文などもみられる。後崗類型で，特に注目されたのは多体

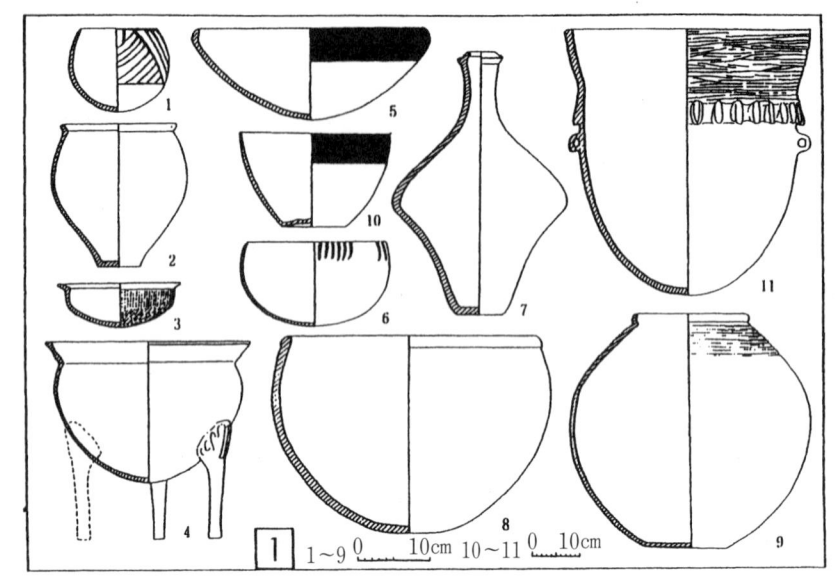

第111図　仰韶文化後崗類型の土器
(中国社会科学院考古研究所　1984の図一四・1より作成)

二次合葬墓の存在することである。後崗遺跡からは9体の二次合葬墓の検出された例がある。この合葬墓の埋葬方法は鮮明な特徴を有し，人骨が列をなし，積み上げるように重層して埋葬されたものである。人骨配列状態はほぼ同じパターンで，頭骨が中心部に置かれ，両側に四肢骨が並べられる。残りの部分骨は頭骨の下と四肢骨の内側に置かれる。層位的な関係と文化内容の分析により，後崗類型は同地域の磁山・裴李崗文化との間に密接な継承関係があり，磁山・裴李崗文化は後崗類型の前身であったと考えられる。

　半坡類型の文化内容では，その独自の地域的な特徴が主要な部分を占める。その一方，後崗類型からの若干の要素を受け容れている。例えば，半坡類型のⅢA式，ⅣA式，ⅣB式の方形小型住居跡は豫東・冀南地区の磁山・裴李崗文化から仰韶文化後崗類型への文化系統との繋がりが強いと推測される。半坡類型の晩期に出現する多人二次合葬墓は後崗類型からの影響を受けて生じたものである可能性も高い。そのほか，半坡披遺跡第1期，姜寨遺跡第1期では後崗類

型の典型的な器種としての鼎が検出された例もある。これらの文化要素のあり方から，半坡類型は関中地区を中心におき，周辺地区に強い影響を及ぼしている。同時に，東部の磁山・裴李崗文化から仰韶文化後崗類型への文化系統からも影響を受けたことが明らかにされている。

　関中地区の東側の豫西・晋南地区は半坡類型と後崗類型との接する地域である。山西省芮城（Ruicheng）県東庄村（Dongzhuangcun）遺跡（中国科学院考古研究所山西工作隊　1973）の資料により，半坡類型の晩期に，この地域において，半坡類型の地域的な特徴は，後崗類型の文化内容の影響を受けたために顕著な変化が生じたことが認められる。半坡類型の代表的な土器の器種は東庄村遺跡からも検出されたが，形態，文様などの面では関中地区のものと明らかに異な

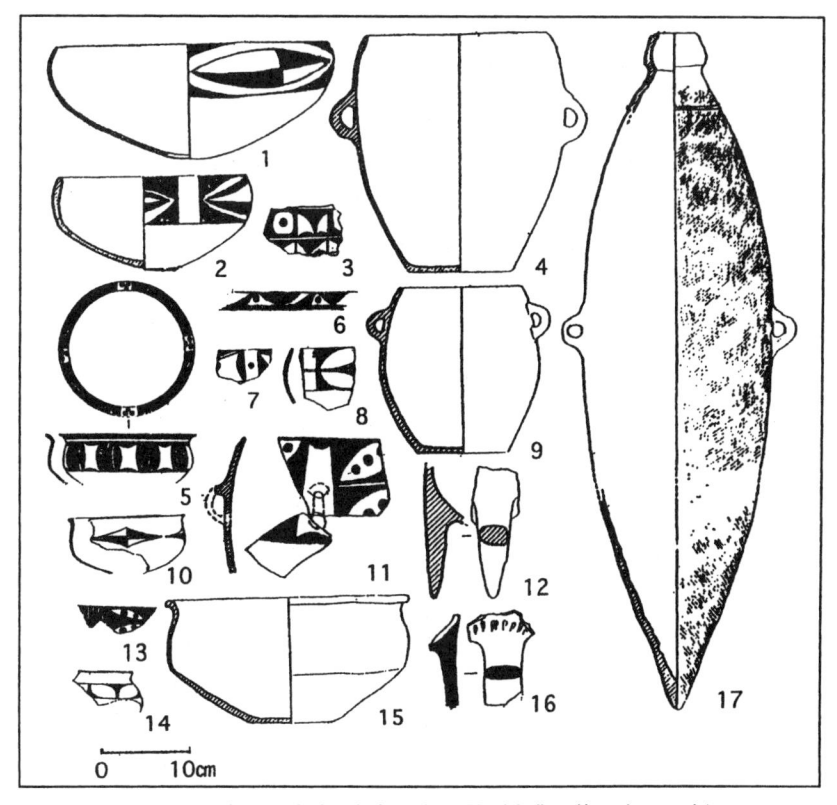

第112図　東庄村遺跡の仰韶文化土器（出典は第11表に示す）

っている(第112図)。関中地区の小口尖底瓶は直口で,全体がやや太くて短く,器高と体部最大径との比率が2倍を超えたものがほとんどない。東庄村遺跡のものは口縁部がやや内湾し,全体が細長くて,器高と体部最大径との比率が3倍を超えたものが一般的である。関中地区の大口尖底罐はここで認められない。関中地区でごく少量の鼎が東庄村遺跡ではよくみられる。東庄村遺跡から検出された大口双耳罐は関中地区で認められない。器面を飾る文様は関中地区で縄文,細縄文,弦文,刺突文,彩文などを主とし,東庄村遺跡の場合はこれらの文様がみられるが,数量が少なく,無文土器の数が多い。彩文は,関中地区で最も特色をもっていた人面魚文,シカ文などは東庄村遺跡で検出されていない。東庄村遺跡でよくみられる弧線文,弧線三角文,円点文などで構成される装飾は,関中地区でこの時期にまだ登場していない。そのほか,後崗類型と同じ埋葬方法の多人二次合葬墓は東庄村遺跡でも検出されている。この時期に,豫西・晋南地区では東庄村遺跡と同様な仰韶文化遺跡が普遍的に存在している。これらの資料から,東庄村遺跡を代表する仰韶文化は半坡類型の地域的変異形であり,東庄類型と命名すべきであるという提言がある(厳文明 1989a)。

　史家類型期に,関中地区の仰韶文化の中でいくつかの新たな文化要素が出現した。これらの新しい文化内容は土器の属性,例えば,土器形態の変化,彩文の意匠の変化の中に集中的に反映している。土器形態の変化はほとんどの場合半坡類型の関中地区における地域色が継続的に発展したものと考えられる。史家類型を代表する土器としては口縁部が内湾し,体部がやや深い丸底ないしは平底の鉢,口縁部が外反し,体部が深く,丸底ないしは小平底の盆,口縁部が外反し,屈曲する体部をもつ平底盆,瓢箪状口縁部を呈する細長い尖底瓶,葫蘆瓶,小口細頚屈曲する体部をもつ壺,蓋付の直口平縁胴張りの小型罐,広口高頚胴張りの小型罐,甕などがあり,すべて半坡類型から漸移的に変化しながらも連続性を維持していたものである。彩文の文様については,史家類型のものは半坡類型の装飾意匠をそのまま継承する。一方,東庄類型の影響を受けたものも出現する。半坡類型の典型的な各種の直線,直線三角で構成される彩文,各種の魚文,シカ文など,さらに東庄類型の円点文,弧線文,弧線三角形文を組み合わせた意匠が展開するものも非常に多い。そして,史家類型期には,外来要素として,埋葬制度に変化が顕著に現れる。史家類型の埋葬制度は半坡

類型のものと全く異なっている。史家類型の墓はほとんど多人二次合葬墓であり，その埋葬方法は後崗類型，東庄類型のものと同じである。これは黄河東岸の後崗類型，東庄類型が西へ拡張した結果であると考えられる。

史家類型の終末に，豫西・晋南地区では，東庄類型を前身として廟底溝類型が登場した。廟底溝類型は河南省陝県廟底溝遺跡の発掘調査(中国科学院考古研究所 1959)によりその名称が与えられた。廟底溝類型の典型的な土器器種としては，口縁部が内湾し，体部の膨らむ鉢ないしは碗(第31図・3，10)，口縁部が外反し，体部の膨らむ盆(第31図・5，9)，口頸部のすぼまる双唇小口尖底瓶(第31図・6)，小口平底瓶(第31図・7)，口縁部が広かつた胴張りの罐(第31図・4，8)，釜(第31図・1)，竈(第31図・2)などがある。文様は細縄文，弦文，貼付文，彩文などがある。彩文土器の数量は東庄類型よりかなり増え，やはり黒彩を主とし，少量の紅彩および黒彩と紅彩を併用した例がみられる。そのほか，白色スリップを地色とした彩文土器も検出されている。彩文の文様は条線文，円点文，弧線文，弧線三角形文，渦文，格子目文などを組み合わせた文様帯を主として，変化に富み，美しい構図をとる (第31図・11・13)。これらの彩文は盛んに鉢や盆の外面上部に描かれる。土器の内面に彩文を施した例は検出されていない。

廟底溝類型の時期は仰韶文化の高揚期である。廟底溝類型がその影響を及ぼした範囲は半坡類型の時期よりも広くなっている。半坡類型，後崗類型の分布域の遺跡で明らかにされたこの時期の文化内容の中に，顕著な廟底溝類型の文化要素が認められる。泉護類型は廟底溝類型の関中地区での変異形であったと考えられる。泉護類型の文化内容はほとんどが廟底溝類型から発展したものであったと認められる。泉護類型の土器の代表的な器種は形態や装飾意匠などの面において，廟底溝類型とほぼ同じである。その一方，地方的変異形としての泉護類型には独自のいくつかの地域的な特徴もみられる。例えば，泉護類型でよく検出される無文の大口缸は豫西・晋南地区の廟底溝類型では認められず，泉護類型の円点文，弧線文，弧線三角形文，渦文，格子目文などを組み合わせた彩文文様帯の装飾は豫西・晋南地区の廟底溝類型のものより簡素で，泉護類型にみられる鳥文，蛙文は豫西・晋南地区の廟底溝類型にはほとんどみられないなどの地域差が認められる。

半坡晩期類型の時期になると，仰韶文化は各地域で徐々に分化し始める。各地域の地域的な特徴は非常に明確になり，半坡類型，廟底溝類型のように周辺地域に強い影響を与えた地方類型はこの時期には認められない。土器の器種，形態，文様などの面から，半坡晩期類型の文化内容は基本的に泉護類型から発展したものであることが分かる。しかし，関中地区西部の福臨堡遺跡(宝鶏市考古工作隊　陝西省考古研究所　1993)，案板遺跡(西北大学歴史系考古専業八一級実習隊　1985，西北大学歴史系考古専業　1987，西北大学歴史系考古専業実習隊　1988，西北大学文博学院考古専業　1992)などでは，半坡晩期類型に属する平行横線文，螺旋文の彩文土器が出土しており，黄河上流域の馬家窯文化からの影響を受けたことがうかがえる。

このように，関中地区の仰韶文化の地域的特徴と外来要素の組み合わせの変遷の分析により，関中地区の仰韶文化の成立，発展，変化の過程が明らかになった。関中地区の仰韶文化の地域的な特徴は周辺地区の原始文化に対して時期ごとに影響の及ぶ範囲と程度に相違がみられる。同様に，外来要素が関中地区の仰韶文化の文化内容の中に占める割合も時期によって変化している。総合的にみれば，半坡類型，史家類型の時期は関中地区の仰韶文化が周辺地区に拡張した時期であり，史家類型の終末から泉護類型，半坡晩期類型にかけての時期は，主として周辺地区から関中地区が影響を受けた時期であると言える。

4　関中地区仰韶文化の変容

関中地区の仰韶文化はこの地域の中で出現，成立し，史家類型期になって黄河東岸の仰韶文化の影響を受け始める。その後，その影響が徐々に強くなっていく一方で，関中地区の仰韶文化の地域的特色が半坡類型の時期から次第に隴山西側へと拡散し，さらに，黄河上流域で馬家窯文化に変身することとなったと考えられる。

典型的な半坡披類型，史家類型の特徴をもつ遺跡は渭河上流域の隴東地区，隴西地区で発見されている(中国科学院考古研究所　1984)。これらの遺跡の文化内容は関中地区のそれとほぼ同じであり，これは半坡類型，史家類型が強い勢いをもって西へ拡張した結果であると考えられる。泉護類型の時期に，関中地区の仰韶文化は廟底溝類型の影響を受けたため，文化内容に若干の変化を生じ

たとみられる。同時に，渭河上流域の仰韶文化も著しい変化を生じ，馬家窰文化が登場する。

　馬家窰文化は黄河上流域の甘，青地区に分布する。絶対年代はC14年代測定法によると5,800年B.P.～4,000年B.P.の間にあり，石嶺下類型，馬家窰類型，半山類型，馬厂類型の変遷が捉えられている（中国科学院考古研究所　1984）。馬家窰文化において最も特徴をもっていたのが彩文土器である（第9図）。馬家窰文化の彩文土器の数量は多く，土器全体の20％～50％を占め，副葬品の土器では全体の80％前後に達している。馬家窰文化の土器は非常に美しく，彩文文様も絢爛多彩で，当時の土器製作技術が目覚ましい発達を遂げたことを反映している。馬家窰文化の各類型の年代とそれぞれの分布範囲などにより，馬家窰文化は最初に隴東地区，隴西地区で登場し，徐々に東から西に向かって拡大して，晩期の馬厂類型時期には，青海省の西部まで進出したことが分かる。

　石嶺下類型は馬家窰文化の最初の段階であり，渭河上流域の隴東地区，隴西地区に分布する。石嶺下類型の土器は紅色のものが主体で，橙黄色か赤煉瓦色，少数は桔紅色を呈する。代表的な器種としては口縁部が内湾した平底の鉢（第9図・1・6），折返し口縁の盆（第9図・1・4），広口細頚瓶（第9図・1・2，3），小口平底瓶（第9図・1・7），小口尖底瓶（第9図・1・8），彩文壺（第9図・1・1），彩文罐（第9図・1・5）などがある。文様は彩文，縄文，貼付文などがある。彩文には幾何形文と動物文の2種類がある。幾何形文には1本ないしは複数の平行条線文，波状文，弧線文，連弧文，鋸歯文，弧線三角文，葉形文，同心円文，円点文などがある。動物文には，頭部や頚部の形を表現した様々な鳥文とサンショウウオを描いた文様がある（第9図・1）。文化内容からみると，石嶺下類型は史家類型から発展したと考えられる。石嶺下類型の鉢，瓶，罐などの主要器種の形態は史家類型の同種のものとの間に密接な系統関係をもつとみられる。石嶺下類型で最も特徴的な装飾である彩絵鳥文も史家類型の鳥文から発展変化して成立したものである。これらのことから，渭水上流域の隴東地区，隴西地区に進出した半坡類型，史家類型仰韶文化は，泉護類型の時期に馬家窰文化石嶺下類型に変身したと考えられる。

　関中地区において，仰韶文化の後継者として登場したのは廟底溝二期文化である。廟底溝二期文化は1956～57年に河南省陝県廟底溝遺跡の仰韶文化層の上

層で発見され，その文化内容は先行する仰韶文化，中原龍山文化と異なり，注目すべき新しい特徴をもつことが明らかにされた。ことに，大口深罐，鼎，小口尖底瓶，彩文の菱形帯状文をもつ罐などは，仰韶文化から中原龍山文化に推移する過渡的な特徴を抱えていることが知られた（中国科学院考古研究所 1959）。その後，1959～60年に行われた河南省洛陽(Luoyang)市王湾(Wangwan)遺跡の発掘調査で(北京大学考古実習隊 1961)，層位的関係が確認され，廟底溝二期文化は仰韶文化が中原龍山文化へと向かう過渡的な段階であることが証明された。その主な特徴が龍山文化のものであることから，早期龍山文化として認識された。これまでに調査された資料により，廟底溝二期文化は豫西・晋南地区，関中地区を中心に分布し，絶対年代はＣ14年代測定法によって4,965年B.P.～4,405B.P.の間にあると推定されている。

関中地区において廟底溝二期文化に属する遺跡としては横鎮遺跡の龍山文化早期（中国社会科学院考古研究所陝西工作隊 1984），泉護遺跡第２期(黄河水庫考古工作隊華陰分隊 1959ａ，黄河水庫考古工作隊華陰分隊 1959b)，華県虫陳村遺跡

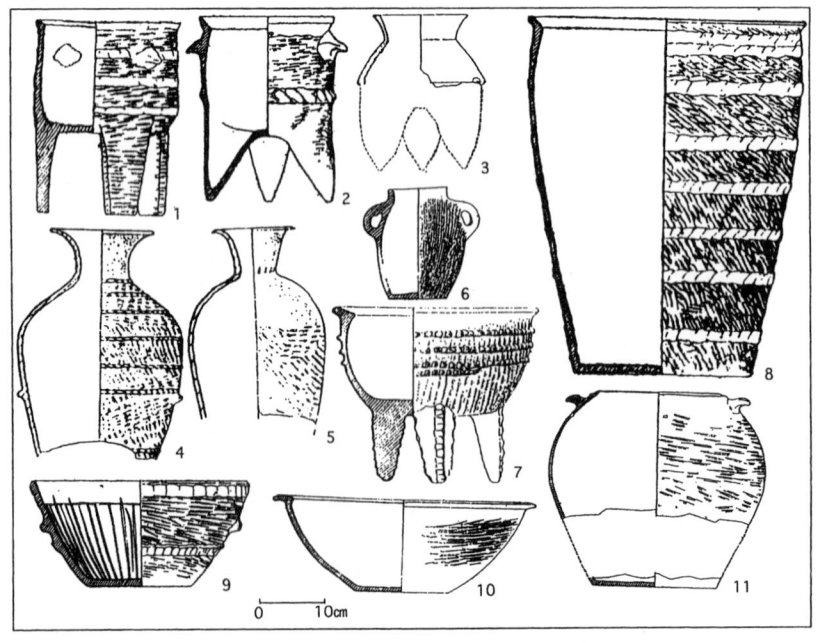

第113図　関中地区の廟底溝二期文化の土器（出典は第11表に示す）

(北京大学考古学研究室華県報告編写組　1980)，武功(Wugong)県趙家来(Zhaojiale)遺跡，滸西庄 (Huxizhun) 遺跡（中国社会科学院考古学研究所　1988年），案板遺跡第3期（西北大学歴史系考古専業八一級実習隊　1985，西北大学歴史系考古専業　1987，西北大学歴史系考古専業実習隊　1988，西北大学文博学院考古専業　1992）などがある。関中地区の廟底溝二期文化の土器は灰色土器を主とし，紅色土器は少ない。代表的器種としては，罐形袋足鬲（第113図・3），筒形斝（第113図・2），双耳罐（第113図・6），盆形扁足鼎（第113図・1，7），口縁部が内湾する罐（第113図・11），口縁部が広がる深罐（第113図・8），広口長頚の小平底瓶（第113図・4，5），鍬形口縁をもつ盆（第113図・9，10）などがある。文様は藍文が多く，貼付文，縄文もみられ，彩文はほとんどない。関中地区の廟底溝二期文化は河南・山西地区の文化と共通性をもつ。同時に，独特の特徴を有する。関中地区の廟底溝二期文化の土器はすべて厚手で，藍文，貼付文が多用され，罐は円筒形で外面に多数の帯状の貼付文が施され，深罐，蟬，鼎が比較的盛行し，鼎には盆形のものが多くみられる。河南・山西地区の廟底溝二期文化の土器は関中

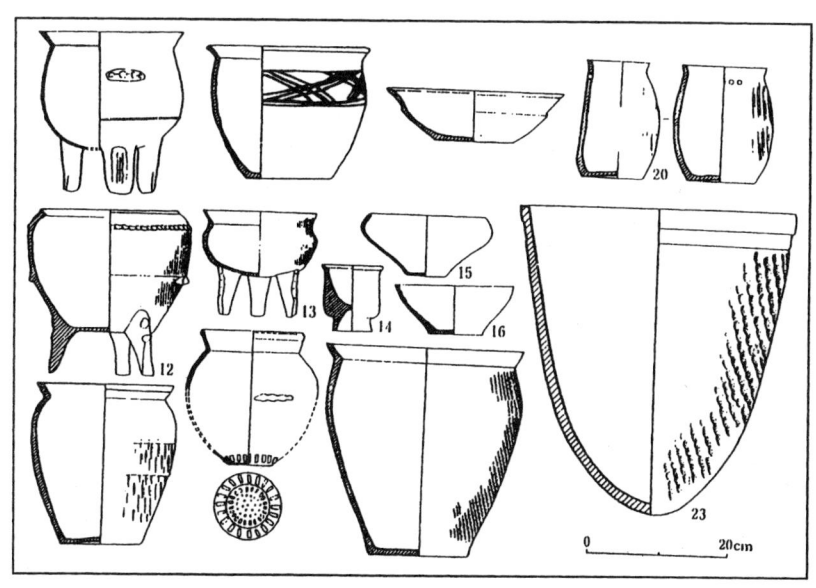

第114図　河南地区の廟底溝二期文化の土器
（中国社会科学院考古研究所　1984の図二〇・2より作成）

地区のものより薄手で，藍文と縄文が多用され，貼付文は少ない。細長い罐と透孔が施された長いた柄をもつ豆が普遍的である。鼎は多く，鉢形，罐形あるいは盆形のものが出土している（第114図）。

　1984～87年に行われた案板遺跡の発掘調査は，関中地区の仰韶文化から廟底溝二期文化への変容の脈絡を知る上で貴重な資料を提供してくれた（西北大学歴史系考古専業八一級実習隊　1985，西北大学歴史系考古専業　1987，西北大学歴史系考古専業実習隊　1988，西北大学文博学院考古専業　1992）。案板遺跡の文化層は3つの時期に分けられ，それぞれに泉護類型，半坡晩期類型，廟底溝二期文化に属する。案板遺跡の第1期から第3期の間には，明確な発展段階が認められ，同時に漸行的な系統関係が存在する。特に，案板遺跡第2期から第3期への土器の器種，形態，文様などにみられる変遷により，関中地区の仰韶文化の変容の過程が明確に捉えられる。

　第115図に示したように，廟底溝二期文化を代表する広口長頸平底瓶は，案板遺跡第2期の広口長頸尖底瓶から，底部が拡大して発展したものと考えられ

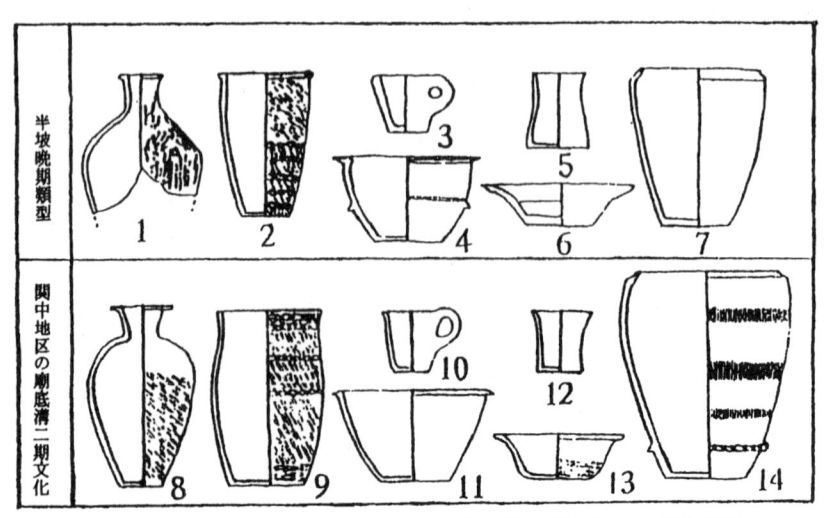

第115図　半坡晩期類型と関中地区の廟底溝二期文化の土器比較図
（王世和ほか　1987の図二より作成）

る。深罐，鍬形口縁をもつ深盆，鍬形口縁をもつ浅盆などは，第2期のものと第3期のものの形態がほぼ同じである。第2期の深罐は紅褐色を呈し，口唇部は丸味をもち，器外面は粗縄文と帯状の貼付文が施される。第3期のものは灰褐色を呈し，口唇部は平坦に仕上げられ，器面は藍文と帯状の貼付文が施される。盆の形態的な変化は口唇部に鮮明に現れ，第3期の盆は口唇部の幅が第2期のものより狭くなる。これらの土器属性の継続的な変化は，この2つの文化の間に明確な継承関係を存在することをはっきりと表している。

　廟底溝二期文化の中で，最も特徴的な様相のみられる斝と鼎の先行形態は関中地区には認められない。これまでに発見された資料により，廟底溝二期文化は，東方の大汶口文化の強い影響を受けて，仰韶文化西王類型(仰韶文化晩期の地方類型。半坡晩期類型と同年代，豫西・晋南地区に分布している)から変容し，豫西・晋南地区で最初に登場したと考えられる。この斝と鼎は東方の大汶口文化の影響を受けて生じた要素である。廟底溝二期文化は豫西・晋南地区で登場した後，西方に拡張し，関中地区の仰韶文化の変容を惹き起こすこととなる。この時期から，仰韶文化は関中地区の歴史舞台から退場する。

5　関中地区仰韶文化の生業

　関中地区は黄土高原の東南辺縁にあって，温帯季節風性気候に属し，四季も明確にあり，温暖だが乾燥する地域である。現在の関中地区では1月の平均気温が1.3℃，7月の平均気温が27.2℃，年平均気温が13.4℃，年降水量が550mmである。半坡遺跡，姜寨遺跡などで検出された動物遺存体のあり方および花粉分析の結果などにより，関中地区において，仰韶文化の時期の自然環境は現在と比べてあまり大きな変化はないが，やや温暖湿潤であったと推定されている。すなわち，当時の年平均気温は現在より2℃から3℃高く，年平均降水量が10mmから20mm多かったようである。半坡遺跡，姜寨遺跡の近くには，森林に覆われた地域や，竹の群生地があり，渭河の支流の滻河，臨河の水量は現在より豊かで，河岸の付近には水草が繁茂した沼沢地も広がっていたとされる（周昆叔 1963，華啓明　王社江　1991）。こうした恵まれた自然環境の中で，当時の人々はこの地域で定住生活をして，穀物栽培，家畜飼育，狩猟，漁労，採取などさまざまな生業活動を営んでいた。

仰韶文化の人々が栽培した主要な穀物はアワである。アワは黄土地帯に適合してよく成長し、耕作が簡単で成熟期間も短く、またその保存も容易である。半坡遺跡の2号住居跡，37号住居跡の床面で検出された甕と罐、それに38号住跡の室内にあった小型貯蔵穴から、アワと同定された遺存体が出土している。また、115号貯蔵穴では大量のアワが腐朽して灰化したものが堆積しており、これらの朽ち果てた粟は新鮮なアワに換算すると、約100kg近くに相当する（中国科学院考古研究所 1963）。そのほか、泉護遺跡の201号住居跡（黄河水庫考古工作隊華陰分隊 1959b）下孟村遺跡の袋状の貯蔵穴（陝西省考古研究所漢水隊 1960、陝西省考古研究所漢水隊 1962）の中から、いずれもアワと認められる植物遺存体が検出されている。さらに、50年代に行われた泉護遺跡の発掘調査で、イネ籾に類似した痕跡がみつかっており、1997年に陝西省考古研究所による再調査で数10点ほどの炭化した米が検出された①。このような資料から、仰韶文化期に、黄河流域でイネも栽培されていた可能性がある。

関中地区の仰韶文化の各遺跡から穀物の栽培に関わる農具が多数出土している。これらは耕地の開墾に用いた石斧、石錛、石鏟、石鋤、収穫道具の石包丁、土製のナイフ、食物加工具としての石皿、磨棒、石杵などが含まれている（第116図）。石斧（第116図・1～6）は磨製のものがあるが、敲打法により丁寧に整形し、刃部のみを研磨したものが多い。長方形あるいは台形のものが多く、器身が重く厚手で、断面が通常は楕円形を呈している。また一部の石斧は、器身に木柄を装着するのにつごうのよいように粗い面を残している。史家類型期から、有孔石斧が出現する。泉護類型の時期になってから、石斧の断面は長方形を呈するものが出現する。半坡晩期類型にはこの類型が主体になる。そのほか、泉護類型の時期から半坡晩期類型にかけて、器身の両側に抉りをつけた有肩のものも出現する。石錛（第116図・7～10）はほとんどが磨製で、長方形と台形のものが多い。石鏟（第116図・13, 17, 18）は半坡類型期と史家類型期に、数は少ないが、ハート形をしたものが多い。泉護類型の時期に、石鏟の数量は著しく増加し、ハート形と舌形の2類型がある。半坡晩期類型の時期になると、台形の有孔石鏟と有肩石鏟が認められる。石鏟は仰韶文化の早期から晩期にかけて、漸移的に薄く、大型化になる傾向がみられる。石鋤（第116図・14）は器身が細長い長方形を呈し、刃部が三角形になっている。打製のものが多い。石包丁（第116

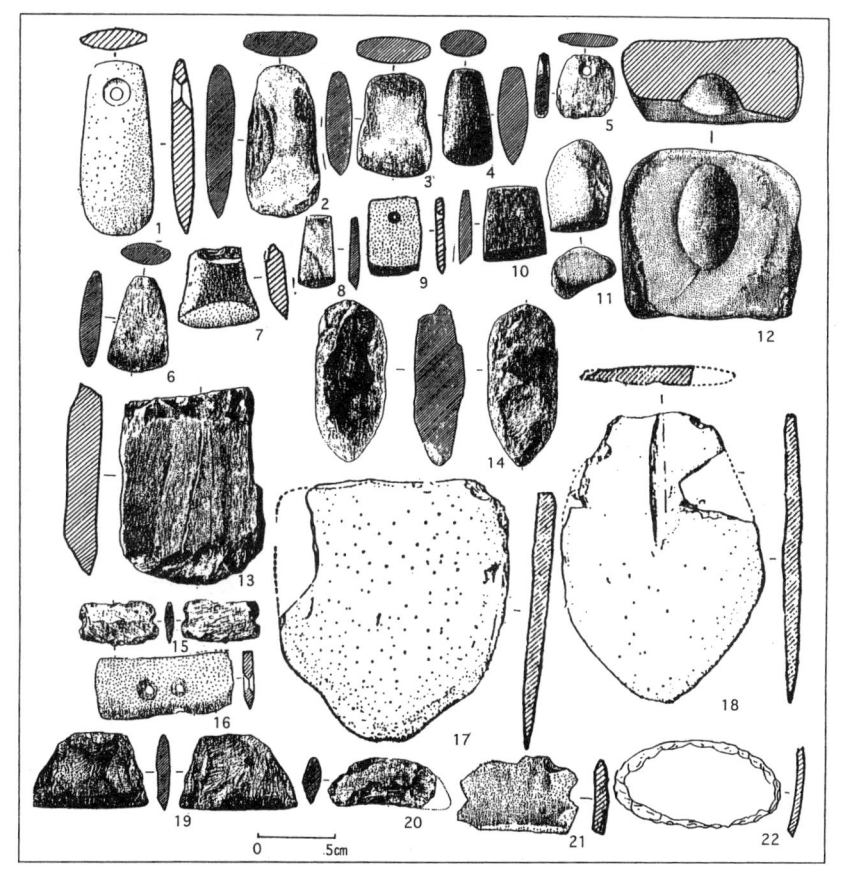

第5章 仰韶文化の地域性と時期性 211

第116図 関中地区の仰韶文化の農耕具（出典は第11表に示す）

図・15，16，19，20）は長方形のものと台形のものの2種類がある。有孔ないしは両側に抉りをもつものが一般的である。土製のナイフ（第116図・21，22）は砂を混ぜた黄土を用い，石包丁と類似した形に仕上げられている。石皿，磨棒，石杵（第116図・11，12）は花崗岩（granite）ないしは砂岩（sandstone）で作られ，不規則な方形あるいは長方形を呈している。これらの石器は半坡類型から半坡晩期類型にかけて形態的な変化がほとんど認められない。

　仰韶文化における家畜の飼育は，決して十分に発達しているとはいえない。現在までに発表された資料により，家畜と認められたのはわずかにブタとイヌ

の2種だけで，その数も少なく，大型の個体がほとんどみられない。その他，ヒツジ，ウシ，ニワトリ，ウマの遺存体も検出されているが，出土数は極めて少なく，これらを家畜動物と判定することは難しい。

　狩猟，漁労の活動は当時の生業の中でかなりの比重を占めている。関中地区における多数の仰韶文化遺跡からたくさんの動物遺存体が検出されている。その中で，山林に出没するニホンジカ，沼沢地に生活するノロジカ，竹林に生息するタケネズミなどの他，ノウサギ，タヌキ，ムジナ，アナグマ，カモシカ，鳥類のワシ，コイ科の魚類など野生動物がたくさん含まれている。これらの動物遺存体は仰韶文化を支えた人々の狩猟，漁労の活動の内容を反映しているとられる。

　これらのたくさんの動物遺存体と共に，大量の狩猟，漁労具が検出されている（第117図）。狩猟具の中で，鏃類（第117図・1〜5，7）が最も多く，そのうちの半分以上が骨鏃で，他は石鏃と角鏃である。鏃の型式は，器身の中央が稜をなし，断面が三角形を呈する有茎鏃が一般的である。翼状の逆刺を有するものなどもみられる。石槍（第117図・6），角槍（第117図・10）は多くの遺跡で認められ，三角形と長方形の2種類がある。これらの槍の長さは一般に10cmぐらいで，刃部が非常に鋭利で，器身全体が扁平なものが多いが，器身の中央でやや高くなり，断面が三角形を呈するものもある。そのほか，多くの遺跡で，大量の石球が出土している。この石球は直径が10cm前後で，狩猟に使用した投擲器（投弾石）と考えられる。漁労具は関中地区の仰韶文化の遺跡から数多く出土している。銛頭には固定銛頭と離頭銛頭の2種類がある。固定銛頭（第117図・12〜15）は長さ8cmから10cm前後であり，逆刺が銛頭中程の片側に1個作り出されたものが多い。銛頭の先端部に逆刺が1個作り出されたものも検出されている。離頭銛頭（第117図・8，9，11）は長さが10cm位で，逆刺が左右対称に1個ずつあるいは2個ずつ作り出されたものが多い。釣針（第117図・16〜18）はほとんどが小型のもので，長さが2cmから4cm前後で，逆刺のあるものとないものの2種類がある。そのほか，大量の石製魚網錘（第117図・19）も多くの遺跡から検出されている。これは普通の河原石を利用して，その両側に抉りを作り出したものである。これらの多様な漁労具により，当時の人々は刺突漁，釣魚，網魚といった多用な漁法を営んでいたことが指摘される。

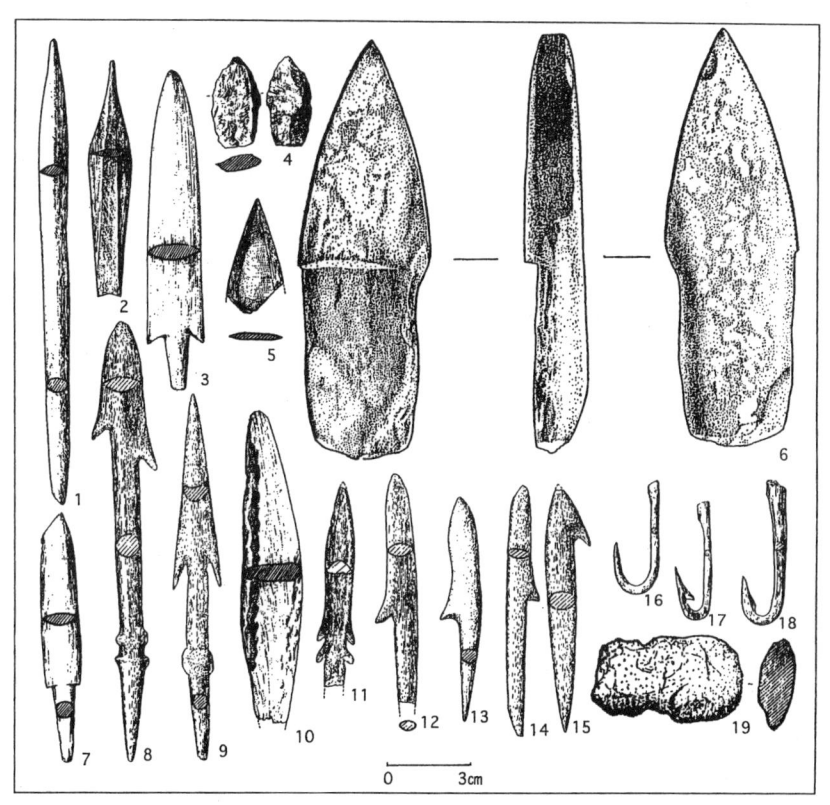

第117図　関中地区の仰韶文化の狩猟，漁労具（出典は第11表に示す）

　関中地区における仰韶文化の遺跡で調査された貯蔵穴，住居跡では，ドングリ，トチの実，マツの実，クルミなどが出土している。これは当時の人々が農業の補充手段として，採取活動も盛んに行っていたことを明確に示している。
　このように，関中地区において，仰韶文化期の人々は穀物を栽培する農業以外に，家畜を飼育し，野生の動物の狩猟，漁労，野生植物の採取を行っていたことが明らかになった。これが仰韶文化の標準的姿であったと考えられる。

ま と め

　以上の分析では，土器を中心に，関中地区の仰韶文化の成立過程と文化発展を論じた。関中地区の仰韶文化は同地域の老官台文化から発展してきた農耕文化である。仰韶文化は関中地区に登場してから，約2,000年の時間を経て，半坡類型，史家類型，泉護類型，半坡晩期類型の4時期の変遷をたどった。周辺地区の同時期の文化と比較すると，半坡類型，史家類型の時期には関中地区の仰韶文化が周辺地区に拡張したことがうかがえる。他方，史家類型の終末から泉護類型，半坡晩期類型の時期にかけては，主として周辺地区から影響を受ける傾向が認められる。泉護類型の時期になると，渭河上流域で発達した関中地区の強い地域色をもった仰韶文化が馬家窯文化に変身する。半坡晩期類型の終末には，関中地区の仰韶文化は廟底溝二期文化に変容した。このように，関中地区の仰韶文化の成立，発展，変容のプロセスが明らかになった。さらに，関中地区の仰韶文化遺跡から出土した石器，骨角器，動物遺存体，植物遺存体の分析により，関中地区において，仰韶文化期の人々が穀物を栽培するとともに，家畜を飼育し，さらに狩猟，漁労，採取も行っていたことが明らかとなった。

注釈
① 1997年夏，陝西省考古研究所の泉護遺跡発掘調査現場で見学した際にいただいた資料。

第11表　第98～105，112，113，116，117 図の出典

第98図・1	中国社会科学院考古研究所	1994の図二一・2
第98図・2	中国社会科学院考古研究所	1994の図五三・1
第98図・3	中国社会科学院考古研究所	1994の図五六・5
第98図・4	中国社会科学院考古研究所	1994の図二二・7
第98図・5	中国社会科学院考古研究所	1994の図六〇・2
第98図・6	中国社会科学院考古研究所	1994の図六一・2
第98図・7	中国社会科学院考古研究所	1994の図二四・4
第98図・8	中国社会科学院考古研究所	1994の図五七・5

第98図・9, 10	中国社会科学院考古研究所	1994の図五九・8, 10
第98図・11	中国社会科学院考古研究所	1994の図五八・5
第98図・12	中国社会科学院考古研究所	1994の図六二・7
第98図・13, 14, 18, 22	中国社会科学院考古研究所	1983の図三四・1, 3, 5, 8
第98図・15	中国社会科学院考古研究所	1983の図三三・1
第98図・16	中国社会科学院考古研究所	1983の図八〇・1
第98図・17, 21	中国社会科学院考古研究所	1983の図七九・1, 2
第98図・19, 20, 23, 24	中国社会科学院考古研究所	1983の図七八・3, 6, 4, 7
第98図・25	中国社会科学院考古研究所	1983の図三六・5
第99図・1	中国社会科学院考古研究所	1994の図二二・1
第99図・2	中国社会科学院考古研究所	1994の図五四・1
第99図・3, 4	中国社会科学院考古研究所	1994の図五七・7, 4
第99図・5	中国社会科学院考古研究所	1994の図五八・3
第99図・6	中国社会科学院考古研究所	1994の図六二・7
第99図・7	中国社会科学院考古研究所	1994の図五九・7
第99図・8	中国社会科学院考古研究所	1994の図六〇・2
第99図・9	中国社会科学院考古研究所	1994の図六一・2
第99図・10, 11, 12, 13, 14	中国社会科学院考古研究所	1983の図七九・12, 6, 4, 15, 1
第99図・15, 16	中国社会科学院考古研究所	1983の図八五・1, 7
第99図・17	中国社会科学院考古研究所	1983の図七八・3
第99図・18	中国社会科学院考古研究所	1983の図八〇・1
第99図・19	中国社会科学院考古研究所	1983の図三六・4
第99図・20	中国科学院考古研究所	1963の図八八・3
第99図・21	中国科学院考古研究所	1963の図八九・2
第99図・22	中国科学院考古研究所	1984の図一二・1, 5
第99図・23	中国科学院考古研究所	1963の図九〇・7
第99図・24, 25	中国科学院考古研究所	1963の図九七・10, 9

第99図・26	中国科学院考古研究所	1963の図八九・9
第99図・27	中国科学院考古研究所	1963の図九五・5
第99図・28	中国科学院考古研究所	1963の図九三・3
第99図・29，30	中国科学院考古研究所	1963の図九八・15，13
第99図・31	中国科学院考古研究所	1963の図一〇三・6
第100図・1，2，14，15	中国科学院考古研究所	1963の図八八・1，12，5，6
第100図・3，4，5，16，17，40	中国科学院考古研究所	1963の図九〇・4，6，8，1，3，9
第100図・6，7，9，18，20	中国科学院考古研究所	1963の図九五・10，4，2，9，11
第100図・8，21，44	中国科学院考古研究所	1963の図九三・3，4，8
第100図・10，19，30，43	中国科学院考古研究所	1963の図九七・10，9，3，2
第100図・11，12，23，24，25，26	中国科学院考古研究所	1963の図九八・16，13，2，7，5，4
第100図・13，27	中国科学院考古研究所	1963の図一〇七・2，4
第100図・22	中国科学院考古研究所	1963の図九九・13
第100図・28，29，39，41	中国科学院考古研究所	1963の図八九・2，5，4，8
第100図・31，38，45	中国科学院考古研究所	1963の図一〇三・4，6，1
第100図・32，37，42	中国科学院考古研究所	1963の図九一・2，9，1
第100図・33，34	中国科学院考古研究所	1963の図一三二・2，3
第100図・35	中国科学院考古研究所	1963の図九六・8
第100図・36，46，47	中国科学院考古研究所	1963の図一〇六・2，4，1
第101図・1，3	西安半坡博物館ほか	1988の図八七・16，17
第101図・2，5	中国科学院考古研究所	1963の図九〇・6，7
第101図・4，7，8	中国科学院考古研究所	1963の図九八・8，13，14

第101図・6,9	中国科学院考古研究所	1963の図九五・3,5
第101図・10	中国科学院考古研究所	1963の図九三・5
第101図・11	中国科学院考古研究所	1963の図一〇六・6
第102図・1,4	中国科学院考古研究所	1963の図一二〇・3,8
第102図・2,5,8,11,14	中国科学院考古研究所	1963の図一二一・6,2,1,5,9
第102図・3	中国科学院考古研究所	1963の図一二二・16
第102図・6,9,12	中国科学院考古研究所	1963の図一二五・2,5,11
第102図・7,10,13	中国科学院考古研究所	1963の図一二四・17,16,4
第103図・1	中国科学院考古研究所	1963の図八八・6
第103図・2,5,9,11,12,14,16,17,18,19,20	西安半坡博物館 渭南県文化館	1978の図一〇・1,26,22,31,11,16,15,6,8,13,32
第103図・3	西安半坡博物館ほか	1988の図一七四・10
第103図・4	西安半坡博物館ほか	1988の図一七五・2
第103図・6,7,13	西安半坡博物館ほか	1988の図一七七・7,8,11
第103図・8	西安半坡博物館ほか	1988の図一六九・13
第103図・10,15	西安半坡博物館ほか	1988の図一七一・3,2
第104図・1,3,5	西安半坡博物館ほか	1988の図一八四・1,2,4
第104図・2	中国社会科学院考古研究所	1983の図八六・2
第104図・4	西安半坡博物館ほか	1988の図一八二・3
第105図・1,2,6,7	中国社会科学院考古研究所陝西工作隊	1989の図六・9,5,12,10
第105図・3	黄河水庫考古工作隊華陰分隊	1959bの図二・3
第105図・4	中国科学院考古研究所	1963の図一〇三・4
第105図・5	中国社会科学院考古研究所陝西工作隊	1989の図八・1
第105図・8,9,11,12	西安半坡博物館ほか	1982の図三・6,5,9,11
第105図・10	西北大学歴史系考古専業実習隊	1988の図四・1

第112図・1，2，15	中国科学院考古研究所山西工作隊　1973の図一六・6，8，7
第112図・3，5，6，7，8，10，11，13，14	中国科学院考古研究所山西工作隊　1973の図一五・18，14，21，8，23，24，19，11，13
第112図・4，9，17	中国科学院考古研究所山西工作隊　1973の図一九・1，5，4
第112図・12，16	中国科学院考古研究所山西工作隊　1973の図二〇・9，6
第113図・1	中国社会科学院考古研究所　1988の図三九・5
第113図・2	中国社会科学院考古研究所　1988の図四一・3
第113図・3，7	中国社会科学院考古研究所陝西工作隊　1984の図二三・5，1
第113図・4，5	西北大学歴史系考古専業　1987の図四・31，32
第113図・6，10	中国社会科学院考古研究所陝西工作隊　1984の図二四・1，7
第113図・8	中国社会科学院考古研究所　1988年の図四二・1
第113図・9	中国社会科学院考古研究所　1988年の図四・9
第113図・11	中国社会科学院考古研究所　1988年の図四六・6
第116図・1	西安半坡博物館ほか　1988の図一三九・7
第116図・2～6	中国科学院考古研究所　1963の図五六・1，9，2，11，5
第116図・7，9	西安半坡博物館ほか　1988の図二〇七・8，7
第116図・8，10	中国科学院考古研究所　1963の図五八・4，5
第116図・11，12	中国科学院考古研究所　1963の図七五・2，3
第116図・13	中国科学院考古研究所　1963の図五九・4
第116 図・14	中国科学院考古研究所　1963 の図六〇・2
第116 図・15，19，20	中国科学院考古研究所　1963 の図六四・1，5，3
第116 図・16	西安半坡博物館ほか　1988 の図二〇八・11
第116 図・17，18	西安半坡博物館ほか　1988 の図六三・3，2

第116図・21	西安半坡博物館ほか 1988 の図一九六・1	
第116図・22	西安半坡博物館ほか 1988 の図八六・5	
第117図・1, 2, 7	中国科学院考古研究所 1963 の図六九・15, 21, 16	
第117図・3～5	中国科学院考古研究所 1963 の図七〇・2, 14, 15	
第117図・6	中国科学院考古研究所 1963 の図六八・2	
第117図・8, 9, 11～18	中国科学院考古研究所 1963の図七一・2, 7, 9～11, 4, 18～20	
第117図・10	中国科学院考古研究所 1963の図七〇・5	
第117図・19	西安半坡博物館ほか 1988 の図六五・4	

終章　総括

　現時点の資料では，新石器時代文化が中国大陸において登場したのは10,000年B.P.前後のことである。南庄頭遺跡，彭頭山遺跡，玉蟾岩遺跡，および仙人洞遺跡の下層，吊桶環遺跡，甑皮岩遺跡の早期などの資料によって，中国新石器時代初頭の土器製作技術の内容がかなり明らかになった。この時期の土器の製作技術では，焼成技術や成形方法などは簡単かつ粗雑である。土器の素材としての粘土を厳選せず，それぞれの地域の入手し易い粘土が用いられ，遺跡の付近で採取されていたと考えられる。9,000年B.P.～8,000年B.P.に，彭頭山遺跡の時期になって，籾殻や植物繊維を混和材として胎土に混和した土器が初めて出現してきた。土器の成形方法は直接成形法，粘土板貼り付け，手づくねの3種類がある。成形した土器はその内外面にさらに調整が施される。これらの土器を焼成した遺構は検出されていない。器面の色調が均一ではないことと，焼成温度が低いことなどから，特別な施設を設けない露天での簡単な焼成法がとられたと想定されてきた。

　新石器時代早期前半の河姆渡遺跡の4つの文化層は，文化の特徴の上で一連の系統を代表するとともに，土器の製作技法の発展過程を示している。土器製作技法の発展史上で比較的原始的な段階にあった夾炭黒色土器は第4層から最も多く出土した。この夾炭黒色土器は第4層から第1層にかけて漸次減少してゆく。他方，意識的に砂粒が混ぜられた夾砂土器は遂次増加し，第1・2層になると，夾砂紅色土器・灰色土器が圧倒的に優位をしめる。それにつれて，土器の焼成技術が徐々に高度になり，焼成温度や硬度なども高くなる。河姆渡遺跡第4層の下部（4B層）で，粘土板張り付けによって成形された土器が依然として存在している。河姆渡遺跡の4B層で，紐作り成形技法が初めて出現している。4A層から，粘土板張り付けが消滅に向かい，それに代わって紐作りのものが大量に製作されるようになる。同時に，鼎，盉，甗などの複雑な器形がはじめて出現する。

　このような土器製作技術の発生，発展の過程とともに，中国大陸における土

器の登場，土器製作技術の発達とそれに伴う磨製石器の発達などを標識として，中国新石器時代の幕が開く。

中国新石器時代文化内容は，約10,000年B．P．～7,000年B．Pの早期，約7,000年B．P．～5,000年B．P．の中期，約5,000年B．P．～4,000年B．P．の晩期といった3期に区分できる。各地域と各時期において，それぞれを代表する基準遺跡と文化類型が存在する。中国新石器時代文化は地域によるそれぞれの発展段階があると同時に，共通の要素も強い。新石器時代早期の段階には，錐足鉢形鼎，三脚鉢，双耳壺，および「Z」字文，箆文，櫛目文のある一群の土器が広範囲に分布している。この段階の文化には磁山・裴李崗文化，老官台文化，北辛文化，河姆渡文化，彭頭山文化などがある。また，中期の段階に入ると，各地域の文化の中に，常に彩陶系統の土器がみられ，広義の彩文土器の分布は黄河，長江両流域のほぼ全域にわたる。この段階の文化は，仰韶文化，大溪文化，馬家浜文化，紅山文化などによって代表される。晩期の段階に入ると，鼎，鬲，斝，豆などの器形が中国全域に出現し，灰陶とあわせて黒陶の存在が目立ってくる。この時期を代表する文化には客省庄文化，中原龍山文化，典型龍山文化，青龍泉文化，良渚文化などがあるが，農耕技術が飛躍的に発展，少量の金属器が出現し，版築土塁などの全く新しい建造技術による大規模な建築物が出現する。これらの文化要素は中華文明発祥の基礎である。

中国原始農耕文化高揚期の仰韶文化は，中国新石器時代文化系統の中で，早期から晩期のかけ橋として重要な意味をもつ。

仰韶韻文化の研究史は，1921年のスウェーデン人アンダーソン博士による河南省渑池県仰韶遺跡の発見から1960年代中頃，1970年代～1980年代中頃，1980年代中頃以後と，3期に追跡できる。1960年代以前の研究は仰韶遺跡，半坡遺跡，廟底溝遺跡などの標識的な遺跡の発掘調査を通じて，仰韶文化の基本的な内容，龍山文化との関係，集落，共同墓域の特色などが大体明らかにされた。1970年代～1980年代中頃には，磁山遺跡，裴李崗遺跡などの早期新石器時代文化が調査され，仰韶文化起源の研究は本格的に開始する。さらに，姜寨遺跡が全面的に発掘調査され，関中地区仰韶文化の実態の把握と，集落，墓制に関する研究が画期的に進んだとみられる。1980年代中頃以後には，仰韶文化の成立，展開過程の解明が進むとともに，仰韶期の社会について積極的な議論がなされ

るようになった。このような研究史の検討で，我々に新たな研究指針を呈してくれた。

　仰韶文化の集落を分析するについて，仰韶文化の集落が成立，発展した基盤，すなわち，中国新石器時代の集落の研究が必要である。

　8,000年Ｂ.Ｐ.～7,000年Ｂ.Ｐ.の新石器時代早期後半に，定住集落と共同墓域が出現する。磁山遺跡の貯蔵穴で明らかにされた多量のアワ，河姆渡遺跡で検出された多量のイネなどにより，この時期の先史文化に示されている原始農耕の生産の水準はすでに発生期の段階を超えており，相当に発達した水準になっている。高水準の原始農耕生産と大量の食物の備蓄は，この時期の原始集落の存在を支えた強力な物質的な基盤である。莪溝北崗遺跡，興隆窪遺跡で発見された定着性の進んだ集落跡は原始農耕の出現によって直接にもたらされたものであると考えられる。したがって，このような集落を原始農耕集落と呼ぶことができる。

　中国の新石器時代早期の終わりから中期前半にかけて（約7,000年Ｂ.Ｐ.から5,500年Ｂ.Ｐ.），中国の新石器時代農耕文化は自然環境の恵みで，飛躍的に発展をむかえ，遺跡の数が急激に増加する。仰韶文化前期に属する半坡遺跡と姜寨遺跡はこの時期の代表的な遺跡である。この２つの集落遺跡から捉えた求心的な構造は凝集・封閉式の集落構成と呼ばれ，仰韶文化の特徴の１つである。さらに，姜寨遺跡の分析により，住居跡→住居跡小群→住居跡大群→集落という４段階のレベルを抽出することができる。この構成は仰韶期の社会を反映すると考えられる。

　新石器時代中期の後半（5,500年Ｂ.Ｐ.から5,000年Ｂ.Ｐ.）になって，多室式住居の出現，土器や石器などの専業的な生産を生業の主体とする集落の発達，祭祀活動の中心となる集落の出現，経済的・政治的中核集落の出現といった動向が明らかになる。仰韶期集落の求心性が崩れ，農耕社会の階層化，多様化が顕在化すると指摘される。

　新石器時代晩期（4,400年Ｂ.Ｐ.から4,000年Ｂ.Ｐ.）に入ると，仰韶文化の強固な共同性を示す集落構成から各家族の独立性が高い分散化した集落構成へ移行した。それとともに，仰韶文化の防御的な性格の周溝をもつ求心的な集落構成から，城壁をもつ城郭集落へ発展したこともみられる。特に，城郭集落の出現

は，農耕社会の発展による，地域間紛争の激化，社会階層化の顕在化の反映であると考えられる。

　関中地区は仰韶文化が最も発達した地域であり，現在までに，関中地区で調査された仰韶文化の住居跡はほぼ300棟に達する。その住居の構造に，竪穴式・平地式，方形・円形の平面形，20㎡以下の小型，20～60㎡の中型，60㎡以上の大型といった基本類型が認められる。さらに，平面プラン，面積の大きさ，建築方法，室内の構造などによって，関中地区仰韶文化の住居跡は10の型式，21の亜型式に分けられる。これらの型式の住居跡は関中地区仰韶文化の住居跡の全体の様態をおおむね表しているといえる。そして，各型式の住居跡は関中地区仰韶文化の時期，地域性，機能などの相違を反映していると考えられる。

　住居跡の面積，室内に残された遺物の組み合わせ，空間分布などの分析により，小型住居跡は核家族，中型住居跡の居住者は2，3世代の大家族が生活する場，大型住居はいくつかの大家族が共同する施設であると認識される。

　住居跡の空間分布，変遷，さらに，住居跡と貯蔵穴，墓，周溝などの分析により，個別の住居跡，3，4棟の住居跡小群，2，3群の住居跡小群からなる住居跡大群，そして集落の4段階の構成単位が確認される。このような集落構成は，この時期の核家族，家族，大家族，氏族の社会関係を反映していると推定できる。さらに，関中地区仰韶文化の集落が求心的な構造をもつから，血縁的共同組織をその根幹とする氏族社会であった可能性が強いと推論される。姜寨第1期集落跡にみられるような集落構成は，5つの単位集団（大家族）からなった1つの共同体（氏族）の居住地であったと考えられる。

　仰韶文化の集落構成に表れた当時の社会集団の構造は，この時代の埋葬制度からも窺われる。関中地区仰韶文化の前期の集落跡では，一般的に居住域の近くに特定の集団の共同墓域が営まれている。これらの共同墓域としては，半坡遺跡，姜寨遺跡第1期，第2期，北首嶺遺跡中期，史家遺跡，横鎮遺跡，元君廟遺跡などの発見例が知られている。

　半坡遺跡，姜寨遺跡第1期，北首嶺遺跡の仰韶文化共同墓域は単身一次葬を主体とする複数の墓域からなる。営まれた時期と墓の配置関係の分析によって，各墓域において，いくつかの墓群が認められる。被葬者の年齢，性別および副葬品などによって，各墓群の形成過程はおおよそ同じであったことが明らかに

なった。これにより，これらの仰韶文化共同墓域は墓群→1つの墓域→共同墓域といった3つのレベルに区別できる。これは同時期の集落構成からみられた社会関係に対応すると考えられる。元君廟遺跡，横鎮遺跡，史家遺跡，姜寨遺跡第2期の仰韶文化共同墓域は二次葬を主体とする墓域でる。これらの共同墓域において，半坡遺跡，姜寨遺跡第1期，北首嶺遺跡でみられた墓域構成が認められるとともに，横鎮遺跡の大型二重埋葬坑，史家遺跡，姜寨遺跡第2期などにおける数多くの二次合葬墓の存在は，一定の時間，家族の関係を超えた合葬儀礼が行われたことを示唆している。このようにして，集落研究で明らかにされた社会関係が確認される。

　土器型式の検討，住居構造の分析などから，関中地区仰韶文化の起源は老官台文化にあると指摘される。半坡遺跡，泉護遺跡，史家遺跡，姜寨遺跡，福臨堡遺跡などの基準遺跡の資料により，関中地区の仰韶文化は2,000年の間に半坡類型，史家類型，泉護類型，半坡晩期類型をたどると認識される。

　関中地区の仰韶文化の文化内容の分析により，地域的特徴と外来要素との2つのグループに分けられる。この2つのグループの変遷の検討から，半坡類型，史家類型の時期に関中地区の仰韶文化が周辺地区に拡張する。史家類型の終末から泉護類型，半坡晩期類型にかけては，周辺地区から影響を受ける時期と言える。さらに，泉護類型の文化は黄河上流域の馬家窯文化を生み出すと考えられる。案板遺跡の資料から，半坡晩期類型の終末に，関中地区仰韶文化は廟底溝二期文化へ発展する過程を明らかにされる。

　本研究では中国原始農耕文化高揚期の仰韶文化を取り上げ，関中地区の資料を中心に，集落，埋葬制度，あるいは物質文化のあり方とその変化を様々な視点から検討し，文化変化のプロセスとメカニズムの解明，さらに，当時の人間集団構成のあり方の究明に努めた。

　仰韶文化は関中地区において，同地域の老官台文化を前身にして登場した。半坡類型期に，関中地区の仰韶文化は顕著な地域色を形成し，その文化は周辺地区に強い影響を及ぼした。当時の集落はいずれも居住域，共同墓域，土器焼成の窯の群在する空間から構成されている。居住域の周囲には周溝が掘られており，周溝の外側に共同墓域と土器を焼く窯群が営まれ，集落構成は定型化していたようである。居住区の中央に広場をおき，住居は出入口をすべて中央広

場に向けて，広場の周りを取り囲む規則的な求心配置をとる。さらに，これらの住居の配置関係には個々の住居から，複数の住居群，集落まで3段階位のまとまりがみられ，単位となる集団関係が識別できる。共同墓域は環濠の外側に位置し，時期ごとにいくつかの墓群が認められる。住居跡に捉える単位集団の構成は墓地のあり方からも認められる。

　史家類型の時期に，関中地区の仰韶文化にいくつかの新たな文化要素が出現する。その新しい文化要素は土器の属性，例えば，土器形態，装飾意匠などの変化にうかがえる。これは黄河東岸の後崗類型，東庄類型が西へ拡張した結果であると考えられる。史家類型の埋葬制度の急激な変化は精神文化の内容が著しく変化したことを物語っている。

　泉護類型から半坡晩期類型にかけて，仰韶文化は徐々に変容した。この時期から，集落内部，集落と集落の間に社会の分化あるいは階層化が生じたことが指摘される。それは中国新石器時代の社会，文化がさらに高度な段階へと発展しようとしていたことを反映していると考えられる。

　以上，仰韶文化の集落構成，埋葬制度，物質文化の変遷，地域的文化交流の実態を明らかにすることができたと考える。今後，この研究を基礎に，さらに黄河流域初期農耕文化の生業活動，社会集団の変遷などについて検討を加えていきたいと考えている。

引用文献　（年代順）

J.G.Andersson1923 "An Early Chinese Culture"Bulletin of the Geological Survey of China No.5

Ｊ．Ｇ．Andersson 1925 "Preliminary Repot on Archaeologica Reserch in Kansu" Memorirs of the Geological Survey of China,A‐5 , Peking

李済　1927　『西陰村史前的遺存』　清華学校研究院　書第三種　1927年

梁思永　1933a　「後崗発掘記」　国立中央研究院歴史語言研究所専刊之一　1933

梁思永　1933b　「小屯，龍山与仰韶」　『慶祝蔡元培先生六十五歳論文集』　1933

李済・梁思永・董作賓　1934　『城子崖－山東歴城龍山鎮之黒陶文化遺址』（『中国考古報告集之一考古』　南京　1934年）

Ｊ.G.Andersson 1934 "Den Gula Jordens Barn",Stockholm,(E.classen,1934, "Children of the Yellow Earth",London)

Ｖ・Ｇ・チャイルド，ねず・まさし訳　1951　『文明の起源』　岩波新書　1951年

考古研究所河南調査団　1951　「河南渑池的史前遺址」『科学通報』　２巻９期　1951年

甘粛省文物管理委員会　1957年　「蘭州新石器時代的文化遺存」『考古学報』　1957年１期

黄河水庫考古工作隊華陰分隊　1959a　「陝西華県柳子鎮考古発掘簡報」『考古』　1959年２期

考古所宝鶏発掘隊　1959　「陝西宝鶏新石器時代遺址発掘紀要」『考古』　1959年５期

石興邦　1959　「黄河流域原始社会考古研究上的若干問題」『考古』　1959年10期

安志敏　1959　「試論黄河流域新石器時代文化」『考古』　1959年10期

中国科学院考古研究所　1959　『廟底溝与三里橋』　科学出版社　1959年

黄河水庫考古工作隊華陰分隊　1959b　「陝西華県柳子鎮第二次発掘的主要収穫」『考古』　1959年11期

陝西省考古研究所漢水隊　1960　「陝西彬県下孟村遺址発掘簡報」『考古』　1960年３期

黄河水庫考古工作隊陝西分隊　1960　「陝西華陰横鎮発掘簡報」『考古』　1960年９期

北京大学考古実習隊　1961　「洛陽王湾遺址発掘簡報」『考古』　1961年４期

陝西分院考古研究所　1961　「陝西西郷李家村新石器時代遺址」『考古』　1961年7期
楊建芳　1962　「略論仰韶文化和馬家窯文化的分期」『考古学報』　1962年1期
考古研究所渭水調査発掘隊　1962　「宝鶏新石器時代遺址第二，三次発掘的主要収穫」『考古』　1962年2期
陝西省考古研究所漢水隊　1962　「陝西彬県下孟村遺址続掘簡報」『考古』1962年6期
陝西分院考古研究所　1962　「陝西西郷李家村新石器時代遺址一九六一年発掘簡報」『考古』　1962年6期
石興邦　1962　「有関馬家窯文化的一些問題」『考古』　1962年6期
張忠培　1962　「関于根拠半坡類型的埋葬制度探討仰韶文化社会制度問題的商権」『考古』　1962年7期
江西省文物管理委員会　1963　「江西万年仙人洞洞穴遺址試掘」『考古学報』　1963年1期
周昆叔　1963　「半坡新石器時代遺址的孢粉分析」『考古』　1963年9期
中国科学院考古研究所　1963　『西安半坡』　文物出版社　1963年
夏鼐　1964　「我国近五年来的考古新収穫」『考古』　1964年10期
蘇秉琦　1965　「関于仰韶文化的若干問題」『考古学報』　1965年1期
李仰松　1965　「陝西臨潼義和村新石器時代遺址調査紀」『考古』　1965年9期
夏之乾　1965　「関于解釈半坡類型墓葬制度的商権」『考古』　1965年11期
後藤和民　1970　「原始集落研究の方法論序説」『駿台史学』　二十七　1970年
中国科学院考古研究所安陽発掘隊　1971　「1971年安陽後崗遺址発掘簡報」『考古』1971年3期
竺可禎　1972年　「中国五千年来気候変遷的初歩研究」『考古学報』　1972年1期
中国科学院考古研究所山西工作隊　1973　「山西芮城東庄村和西王村遺址的発掘」『考古学報』　1973年1期
西安半坡博物館　臨潼県文化館　1973　「1972年春臨潼姜寨遺址発掘簡報」『考古』1973年3期
西安半坡博物館　臨撞県文化館　1975　「陝西臨潼姜寨遺址第二，三次発掘的主要収穫」『考古』　1975年5期
広西文物工作隊等　1976　「広西桂林市甑皮岩洞穴遺址試掘」『考古』　1976年3期
江西省博物館　1976　「江西万年大源仙人洞洞穴遺址第二次発掘報告」『文物』1976年

12期

邯鄲文物管理所ほか　1977年　「河北磁山新石器時代遺址試掘簡報」『考古』　1977年6期

西安半坡博物館　渭南県文化館　1978　「陝西渭南史家新石器時代遺址」『考古』1978年1期

開封地区文管会ほか　1978　「河南新鄭裴李崗遺址」『考古』　1978年2期

浙江省文管会ほか　1978　「河姆渡遺址第一期発掘報告」『考古学報』　1978年1期

李有謀　1978　「仰韶文化淵源探索」『鄭州大学学報』　1978年4期

厳文明　1979　「黄河流域早期新石器時代文化的新発現」『考古』　1979年1期

中国社会科学院考古研究所宝鶏工作隊　1979　「一九七七年宝鶏北首嶺遺址発掘簡報」『考古』　1979年2期

開封地区文物管理委員会ほか　1979　「裴李崗遺址一九七八年発掘簡報」『考古』1979年3期

梁星彭　1979　「関中仰韶文化的几個問題」『考古』　1979年3期

安志敏　1979　「裴李崗，磁山和仰韶－試論中原新石器時代文化的淵源及発展」『考古』　1979年4期

夏鼐　1979　「三十年来的中国考古学」『考古』　1979年5期

鄭州市博物館　1979年　「鄭州大河村遺址発掘報告」『考古学報』　1979年3期

鞏啓明　1980　「三十年来陝西新石器時代考古的主要収穫」『考古与文物』　1980年　創刊号

河姆渡遺跡考古隊　1980年　「浙江河姆渡遺跡第二期発掘主要収穫」『文物』　1980年5期

西安半坡博物館　臨潼県文化館　1980　「臨潼姜寨遺跡第四次至十一次発掘紀要」『考古与文物』　1980年3期

北京大学考古教研室華県報告編写組　1980　「華県渭南古代遺址調査与試掘」『考古学報』　1980年4期

張忠培　1980　「元君廟墓地反映的社会組織初探」『中国考古学会第一次年会論文集　1979』　文物出版社　1980年

魏京武　1980　「李家村新石器時代遺址的性質及文化命名問題」『中国考古学会第一次年会論文集　1979』　文物出版社　1980年

鞏啓明　厳文明　1981　「従姜寨早期村落布局探討其居民的社会組織結構」『考古与文物』　1981年1期

蘇秉埼　1981　「姜寨遺跡発掘的意義」『考古与文物』　1981年2期

甘粛省博物館文物工作隊　1981　「甘粛秦安大地湾新石器時代早期遺存」『文物』1981年4期

張忠培　1981　「史家村墓地的研究」『考古学報』　1981年2期

邯鄲郷文物管理所ほか　1981　「河北武安磁山遺址」『考古学報』　1981年3期

河南省博物館ほか　1981年　「河南密県莪溝北崗新石器時代遺址」『考古学集刊』　第一集　中国社会科学出版社　1981年

甘粛省博物館文物工作隊　1982　「1980年秦安大地湾一期文化遺存発掘簡報」『考古与文物』　1982年2期

中国社会科学院考古研究所炭十四実験室等　1982　「石灰岩地区炭十四様品的可靠性与甑皮岩等遺址的年代問題」『考古学報』　1982年2期

西安半坡博物館ほか　1982　「渭南北劉新石器時代早期遺址調査与試掘簡報」『考古与文物』　1982年4期

鞏啓明　1983　「試論仰韶文化」『史前研究』　1983年　創刊号

西安半坡博物館　1983a　「臨潼白家，渭南白廟新石器時代遺址的調査」『考古』1983年3期

河南省文物研究所　1983年　「河南淮陽平糧台龍山文化城址試掘簡報」『文物』　1983年3期

西安半坡博物館　1983b　「陝西臨潼白家遺址調査試掘簡報」『史前研究』1983年2期

甘粛省博物館文物工作隊　1983　「甘粛秦安大地湾遺址1978-1982年発掘的主要収穫」『文物』　1983年11期

中国社会科学院考古研究所　1983　『宝鶏北首嶺』　文物出版社　1983年

北京大学歴史系考古学教研室　1983　『元君廟仰韶墓地』　文物出版社　1983年

中国社会科学院考古研究所河南一隊　1984　「1979年裴李崗遺址発掘報告」『考古学報』　1984年1期

西安半坡博物館　1984a　「銅川李家溝新石器時代遺址発掘報告」『考古与文物』　1984年1期

西安半坡博物館　1984b　「西安南殿村新石器時代遺址的調査」『史前研究』1984年1

期

甘粛省博物館文物大地湾発掘小組　1984　「甘粛秦安王家陰窪仰韶文化遺址的発掘」『考古与文物』1984年2期

西安半坡博物館　1984c　「陝西岐山王家咀遺址的調査与試掘」『史前研究』1984年3期

中国社会科学院考古研究所陝西工作隊　1984「陝西華陰横鎮遺址発掘報告」『考古学集刊』　第四集　中国社会科学出版社　1984年

金則恭　1984　「仰韶文化的埋葬制度」『考古学集刊』　第四集　中国社会科学出版社　1984年

中国科学院考古研究所　1984　『新中国的考古発現与研究』　文物出版社　1984年5月

魏京武　1985　「炭一14測定年代与陝西地区新石器時代考古学文化」『史前研究』1985年1期

馬洪路　1985　「元君廟墓地的分期与布局一＜元君廟仰韶墓地＞商榷」『中原文物』1985年1期

西北大学歴史系考古専業八一級実習隊　1985　「陝西扶風県案板遺址1984年試掘的主要収穫」『西北大学学報』1985年2期

張忠培　1985　「答＜元君廟仰韶墓地＞商榷」『中原文物』1985年4期

伊竺　1985　「関于元君廟，史家村仰韶墓地的討論」『考古』1985年9期

西安半坡博物館ほか　1986　「渭南北劉遺址第二，三次発掘簡報」『史前研究』1986年1，2期

甘粛省文物工作隊　1986年　「甘粛秦安大地湾901房址発掘簡報」『文物』1986年2期

趙輝　1986　「銅川李家溝仰韶文化遺存的初歩分析」『考古与文物』1986年4期

遼寧省文物考古研究所　1986年　「遼寧牛河梁紅山文化'女神廟'与積石塚発掘簡報」『文物』1986年8期

石興邦　1986　「前仰韶文化的発現和意義」『中国考古学研究』二　科学出版社　1986年

汪寧生　1987　「仰韶文化葬俗和社会組織的研究－対仰韶母系社会説及其方法論的商榷」『文物』1987年4期

西北大学歴史系考古専業　1987　「陝西扶風県案板遺址第二次発掘」『考古』1987年10期

王世和他　1987　「論案板三期文化遺存」『考古』　1987年10期

中国社会科学院考古研究所甘粛工作隊　1988　「甘粛省天水市西山坪新石器時代遺址発掘簡報」『考古』　1988年5期

西北大学歴史系考古専業実習隊　1988　「陝西扶風案板遺址第三，四次発掘」『考古与文物』　1988年5，6期

陝西省考古研究所漢水隊　1988　「陝西南鄭龍崗寺発掘的"前仰韶"遺存」『考古与文物』　1988年5，6期

童恩正　1988　「摩爾根模式与中国原始社会史研究」『社会科学戦線』　1988年6期

厳文明　1988　「横鎮墓地試析」『文物与考古論集』　文物出版社　1988年10月

兪偉超　1988　「中国早期的模製法製陶術」『文物与考古論集』　文物出版社　1988年10月

西安半坡博物館他　1988　『姜寨－新石器時代遺址発掘報告』　文物出版社　1988年

中国社会科学院考古学研究所　1988　『武功発掘報告－滸西庄与趙家来遺址』　文物出版社　1988年

中国社会科学院考古研究所陝西工作隊　1989　「陝西華陰西関堡新石器時代遺址的発掘」『考古学集刊』　第六集　1989年

河南省文物研究所他　1989　『淅川下王崗』　文物出版社　1989年

厳文明　1989a　『仰韶文化研究』　文物出版社　1989年

厳文明　1989b　「中国新石器時代集落形態的考察」『慶祝蘇秉埼考古五十周年論文集』　文物出版社　1989年

王仁湘　1989　「我国新石器時代墓葬方向研究」『中国原始文化論集』　文物出版社　1989年

王小慶　1990年　「浅談磁山文化的農業生産」『考古与文物』　1990年3期

中国社会科学院考古研究所甘粛工作隊　1990　「甘粛天水師趙村史前文化遺址発掘」『考古』　1990年7期

湖南省文物研究所等　1990　「湖南澧県彭頭山新石器時代早期遺址発掘簡報」『文物』　1990年8期

陝西省考古研究所配合基建考古隊　1990　「陝西合陽呉家営仰韶文化遺址清理簡報」『考古与文物』　1990年6期

陝西省考古研究所　1990　『南鄭龍崗寺』　文物出版社

梁星彭ほか　1991年　「陝西武功趙家来院落居址初歩復原」『考古』　1991年3期

中国社会科学院考古研究所陝西六隊　1991　「陝西藍田泄湖遺址」『考古学報』　1991年4期

岡村秀典　1991　「仰韶文化の集落構造」『史淵』　第128輯　1991年

飯島武次　1991　『中国新石器文化研究』　山川出版社　1991年

鞏啓明　王社江　1991　「姜寨遺址早期生態環境的研究」『環境考古研究』　第一輯　科学出版社　1991年

趙兵福　1992　「半坡文化研究」『華夏考古』　1992年2期

張忠培ほか　1992　「後崗一期文化研究」『考古学報』　1992年3期

西北大学文博学院考古専業　1992　「陝西扶風案板遺址第五次発掘」『文物』　1992年11期

保定地区文物管理所等　1992　「河北徐水南荘頭遺址試掘簡報」『考古』　1992年11期

金家広　徐浩生　1992　「浅議徐水南荘頭新石器時代早期遺存」『考古』　1992年11期

王小慶　1993　「論仰韶文化史家類型」『考古学報』　1993年4期

陝西省考古研究所，西北大学文博学院　1993　「銅川呂家崖新石器時代遺址発掘簡報」『考古与文物』　1993年6期

呉加安　1993　「渭河流域前仰韶文化与仰韶文化半坡類型的関係」『中国考古学論－中国社会科学院考古研究所建所40年記念』　科学出版社　1993年

宝鶏市考古工作隊　陝西省考古研究所　1993　『宝鶏福臨堡－新石器時代遺址発掘報告』　文物出版社　1993年

焦天龍　1994　「更新世末至全新世初期嶺南地区的史前文化」『考古学報』　1994年1期

方燕明　1994　「関于黄河中流新石器時代早中期考古学文化的相関問題」『中原文物』　1994年2期

安志敏　1994　「炭－14年代与中国史前考古学」『文物』　1994年3期

鞏啓明　王小慶　1994　「論中国新石器時代住宅建築与聚落的産生，発展及演変」『考古学研究』　三秦出版社　1994年

雀旋　1994　「内蒙古中南部仰韶時代早，中期遺存述論」『内蒙古文物考古文集』　第一輯　中国大百科出版社　1994年8月

中国社会科学院考古研究所　1994　『臨潼白家』　巴蜀書社　1994年8月

王偉林　1995　「瓦窯溝史前遺址発掘獲重要成果」『中国文物報』　1995年12月13日

劉詩中　1996　「江西仙人洞和吊桶環発掘獲重要進展」『中国文物報』　1996年1月28日

袁家栄　1996　「玉蟾岩獲水稲起源重要新物証」『中国文物報』　1996年3月3日

厳文明　1996　「世界最古の土器と稲作の起源」『季刊考古学』　第56号　1996年8月

楊虎　劉国祥　1996　「中国内蒙古與隆窪遺跡」『考古学研究』　第43巻第2号　1996年9月

趙春青　1996　「姜寨一期墓地初探」『考古』　1996年9期

張文緒　裴安平　1997　「澧県夢溪八十璫出土稲谷的研究」『文物』　1997年1期

鞏啓明　1997　「近年来陝西史前考古的新収穫」『考古与文物』　1997年4期

王小慶　1998　「仰韶文化集落構成の研究－関中地区を中心に－」『歴史』　第91輯

戴向明　1998　「黄河流域新石器時代文化格局之演変」『考古学報』　1998年4期

泥河湾聯合考古隊　1998　「泥河湾盆地考古発掘獲重大成果」『中国文物報』　1998年11月5日

謝　　辞

　本論は筆者の東北大学文学部考古学研究室における研究活動の総括である。1995年4月，大学院研究生として，東北大学大学院文学研究科に入学し，1996年4月，博士課程(後期三年)に進学した。仙台における研究生活も5年の月日が経ち，研究室の温かい雰囲気の中で，遠い異国での留学生活の目標をようやく実現することができた。この5年間，恩師である東北大学文学部教授須藤隆先生には学問のご指導を賜ったうえ，異国で慣れない生活をする私達家族が大変お世話になった。先生からの御教示がなければ，人生の1つの山を登ることは到底実現できなかったと思う。ここに心から感謝の意を申し上げる次第である。また，本研究を進める過程で，東北大学文学部教授阿子島香先生には公私にわたって様々な御助言を頂いた。深く感謝を申し上げます。なお，本論の序章，第2章，第3章を作成するにあたって，原稿の校閲を御願いした東北大学埋蔵文化財調査研究センター助手藤沢敦氏，奈良佳子氏，元東北大学文学部考古学研究室助手富岡直人氏，東北大学文学部考古学研究室助手氷見淳哉氏，元東北大学大学院文学研究科国史学専攻博士課程(後期三年)の菅原哲文氏には，御忙しいところ多大な時間を割いて頂きました。心よりお礼申し上げます。
　また，留学の機会をつくって頂いた東北学院大学教授佐川正敏氏(元奈良国立文化財研究所主任研究員)には改めて感謝を申し上げます。
　さらに，私の留学生活を支えてくれた両親，家族に厚く謝意を表したいと思います。
　最後に，私の留学生活に経済的な援助を頂いた㈶日本国際教育協会，㈶ロータリー米山記念奨学会に改めて御礼を申し上げます。

◇著者紹介
　王　小慶（オウ　ショウケイ）
　　1965年　10月生まれ
　　1987年　西北大学卒業
　　1992年　西北大学大学院修了
　　2000年　東北大学大学院文学研究科修了、文学博士
　　現　在　中国社会科学院考古研究所副研究員
◇主な論文　史家類型研究（『考古学報』1993年）
　　　　　　論中国新石器時代房址和聚落形態的出現、発展及演変
　　　　　　　　　　（共著、『考古学研究』三秦出版社、1994年）
　　　　　　中国新石器時代集落（『文化』第61巻第1・2号、1997年）
　　　　　　仰韶文化の集落構成の研究－黄河中流域の関中地区を中心に－
　　　　　　　　　　（『歴史』第91輯、1998年）

仰韶文化の研究　─黄河中流域の関中地区を中心に─

2003年3月25日　初版発行

著　者　王　小慶
発行者　村上佳儀
発行所　株式会社雄山閣
　　　　東京都千代田区富士見2-6-9　〒102-0071
　　　　TEL　03-3262-3231／FAX　03-3262-6938
　　　　振替　00130-5-1685
印　刷　株式会社　秀巧堂
製　本　協栄製本株式会社

乱丁・落丁はお取り替え致します。
　ⒸPrinted in Japan
　　　　　ISBN4-639-01791-X　C3022

雄山閣出版案内

古代朝鮮の考古と歴史

李成市・早乙女雅博編　　四六判282頁　2,500円＋税

高句麗・百済・新羅・渤海そして日本の考古学・歴史学の新しい成果を盛る朝鮮奨学会古代史シンポジウムの全記録。朝鮮考古学の最新情報。

東アジアと江田船山古墳

白石太一郎監修　玉名歴史研究会編

Ａ５判210頁　2,700円＋税

金銅製装身具や銘文をもつ太刀を出土したことで有名な熊本県江田船山古墳をめぐるシンポジウムの記録。5世紀後半〜6世紀前半の日本を東アジア的視点からとらえる。

鉄と銅の生産の歴史

佐々木稔編　　Ａ５判262頁　3,800円＋税

考古学系3名と金属工学系2名の研究者による国内初めての共同著作。銅は古代メソポタミア文明期、鉄はヒッタイト時代から書き起こし、日本の弥生・古墳時代から戦国時代までを扱う。

縄文時代の渡来文化
刻文付有孔石斧とその周辺

浅川利一・我孫子昭二編　Ａ５判339頁　4,600円＋税

山形県羽黒町の縄文遺跡から出土した古代中国の刻文付有孔石斧に関する考察と玦状耳飾や玉斧などを中心とした縄文時代の日本列島と大陸との文物交流に関する研究成果を21編収録。

雄山閣出版案内

季刊 考古学 既刊号案内

第82号	終末期古墳とその時代	2,200円＋税
第81号	実験考古学の現在と未来	2,200円＋税
第80号	いま、日本考古学は！	2,800円＋税
第79号	埴輪が語る古墳の世界	2,200円＋税
第78号	出土銭貨研究の最前線	2,200円＋税
第77号	年代と産地の考古学	2,200円＋税
第76号	古代の武器・武具・馬具	2,200円＋税
第75号	基準資料としての貿易陶磁器	2,200円＋税

日本土器事典

大川清・鈴木公雄・工楽善通編　　B5判　1,100頁　25,000円

全国出土の土器のすべてを鳥瞰できる便利な事典

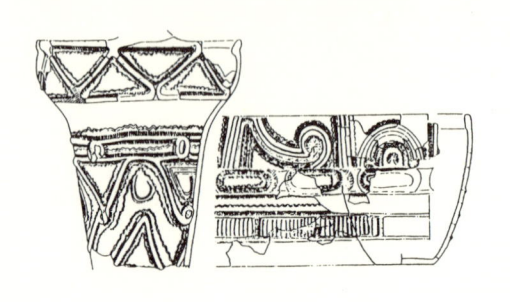

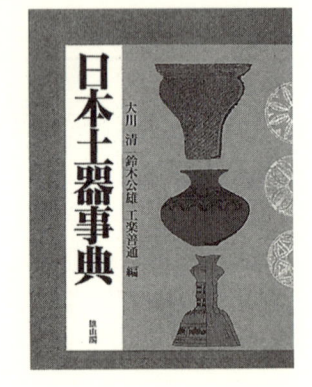